早期中国——中华文明系列展 I
LA CINA ARCAICA—PRIMA MOSTRA DELLA CIVILTÀ CINESE

这个展览是2010年10月7日中意两国文化部部长签署的
《中华人民共和国国家文物局与意大利共和国文化遗产与活动部
关于促进文化遗产合作的谅解备忘录》的一部分

Questa mostra si colloca nell'ambito del Memorandum d'Intesa sul Partenariato
per la Promozione del Patrimonio Culturale tra il Ministero per i Beni e le Attività
Culturali e l'Amministrazione Statale per il Patriminio Culturale della Repubblica
Popolare Cinese, firmato dai rispettivi Ministri della Cultura il 7 ottobre 2010.

LA CINA ARCAICA

PRIMA MOSTRA DELLA CIVILTÀ CINESE

Compilato da Art Exhibitons China

Cultural Relics Press

早期中国

中华文明系列展 Ⅰ

中国文物交流中心 编

文物出版社

早期中国——中华文明系列展 I

荣誉委员会
中华人民共和国文化部部长　蔡武
意大利共和国文化遗产与活动部部长　Massimo Bray

主办单位　中华人民共和国国家文物局
　　　　　　意大利共和国文化遗产与活动部

承办单位　中国文物交流中心
　　　　　　意大利罗马威尼斯宫国立博物馆

参展单位　中国社会科学院考古研究所
　　　　　　湖北省博物馆
　　　　　　三星堆博物馆
　　　　　　金沙遗址博物馆
　　　　　　随州博物馆

总　策　划　励小捷

展览统筹　顾玉才　宋新潮　朱晓东　段勇
　　　　　　王军　姚安　张和清　辛泸江

展览执行　赵古山

展览策划　钱卫

展览筹备　冯雪　张钊　崔金泽　徐银

展陈设计及意大利施工　MondoMostre公司

意大利驻中国组织协调　Mariadele Scotto di Cesare

意大利组织委员会

组织委员会　Antonia Pasqua Recchia　Anna Maria Buzzi
　　　　　　Maddalena Ragni　Daniela Porro

组织协调　Mario Andrea Ettorre　Manuel Roberto Guido
　　　　　　Rosanna Binacchi　Marcello Tagliente
　　　　　　Emanuela Settimi

技术服务　Roberto Guenci　Dafne Iacopetti
　　　　　　Giancarlo Landi　Egisto Mencaroni
　　　　　　Enzo Moriniello

新闻办公室　Caterina Perniconi　Vassili Casula
　　　　　　Maria Antonietta Curione　Davide Latella
　　　　　　Anna Loreta Valerio　Emanuele Pecoraro

鸣谢　中华人民共和国驻意大利共和国大使馆　丁伟大使
　　　　意大利共和国驻中华人民共和国大使馆　白达宁大使

Art Exhibitions China

MINISTERO PER I BENI E LE ATTIVITÀ CULTURALI

LA CINA ARCAICA — Prima Mostra della Civiltà cinese

Comitato d'Onore
Ministro della Cultura della Repubblica Popolare Cinese: Cai Wu
Ministro per i Beni e le Attività culturali: Massimo Bray

Organizzatore: Amministrazione Statale del Patrimonio Culturale cinese
Ministero italiano per i Beni e le Attività culturali

Patrocinato da: Art Exhibitons China
Museo Nazionale del Palazzo Venezia di Roma, Italia

Espositore: Istituto di ricerca archeologica dell'Accademia
delle Scienze sociali cinese
Museo della Provincia dello Hubei
Museo di Sanxingdui
Museo del sito di Jinsha
Museo di Suizhou

Programmatore generale: Li Xiaojie

Coordinatore della mostra: Gu Yucai Song Xinchao
Zhu Xiaodong Duan Yong
Wang Jun Yao An
Zhang Heqing Xin Lujiang

Esecutore della mostra: Zhao Gushan

Programmatore della mostra: Qian Wei

Preparatori della mostra: Feng Xue Zhang Zhao
Cui Jinze Xu Yin

Allestimento e supporto organizzativo in Italia: MondoMostre

Supporto organizzativo in Cina: Mariadele Scotto di Cesare

Comitato organizzatore Italiano

Comitato organizzatore: Antonia Pasqua Recchia
Anna Maria Buzzi
Maddalena Ragni
Daniela Porro

Coordinamento organizzativo: Mario Andrea Ettorre
Manuel Roberto Guido
Rosanna Binacchi
Marcello Tagliente
Emanuela Settimi

Servizio Tecnico: Roberto Guenci Dafne Iacopetti
Giancarlo Landi Egisto Mencaroni
Enzo Moriniello

Ufficio Stampa: Caterina Perniconi Vassili Casula
Maria Antonietta Curione Davide Latella
Anna Loreta Valerio Emanuele Pecoraro

Ringraziamenti: S.E. Ding Wei. Ambasciata della Repubblica Popolare Cinese in Italia
S.E. Alberto Bradanini. Ambasciata della Repubblica d'Italia in Cina

I目录
NDICE

中国和意大利虽然远隔千山万水，却有着长期的友好交往历史。据中国史书记载，公元97年，东汉西域都护班超遣甘英出使大秦，即古罗马帝国，虽然最终只到达了波斯湾，但却为两国的友好交往做出了铺垫。公元166年，古罗马皇帝曾遣使者抵达汉朝，受到桓帝的接见，开启了中西方正式交往的历史。

2010年10月，温家宝总理与意大利总理贝卢斯科尼在罗马共同出席了庆祝中意建交40周年暨意大利"中国文化年"开幕式。10月7日，在中意两国总理的共同见证下，中国文化部部长蔡武与意大利文化遗产与活动部部长邦迪，在罗马签署了《中华人民共和国国家文物局与意大利共和国文化遗产与活动部关于促进文化遗产合作的谅解备忘录》，商定中意两国将在对方国家级博物馆常设展厅，互办系列文物展，为期五年。这次不远万里来到罗马威尼斯宫国立博物馆的"早期中国展"，正是"中华文明系列展"五年计划的开幕大展。

中华文明在世界古代文明中占有重要地位，她在吸收、融合外来文化的过程中不断发展壮大，5000年来延绵不绝。此次精心策划并遴选的82件（组）参展文物，来自早期中国各个时期的重大考古发现，反映了早期中国的社会文明和历史风貌，将为意大利的观众讲述一场关于"早期中国"的故事。此次展览的成功举办，中、意两国专家、学者和工作人员付出了大量的心血和努力，借此机会，我谨代表中国国家文物局致以诚挚的谢意。

中华人民共和国文化部副部长
国家文物局局长 励小捷
2013年6月

Nonostante la distanza geografica che separa la Cina e l'Italia, i due Paesi hanno una lunga storia di contatti bilaterali. Secondo alcune fonti storiche, infatti, già nel 97 d.C., Ban Chao, il generale responsabile dell'amministrazione delle "Regioni Occidentali" (Asia centrale) durante la dinastia degli Han Orientali, inviò l'ambasciatore Gan Ying in quello che allora era conosciuto come *Daqin* ("Grande Qin"), ovvero l'Impero romano. Sebbene Gan Qing non riuscì a oltrepassare il Golfo Persico, questo suo viaggio mostrava già *in nuce* il presagio dei futuri rapporti di reciproca amicizia tra i due Paesi. Successivamente, nel 166 l'allora Imperatore romano inviò una delegazione che giunse in Cina e fu ricevuta dall'Imperatore Huan della dinastia Han. Questo evento ha rappresentato il preludio di quella che sarebbe poi stata la storia dei rapporti diplomatici ufficiali tra la Cina e l'Occidente.

Nell'ottobre del 2010, l'allora Primo Ministro del Consiglio di Stato della Repubblica Popolare Cinese, Wen Jiabao, e l'ex Presidente del Consiglio della Repubblica Italiana, Silvio Berlusconi, hanno presenziato congiuntamente a Roma alle celebrazioni del 40° anniversario delle relazioni diplomatiche tra Cina e Italia e alla cerimonia inaugurale dell' "Anno della cultura cinese in Italia". Il 7 ottobre, alla presenza dei premier dei due Paesi, il Ministro della Cultura della Repubblica Popolare Cinese, Cai Wu, e il Ministro per i Beni e le Attività Culturali della Repubblica Italiana, Sandro Bondi, hanno inoltre firmato il "Memorandum d'Intesa sul partenariato per la promozione del Patrimonio Culturale tra il Ministero per i Beni e le Attività Culturali della Repubblica Italiana e la State Administration for Cultural Heritage (SACH, Amministrazione Statale del Patrimonio Culturale) della Repubblica Popolare Cinese". In particolare, l'accordo stabilisce la disponibilità di spazi espositivi permanenti nelle due capitali per esposizioni finalizzate alla promozione dei rispettivi patrimoni culturali e che si svolgeranno nell'arco di cinque anni. La mostra dal titolo "La Cina arcaica", che qui presentiamo con oggetti che dalla lontana Cina sono giunti nelle sale del Museo Nazionale di Palazzo Venezia, è la prima di questo ciclo di mostre dedicate alla civiltà cinese che si svolgeranno durante questo quinquennio.

La civiltà cinese riveste un ruolo di primaria importanza nel novero delle civiltà antiche. Attraverso un processo di integrazione e assorbimento delle diversità, nell'arco di 5000 anni di storia, essa non ha mai smesso di accrescersi e svilupparsi in continuità con il suo passato. Attraverso un accurato lavoro di selezione, sono stati dunque scelti 82 pezzi provenienti dai più importanti siti archeologici presenti oggi in Cina per permettere al pubblico italiano di ripercorrere idealmente la storia della Cina arcaica, dimostrandone l'alto livello artistico e di organizzazione sociale. Colgo dunque l'occasione per porgere i miei più sinceri ringraziamenti a nome della State Administration for Cultural Heritage della Repubblica Popolare Cinese a tutti gli esperti, gli studiosi, e i tecnici di entrambi i Paesi che hanno lavorato e si sono impegnati strenuamente per la riuscita di questa mostra.

I miei più cari auguri affinché la mostra abbia un pieno successo.

Vice Ministro della Cultura della Repubblica Popolare Cinese
Direttore generale del'Amministrazione Statale per il Patriminio Culturale **Li Xiaojie**

Giugno 2013

中国和意大利都是久负盛名的文明古国，两国间的文化交往源远流长。在北京郊外，一座有着800余年历史的古石桥，拥有一个带有传奇色彩的意大利名字——"马可·波罗桥"，这十分耐人寻味。

　　20余年来，中意两国文化遗产部门在考古、博物馆、文物修复保护、人才培养等领域的合作堪称中外合作的典范。中国国家文物局曾于2010年在首都博物馆举办了"丝路新篇——中意文化遗产保护成果展"，全面展示了中意在文化遗产领域的交流与合作。

　　2009～2010年，中国国家文物局和意大利文化遗产与活动部联合在北京、洛阳、米兰、罗马成功举办了"秦汉—罗马文明展"，两个相距遥远而时代相近的文明交相辉映，赢得了中外媒体和观众的好评。2010年在意大利成功地举办了"中国文化年"，已有2000多年历史的大斗兽场点亮了"中国红"，成为中意友谊的美好见证。

　　自2010年两国政府签署在对方首都互设长期展览的备忘录以来，通过两国的博物馆及文化遗产界同仁的共同努力，来自意大利的"佛罗伦萨与文艺复兴：名家名作展"已于2012年在中国国家博物馆开幕。此次在意大利罗马威尼斯宫国立博物馆展出的"早期中国展"，则是将在此陆续展出的"中华文明系列展"的首展，展览通过著名考古遗址中的出土文物，展示了中华文明由浑沌到初成时期的历史风貌，讲述了"中国"的由来。希望这个展览成为意大利观众了解中国和中国人民的又一次机会。

　　在此，我谨向为此次展览付出辛劳与努力的中意两国工作人员表示感谢，并祝愿"早期中国"能为"中华文明系列展"带来良好的开端，为中意两国的文化交流与合作开启新的篇章。

中华人民共和国驻意大利共和国特命全权大使

2013年6月

Sia la Cina che l'Italia hanno dato i natali ad antiche civiltà di grande prestigio e i due Paesi hanno sempre avuto una lunga storia di solide relazioni bilaterali. A testimonianza di ciò basta andare alla periferia di Pechino, dove si trova un antico ponte in pietra, risalente a più di 800 anni fa, chiamato "Ponte di Marco Polo", un nome legato alla figura leggendaria del viaggiatore italiano che stimola in noi profonde riflessioni sulla natura di questi contatti.

Il lavoro di cooperazione, che vede impegnate la Cina l'Italia da oltre vent'anni nel settore della tutela e conservazione del patrimonio artistico e culturale e nella formazione di personale specializzato, rappresenta, infatti, un vero e proprio modello nel campo della cooperazione tra la Cina e gli altri Paesi. Nel 2010, la State Administration for Cultural Heritage della Repubblica Popolare Cinese ha per questo organizzato, presso in Capital Museum di Pechino, una mostra dal titolo "New Silk Road: Sino-Italian Collaboration and Achievements on Cultural Heritage Preservation", che ben evidenziava i risultati dell'intensa attività di collaborazione fra le due nazioni in questo specifico settore.

Tra il 2009 e il 2010, la State Administration for Cultural Heritage della Repubblica Popolare Cinese e il Ministero per i Beni e le Attività Culturali della Repubblica Italiana hanno poi organizzato congiuntamente una mostra itinerante dal titolo "I due imperi. L'aquila e il dragone", esposta a Pechino, Luoyang, Milano e Roma, in cui queste due civiltà (quella della Cina di epoca Qin-Han e quella dell'antica Roma), così distanti geograficamente ma storicamente parallele, venivano messe specularmente a confronto. La mostra ha riscosso un gran successo di pubblico e ha ricevuto grande attenzione da parte dei media. Inoltre, nel 2010, durante le celebrazioni dell'Anno della cultura cinese in Italia, una luce "rosso Cina" ha illuminato a giorno il Colosseo, monumento dalla storia millenaria, rendendo così omaggio ai rapporti di reciproca amicizia che da sempre legano i due Paesi.

A coronamento di tutto ciò, nel 2010, è stato firmato un Memorandum d'Intesa tra la Cina e l'Italia che stabilisce la disponibilità di spazi espositivi permanenti nelle due capitali per esposizioni finalizzate alla promozione dei rispettivi patrimoni culturali. A seguito di questo accordo e grazie allo sforzo profuso dalle istituzioni museali e dagli addetti al settore dei beni culturali di entrambi i Paesi, si è arrivati nel 2012 a inaugurare presso il National Museum of China la mostra intitolata "Il Rinascimento a Firenze. Capolavori e protagonisti", la prima di una serie di esposizioni in Cina dedicate all'arte italiana.

La mostra dal titolo "La Cina arcaica", ora allestita nelle sale del Museo Nazionale di Palazzo Venezia, rappresenta invece l'inizio del ciclo dedicato in Italia alla civiltà cinese. Attraverso i reperti provenienti dai più famosi siti archeologici presenti oggi in Cina, ripercorreremo le prime fasi di sviluppo della civiltà cinese (dal suo stato embrionale a una sua genesi compiuta), che ci racconteranno l'origine di quella che noi oggi chiamiamo "Cina". Mi auguro che questa esposizione possa rappresentare un'occasione per il pubblico italiano di conoscere e apprezzare la Cina e il popolo cinese.

Vorrei infine cogliere l'occasione per esprimere i miei più sinceri ringraziamenti a tutti coloro che hanno profuso il loro impegno per la buona riuscita della mostra, augurandomi che il suo successo possa essere di buon auspicio per il prosieguo delle attività espositive, e rappresenti lo spunto per aprire un nuovo capitolo sulla storia degli scambi culturali che da sempre legano la Cina e l'Italia.

Ambasciatore Straordinario e Plenipotenziario della Repubblica Popolare Cinese in Italia **Ding Wei**
Giugno 2013

Dopo il successo dell'Anno Culturale della Cina in Italia, celebrato in occasione dei quaranta anni di relazioni diplomatiche tra i due Paesi, approda a Roma "La Cina arcaica", la mostra frutto della cooperazione pluriennale tra il Ministero per i Beni e le Attività Culturali della Repubblica Italiana e l'Amministrazione Statale per il Patrimonio Culturale della Repubblica Popolare Cinese, che porta il meglio dell'archeologia cinese a casa nostra. Il Museo Nazionale di Palazzo Venezia a Roma, con le sue splendide sale quattrocentesche, è la cornice ideale per accogliere i reperti archeologici.

Negli ultimi anni abbiamo assistito ad un ragguardevole sviluppo dei rapporti bilaterali in tutti i settori e ad un intensificarsi degli scambi culturali tra i nostri Paesi. Il "Memorandum of Understanding", che si colloca nel quadro dell'Accordo di Stato sul partenariato per la promozione del patrimonio culturale tra Italia e Cina, prevede la creazione, nelle reciproche capitali, di spazi espositivi quinquennali e rinnovabili, nei più prestigiosi musei, per valorizzare la cultura italiana in Cina e la cultura cinese in Italia attraverso un rapporto interculturale strutturato. L'Accordo, sottoscritto per dare un forte impulso alla collaborazione tra musei cinesi ed italiani, mira a fornire un palcoscenico alle rispettive esposizioni. "La Cina arcaica" è, infatti, solo la prima tappa di una serie di cinque mostre che l'Amministrazione Statale per i Beni culturali della Repubblica Popolare Cinese intende esporre a Roma, in un percorso diacronico che va dall'epoca tardo-neolitica fino all'età moderna e contemporanea.

Siamo onorati di ospitare questa mostra che rappresenta la continuità rispetto alla nostra presenza culturale in Cina, e siamo orgogliosi della considerazione e della stima che ci ha dimostrato l'Amministrazione Cinese, concedendoci uno spazio esclusivo all'interno del Museo Nazionale Cinese di Piazza Tian' an men, a Pechino.

Desidero ringraziare gli esperti del Ministero della Cultura italiano e cinese, le rispettive Ambasciate, l'Amministrazione Statale per il Patrimonio Culturale Cinese e tutte le autorità culturali che hanno creduto in questo progetto di collaborazione bilaterale promuovendo l'arte del dialogo e del confronto tra queste due millenarie civiltà e l'amicizia tra i popoli.

Se è vero, come credo, che la Cultura è un fattore fondamentale per la crescita civile, sociale e democratica di un Paese, auspico che "La Cina arcaica" sia foriera di nuovi progetti internazionali ancora più ambiziosi per far conoscere le reciproche culture nel mondo.

Ministro per i beni e le attività culturali **MASSIMO BRAY**
Giugno 2013

中国和意大利两国曾于建交40周年时成功举办了文化年活动，现在，"早期中国展"又来到了罗马，此次展览是意大利共和国文化遗产与活动部同中华人民共和国国家文物局多年合作的成果，将中国考古精华带进了我们的家门。罗马威尼斯宫国立博物馆，这座15世纪的富丽堂皇的建筑，堪称文物收藏展览的理想之地。

近几年来，我们在各个领域的双边合作都得到了长足发展，两国之间的文化交流也越来越频繁。两国文物部门签署的"谅解备忘录"旨在推广意中两国的文化遗产，确定在两国首都著名博物馆互办展览，为期五年，通过有组织的文化交流与合作，将意大利文化传播到中国，并将中国文化传播到意大利。这项协议的签署，强有力地推动了意中两国博物馆间的合作，为两国文化的展示提供了舞台。中国国家文物局和意大利文化遗产与活动部有意在罗马举办为期五年的一系列展览，这一系列展览将按照时间线索，从新石器晚期到现、当代时期进行展示，而"早期中国展"则是它的开始。

我们为能够在华举办"佛罗伦萨与文艺复兴：名家名作展"而感到荣耀，这体现出我们的文化在中国仍然具有一定的影响。我们也十分荣幸能够受到中国国家文物局的重视和尊重，使我们能够在位于北京天安门广场的中国国家博物馆拥有一个展示的空间。

我向意中两国文化部、两国大使馆、中国国家文物局以及各个文化部门的专家表示感谢，他们对此次双边合作项目给予了极大的支持，推动了两个千年文明之间的对话交流，增进了两国人民的友谊。

在我看来，文化是一个国家文明、社会、民主发展的一项基本要素，我衷心祝愿通过"早期中国展"能够开拓全新的、更加广泛的国际项目，从而使两国文明被全世界所深刻了解。

意大利共和国文化遗产与活动部部长　马西莫·布雷
2013年6月

Con questa pubblicazione, ho il piacere e l'onore di presentare un importante traguardo raggiunto grazie alla cooperazione bilaterale Italia/Cina che si realizza nello spazio espositivo dedicato alla cultura cinese all'interno del Museo Nazionale di Palazzo Venezia, uno dei più prestigiosi luoghi della cultura della Capitale.

"La Cina arcaica" è, infatti, il primo tassello di una serie di mostre che l'Amministrazione Statale per il Patrimonio Culturale cinese esporrà a Roma seguendo il filo conduttore del tempo: dal tardo neolitico fino ai nostri giorni.

Con questa magnifica raccolta di reperti archeologici che testimoniano la ricchezza e la complessità della civiltà e dell'arte cinese, si consolida questa importante collaborazione bilaterale e si aprono nuovi orizzonti di interscambio culturale tra l'Europa e l'Estremo Oriente. Una mostra di grande respiro per la varietà dei manufatti provenienti – che vuole rispondere a "Rinascimento a Firenze. Capolavori e Protagonisti", la mostra italiana dedicata alle opere degli artisti del '400 e del '500 fiorentino che ha inaugurato "Spazio Italia" in occasione del centenario della fondazione del Museo Nazionale della Cina di Piazza Tian'an men; una vetrina permanente per promuovere la cultura italiana in uno dei musei più visitati al mondo.

La Cina rappresenta un partner ideale, perché, come l'Italia, custodisce la storia di una millenaria e multiforme civiltà aperta ad un immenso bacino di nuovi potenziali "utenti" che vogliamo attrarre per tornare al vertice delle mete turistiche mondiali.

"La Cina arcaica" è il frutto dell'impegno e del lavoro congiunto tra Italia e Cina e il mio doveroso e sentito ringraziamento va a tutte le persone dei rispettivi Ministeri, dell'Ambasciata italiana in Cina e di quella cinese in Italia che si sono impegnate con passione e dedizione per portare avanti questa collaborazione che proseguirà nel tempo.

Desidero, infine, rivolgere un particolare ringraziamento alla Soprintendente Speciale per il Patrimonio Storico, Artistico ed Etnoantropologico e per il Polo Museale della città di Roma, Daniela Porro, e a quanti hanno contribuito alla realizzazione di questo progetto internazionale che porta la magia della millenaria civiltà orientale a Roma.

Direttore Generale per la valorizzazione del patrimonio culturale - MiBAC **ANNA MARIA BUZZI**
Giugno 2013

通过这本图录的出版发行，我非常愿意、也十分荣幸地宣布，我们实现了一个重要的目标，该目标的实现要归功于意中双边合作，罗马威尼斯宫国立博物馆作为意大利首都最为著名的文化胜地之一，为中国文明提供了一个展示的空间。

"早期中国展"作为首展，将开启一系列在罗马举办的展览。这些展览由中华人民共和国国家文物局举办，它们将从新石器时代晚期开始直到今天，依据时间线索展出珍贵而精美的中国文物。这些展品所展示出的中国文明的丰富性与复杂性，证实了此次双边合作的重要性，并开启了欧洲与东亚地区国际文化交流的新方向。这项宏大的展览令人叹为观止，它与意大利"佛罗伦萨与文艺复兴：名家名作展"相呼应。后者展出了15~16世纪间佛罗伦萨艺术家们的作品，为"意大利空间"的开幕展，于中国国家博物馆成立100周年之际展出。作为世界上最受欢迎的博物馆之一，中国国家博物馆提供的展厅为我们推广意大利文化搭建了平台。

中国是一个理想的合作伙伴，因为她和意大利一样，都保留着丰富多彩的千年文明。这些历史文化资源，仿佛一座巨大的宝库，面向潜在的"用户"而敞开，吸引着他们，使两国必将再次成为世界瞩目的文化和旅游胜地。

"早期中国展"是意中两国携手合作的结果，我谨向意中两国文化部、向意大利驻中国大使馆、中国驻意大利大使馆以及中国国家文物局的各位人士表示衷心的感谢，他们的热情和专注使我们此次的合作能够顺利进行，并将一如既往地进行下去。

最后，我想要特别感谢罗马历史、艺术、民族人类遗产博物馆联盟特别负责人丹妮拉·波洛，以及所有为此项目的实现做出贡献的人，因为有他们的努力，才使东方千年文明的魅力得以传到罗马。

意大利共和国文化遗产与活动部文化遗产开发司司长　安娜·玛利亚·布慈
2013年6月

La Mostra che si inaugura a Palazzo Venezia è la prima "tappa italiana" di un ambizioso progetto di cooperazione tra il Ministero per i Beni e le Attività Culturali italiano e l'Amministrazione Statale per il Patrimonio Culturale della Repubblica Popolare Cinese.

Il cuore pulsante del progetto è la valorizzazione reciproca, anche presso il grande pubblico, dell'inestimabile patrimonio di storia e di cultura che Italia e Cina posseggono. Si tratta di un passo essenziale sul cammino di comprensione e di sempre maggiore collaborazione tra i due popoli e di un volano importante anche per il rafforzamento delle nostre relazioni economiche e commerciali.

A Pechino si è chiusa a fine aprile la Mostra dedicata al Rinascimento italiano dopo quasi un anno durante il quale è stata visitabile presso la prestigiosa sede del Museo Nazionale di Cina a Tian'anmen. È stata una occasione preziosa per fornire ai visitatori cinesi uno sguardo ravvicinato su quanto il nostro paese può offrire nelle città d'arte italiane, grandi e piccole, da quelle più note alla miriade di veri e propri gioielli nascosti, diffusi su tutto il territorio nazionale.

A Roma, oggi, gli italiani potranno avvicinarsi ad una fase assai più remota della storia cinese, quando, seppure su di un territorio che presentava una molteplicità di culture tra di loro molto diverse, la presenza di una lingua scritta comune già costituiva un formidabile strumento di unità e di identità culturale che consente a buon diritto di parlare di un mondo cinese.

Che ci si trovi fronte agli splendidi, enigmatici oggetti di scavo provenienti dalla cultura di Sanxingdui – così distanti dalle altre culture coeve e che certamente non mancheranno di colpire i visitatori per la loro bellezza - o ad un bronzo rituale di epoca Zhou, i reperti di questa mostra costituiscono comunque sempre un pretesto per riflettere sull'inestimabile patrimonio culturale del passato, tratto comune alle nostre due millenarie civiltà.

Un passato così ricco e così importante affida ai nostri due popoli una grande responsabilità anche per il futuro: quella di continuare ad essere degni di questa illustre eredità. I tempi e i criteri di giudizio cambiano, ma non devono invece cambiare i valori di fondo dell'umanità, come il rispetto reciproco che nasce proprio dalla conoscenza delle rispettive culture e storie.

L'iniziativa congiunta dei due Governi, italiano e cinese, consacrata dal Memorandum di intesa sul partenariato per la promozione del patrimonio culturale siglato nel 2010, opera certamente in questa direzione. Ed è sempre in quest'ottica che auguro il più grande successo alla Mostra dedicata a "La Cina arcaica".

Ambasciatore d'Italia nella RPC **Alberto Bradanini**

Giugno 2013

在罗马威尼斯宫国立博物馆开幕的"早期中国展",是意大利共和国文化遗产与活动部同中华人民共和国国家文物局合作的一个大型项目——"中华文明系列展"的首展。

该合作项目旨在面向大众互相推广意中珍贵的历史文化遗产,这是两国人民增进了解、加深合作的重要步骤,也是加强两国经贸往来的重要动力。

今年4月底,在位于北京天安门广场享有盛名的中国国家博物馆内展出近一年的"佛罗伦萨与文艺复兴:名家名作展"闭幕了。这个展览为中国观众得以近距离地了解到我们国家为人类贡献的财富,提供了一个难得的机遇。这些财富收藏在大大小小的艺术之城中——从历史名城到整个意大利国土上的无数的鲜为人知的美丽古镇。

今天,在罗马,意大利观众将欣赏到中国历史上一个更为古老时代的创作,虽然当时的中国拥有风格迥异的多种文化,但一种通用的文字已经为建立统一的多民族国家和文化认同提供了强大工具,使我们能够更好地认识中华文明的奥秘。

这个展览,不管是三星堆考古发掘的、有别于其他地域的文物,还是周王朝的青铜礼器,所有这些壮观、神秘、精美的文物,都为我们提供了一个回味中国珍贵文化遗产的机会。

悠久的历史是我们这两个千年文明所共有的宝贵财富。意中两国厚重的文明要求我们承担起对未来的重任,当之无愧地继承各自辉煌的文化遗产。时代和审美标准在变化,但它们不应该改变人类的基本价值观,包括通过对彼此历史、文化的了解而产生的相互尊重。

这便是2010年签署的"谅解备忘录"关于意中两国政府共同计划的宗旨。基于此,我衷心祝愿"早期中国展"取得巨大成功。

意大利共和国驻中华人民共和国大使　白达宁
2013年6月

"早期中国"展览的策划与实施

中国文物交流中心　钱卫

中国和意大利都是拥有古老文明的国家。在几千年的历史长河中，两个古老文明跨越万里，相互沟通，交流融合，不断影响着人类社会的文明进步。

一　展览缘起

中意建交以来，两国间的文化交流规模日益扩大，形式不断丰富，水平逐步提高。2010年10月，中国国务院总理温家宝与意大利总理贝卢斯科尼在罗马共同出席了庆祝中意建交40周年暨意大利"中国文化年"开幕式。古老的罗马城装扮一新，帝国大道挂起了红灯笼，斗兽场披上了"中国红"。10月7日，在中意两国总理的共同见证下，中国文化部部长蔡武与意大利文化遗产与活动部部长邦迪，在罗马签署了《中华人民共和国国家文物局与意大利共和国文化遗产与活动部关于促进文化遗产合作的谅解备忘录》。根据《备忘录》，中意两国将互相在对方国家级博物馆设立为期五年的常设展厅，两国的文物主管部门、博物馆将携手合作，互办文物展。这是两国在文化遗产领域交流与合作的有益探索，也是国际博物馆馆际交流的创新形式，对于推动两国文化交流，增进两国人民的相互理解，将发挥积极作用。中国国家文物局将赴意大利举办展览的艰巨任务交给了中国文物交流中心。中国文物交流中心作为国家文物局直属专门从事对外展览工作的机构，在意大利举办过多次文物展览。但此次连续五年举办五个展览，需要我们对五年的展览有一个全盘的规划。意大利方面给中方提供的五年展场位于首都罗马市中心、威尼斯广场一侧，一座文艺复兴时期的建筑——威尼斯宫国立博物馆。如何在这里向意大利观众展示灿烂悠久的中华文明，中国国家文物局高度重视，召集有关各方进行了多次讨论、研究，大家一致认为要让意大利观众对中华文化有一个全面、系统的了解。系列展将根据中华文明的特点，从四个方面诠释中华文明的博大精深：第一，中华文明历史悠久，她是世界上唯一没有中断过的连续5000多年的古老文明；第二，中华文明的形成是由多民族文化共同发展、融合而成的；第三，中华文明海纳百川，具有极强的包容性、开放性，在不断兼收并蓄中辉煌灿烂。第四，在全球化的今天，对传统文化的继承和发展是当代中国文化艺术的发展方向。经过反复推敲，一个"中华文明系列展"方案初步形成。展览将以中国历史为序，分先秦、秦汉至隋唐、宋元明、清、当代五个历史阶段，全面反映中华文明的发展历程。

各阶段之间既相互衔接，同时展览的视角又各有侧重。展览将选取各时期最具代表性的文物为展品，使观众易于体会展品背后深厚的历史文化内涵。在系列展览中，前四个展览将从不同侧面分别展示中国从新石器时代至清代的历史，可以说，涵盖了中国5000年的文明史。最后一个展览"当代中国"不仅要展现当代中国的文化风貌，同时展出的作品将从前四个展览的中国古代传统文化元素中，提炼符合中国人审美意境的题材，用现代的手法予以表现，展出那些蕴含有古代文化元素的现代作品，也是对前四个展览的总结和呼应。系列展览将尽可能地以连贯、系统、科学的方式展示中华文明的源流与发展，使意大利观众对中国文化能有一定的认识，逐步体会中华文化从古至今源远流长、博大精深和多元一体的发展历程。

二 展览策划：体现展览的主题与思路

"早期中国"作为中华文明系列展的第一个展览，要给观众传达一个怎样的信心呢？以往的出境展览更多地强调文物的高品质，一级品越多越好，观众大都是从艺术审美的角度去欣赏、了解中国文化。我们希望"早期中国"展览对此能够有所突破，希望观众在欣赏之余能悟出一个道理或是解决一个基本问题，进而对中国文化有一个更深层次的了解。经过中意双方专家学者的反复讨论，大家一致认为，作为赴意"中华文明系列展"的首个展览，一定要使观众对中国有一个基本认识。"早期中国"展览要向观众阐述中华文明是如何起源、发展并走向辉煌的文明发展历程，向观众解答"中国为什么叫中国？""早期中国是什么样的中国？""统一的中国又是怎么形成的？"这些基本问题。然而，要想回答这样的问题，并非易事，由于展览场地、借展文物的种种局限，仅从82件（组）文物来全面体现这样一个宏大的主题，显然是不够的。因此，"早期中国"展览只能从一个侧面展现公元前3500～前221年，秦统一前中华文明的起源与发展历程，让观众从中体会中国传统文化的精髓与历史传承。根据考古研究成果，从史前时代开始，中华文明经历了从起源到逐步形成的过程，夏、商、周时期中国社会逐渐进入高度发达的青铜时代，展览将按照历史发展顺序，以这一时期的考古发现为线索，分五个部分，选取六个切入点，以点盖面，讲述在中华大地上的早期文明。这六个切入点就是：一处文化遗迹——陶寺、一座早期的城市——二里头、一个王后的墓葬——妇好墓、一个神秘的方国——古蜀国、一套严密的制度——礼乐制度，之后经过一个群雄争霸的时期，最终展览结束于秦统一中国之前。秦统一中国之后中国是如何发展、强大的，将在后续展览中呈现给大家。总之，"早期中国"展览将通过上述这些历史的片段，展现中华文明多元一体的文化特色，让观众对早期中国的文明成就有一个初步的认识，进而解释"中国"的真正内涵。

图一　1963年在陕西宝鸡出土何尊及铭文拓片
Figura 1. Lo *Hezun* e l'iscrizione in esso riportata.
Il contenitore in bronzo è stato rinvenuto a Baoji,
nello Shaanxi, nel 1963

展览的五个部分分别为：

（一）文明曙光（新石器时代晚期）——一片神奇的土地。

（二）王国诞生（二里头文化至商早期）——一座早期的城市。

（三）敬祖祭神（商）——1．一个王后的墓葬；2．一个宗教神权的方国。

（四）礼乐兴邦（西周）——一套完善的礼乐制度。

（五）群雄争霸（春秋战国）——一个统一的中国即将形成。

考虑到西方观众对中国文化的接受程度，展览试图从以下几个问题着手来解读"早期中国"。

1．认识中国首先要了解"中国"为什么叫中国

中国位于亚洲的东部、太平洋西岸，为何称为"中国"，顾名思义，最早是指"天下的中心"，根据《辞源》解释："上古时代，华夏族建国于黄河流域一带，以为居天下之中，故称中国，而把周围其他地区称为四方。"目前已知"中国"的名称最早源于西周时期的青铜器"何尊"的铭文，根据铭文记载，周成王即位不久，便开始营建东都洛阳。周人自西北方来，以洛阳居天下之中，居之以驭四方。其中"余其宅兹中或（国），自之义民"中的铭文意思是：我已经占据中国，统治这些百姓了。这里"中或（国）"就是"中国"二字最早的记载（图一）。

2．讲述最初的"中国"

中华文明起源于远古的史前时代，最早的新石器时代文化可以上溯到一万年以前，约公元前3500～前1900年，中国历史开始走向文明。在广袤的中华大地上灿若星海的早期文明各具特色。结合展品，这里仅举以下两例：

陶寺遗址　黄河是中华民族的母亲河，是孕育中国古代文明的摇篮，黄河流域一带也是"中国"最初兴起的地方。展览的第一部分"文明曙光"概述史前时期中华大地上出现的早期文明，重点突出黄河流域中原地区的陶寺文明，展示陶寺遗址的考古发现。陶寺遗址距今4500～3900年，位于今天的山西南部，是史书记载的远古传说中部落联盟首领尧、舜时期的都邑。也有学者认为陶寺遗址是禹都（尧、舜、禹三人传说是中国远古时期德才兼备的部落首领）。所以说早期的中国即指现在的黄河中下游的中原地区。我们从陶寺遗址考古收获来看，那些色彩鲜艳、图案精美的彩陶最能体现陶寺文化的文明程度，说明那里可能已经进入了初期的文明社会。

二里头遗址　同样地处黄河流域、位于洛阳平原的二里头遗址，自古被称作"天下之中"，前文提到的"何尊"铭文就称这里为"中国"。有专家认为二里头遗址是最早的"中国"区域内最早的一座大型都邑[1]。

二里头遗址是公元前20世纪中叶～前16世纪中叶中国乃至东亚地区最大的聚落，中国的考古学者曾对这一遗址进行了40多次发掘。考古发掘和研究情况表明，它拥有目前所知中国最早的宫殿建筑群、最早的青铜礼器群及青

[1] 许宏：《最早的中国》，科学出版社，2009年版，第5页。

铜冶铸作坊，种种迹象表明，这里是中国最早的王朝（夏朝）的都邑，中国文明至此进入了一个新的阶段，王国已经在这里诞生[2]。展览的第二部分，王国的诞生，首先通过多媒体影像介绍二里头遗址的概况。二里头遗址对研究华夏文明的渊源、国家的兴起、城市的起源、王都建设、王宫定制等重大问题均有重要的参考价值，展出的青铜容器反映了当时青铜制造已经具有一定水平，嵌绿松石铜牌饰等装饰物的出现，说明当时已经出现了手工作坊，其文明程度大大领先于当时的周边地区。二里头文化与后来的商周文明都是以中原文化为基础，吸收各地的文明因素，构成了华夏文明形成与发展的主流，使以祖先崇拜为内核的礼乐文化成为华夏文明的基本特质。

3. 早期的中国是怎样的中国

唐际根先生在《中国的由来》一文中，从早期中国的社会组织、宗教礼制、城市发展、金属冶炼、文字产生、文化交流、对外关系等方面对早期中国进行了全面、详细的论述，这里仅从此展展品中所涉及的内容加以概括总结。

祭祀神灵　商王朝（公元前1600～前1046年）是继夏朝之后，由黄河中下游一带（今河南、山东一带）原夏朝的附属国、商姓部落首领汤建立的。它是中国历史上第一个具有文献记载的同时又有甲骨文文字可考的王朝。1976年在商王朝后期的都城遗址"殷墟"发现了一位王后的墓葬，即商王武丁的诸后之一妇好的墓葬，这是目前发现的殷墟唯一保存完整的一座商代王室墓葬。据甲骨卜辞记载，妇好是一位很有作为的王后，她辅佐商王武丁，主持过许多重要的祭祀活动，曾多次率兵去征伐其他小国。殷墟出土的刻铭"妇好"的青铜钺在兵器中最为引人注目，是她拥有最高军事权利的象征。出土的大量祭祀用的青铜礼器许多都刻有妇好铭文，有些是大型青铜礼器的组合，可见妇好生前受命主持祭祀盛典规模之大，以及参与祭拜活动的频繁。甲骨卜辞的记载和妇好墓大批青铜祭祀礼器、玉器的出土，充分显示了商人对祖先神灵的崇拜。青铜器厚重的造型、繁缛的纹饰，不仅反映出商代青铜文化的繁盛，也为我们描绘了商晚期武丁时代的宗教形态及社会面貌。

中国自古以来就是个多民族的国家。地处中国西南地区长江上游的古蜀国作为一个远离商王朝的方国，历史悠久，这里同样是中国早期文明的一个重要区域[3]。在这里考古发现的"三星堆"和"金沙"遗址，出土了大量象牙、青铜人像、玉璋和金器等，这些器物大约都是宗教、祭祀类用器。其中三星堆祭祀坑出土的金杖、金面罩以及金沙遗址出土的太阳神制作精美，青铜人头像形象夸张，极富地方特色。为祈求得到神灵的庇护，古蜀人在祭祀活动中大量使用这些面具，赋予自己与神灵沟通的能力，以达到人神交流的目的。高度发达的古蜀文明为世人所瞩目，反映了古蜀先民对神灵的无限敬畏。独具特色、奇异诡秘的古蜀文化不仅是长江上游的文明中心，也是商周

[2] 王巍:《从考古发现看中华文明起源》，《早期中国——中华文明起源》，文物出版社，2009年版。

[3] 赵殿增、李明斌:《长江上游地区的巴蜀文化》，湖北教育出版社，2004年版，第170页。

时期中华文明多元一体格局的重要组成部分。

礼乐兴邦 西周时期（公元前1046～前771年）一套以强化贵族等级秩序及社会伦理的礼乐制度，在商代文明之后，得到发展和完善。其中"礼"的核心内容就是西周建立的宗法制度，主要是依靠自然形成的血缘亲疏关系，对人的身份等级进行划分，防止贵族间对于权位和财产的争夺；"乐"主要是在礼的基础上，利用音乐等手段来规范涉及生活方方面面的社会秩序及伦理道德，以缓解社会矛盾。以礼乐育人，发挥教化作用才是礼乐文明的精华。《礼记·乐记》称"乐者，天地之和也，礼者，天地之序也"，这种礼乐制度保证了中央对封国的绝对控制权，在当时稳定了社会秩序，推动了中国古代文明的递进，这一时期的考古发掘资料能够清楚地反映当时社会的礼乐观念，因为丧葬礼也是礼乐制度的一个重要组成部分。一般贵族墓葬多随葬有各种青铜容器等，它们都是礼器的组成部分，死者入葬时所享受的待遇根据其品级的高低而不同，象征着死者的身份等级。

4．统一的中国是如何形成的

展览的而最后一部分春秋战国时期群雄争霸，正反映了中国统一前的这段社会历史背景。

宗法血缘关系不能从根本上保证中央与地方的隶属关系，血缘关系经几代后就会逐渐疏远，封国的实力一旦强大起来，中央的控制效果必然会减弱。公元前770年，随着周平王迁都洛阳，周王室衰微，丧失了控制天下的能力，当初周天子分封的一些诸侯国逐渐强大，先后出现了"春秋五霸"、"战国七雄"，形成了群雄并起、诸侯争霸的局面，这个充满动荡的时期，在中国历史上又称"春秋战国时期"。

诸侯争霸 春秋战国时期，诸侯纷争，战争贯穿始终。战争中，各诸侯国使用的武器主要是青铜兵器。随着生产力水平的提高，这一时期的青铜铸造技术达到了成熟阶段，反映在兵器上，大量运用分铸、浑铸、焊接、复合金属铸造等技术，兵器的性能和品种也不断增加，且为了适应大规模车战的需要，出现了大量的组合兵器戟、戈、弓弩、剑、盾。

百家争鸣 在思想文化领域上，西周灭亡，打破了人们思想上的禁锢，出现了一个空前繁荣的百家争鸣的局面。这时生产力的提高、科技的进步，使青铜器和漆器的制作工艺得到了极大的发展。青铜器不仅在工艺上广泛应用鎏金、镂空、错金银、镶嵌等技术，而且由于人们去除了礼制的束缚，解脱了思想上的禁锢，在造型和式样上，较前代有了许多创新，剔除了前代具有神秘礼制色彩的青铜礼器，出现了像鸟首形杯、瓠形壶、铜人擎灯等富有生活气息的器物。这是从礼乐制度下挣脱出来的重要标志。这一时期的墓葬中出土的一件件造型活泼的青铜器和纹饰精美的漆木器，体现出新兴地主阶级以华巧为美的新观念。

长期的战争，大国吞并小国，使诸侯国的数量逐渐减少，动荡的局面也促使各民族之间频繁接触、相互融合；同时，思想文化领域百家争鸣的局面促进了文化交流和社会变革，加速了新旧制度的更迭，这些都预示着中国历史上第一个疆域广阔、政治统一的国家——"秦"即将形成。

三　文物展品：揭示展览的意义与内涵

文物展览不同于其他类型的展览，文物是展览中的主角。文物是对展览主题最有力的支撑，每一件文物都是为表现展览的主题服务的。出境展览文物的拣选除了要与展览主题契合，还要受到多方面因素影响，在国家政策法规允许的前提下，借展经费、文物现状、收藏单位的意见、文物包装、运输的难度、展出条件、观众需求等等都需要考虑，此次展览最终入选的这82件（组）文物清单是几经筛选后形成的。所选文物中有许多是同类器物中的精品，有的是对展览主题的深化，有的是对时代特征的反映……几乎展览的每一个部分都有一个或几个亮点。

作为二里头文化的亮点文物，嵌绿松石兽面纹铜牌饰是一件极具二里头文化特色的器物。这种铜牌饰在二里头遗址至今共出土了三件，大都置于墓主人腹部附近的位置，从两端有边孔看，可能是缀在衣物上的，应为贵族占有的一种沟通天地的祭祀礼器。铜牌饰在青铜兽面纹的框架内嵌满绿松石，集铸造、镶嵌工艺于一体，做工奇巧，具有极高的工艺水平。这种兽面究竟是何种动物，目前众说纷纭。在二里头遗址宫殿区发现了大型绿松石龙形器之后，有学者认为它是龙的简化或抽象图案，作为介于史前向商周时期过渡的一种兽面纹饰，它对研究中国文明起源具有重要学术价值。

图三　2001年在四川成都金沙遗址出土的玉璋上的图案
Figura 3. Motivo decorativo intagliato sulla tavoletta di giada di tipo *zhang*, rinvenuta nel 2001 presso il sito archeologico di Jinsha, a Chengdu, nel Sichuan

"一个宗教神权的方国"这一部分除了展出众多三星堆出土的青铜面具外，其中有一件出土于金沙遗址的玉璋（图二、三），虽然看起来并不引人注目，但它不同于一般的玉璋，仔细辨别就会发现，在这件平行四边形的玉璋器身两面刻着两组对称的相同图案。图案为一跪坐人像，肩扛象牙。人像头戴高冠、高鼻、立目、阔口、方耳，外形与三星堆遗址出土的青铜头像极为相似，由此判断应是主持祭祀的巫师形象。从这件肩扛象牙玉璋让我们了解到了当时的人们如何用象牙进行祭祀活动。金沙遗址的发现与三星堆一样再现了古蜀文明的辉煌灿烂。

青铜器在这次展览中占有相当

图二　2001年在四川成都金沙遗址出土的玉璋
Figura 2. Tavoletta di giada di tipo *zhang*, rinvenuta nel 2001 presso il sito archeologico di Jinsha, a Chengdu, nel Sichuan

大的比重，而铜鼎则是其中最重要的一种礼器。最初它是一种饪食器皿，后来逐渐变为统治者权利的象征，汉语中"问鼎中原"的典故，讲的就是春秋时楚庄王向周天子的使者询问周王九鼎的重量，有欲夺取周朝政权之意，后人便把"问鼎"比喻为夺取政权。西周时期鼎还是身份、地位的标志，周人在宴享或祭祀活动中，根据地位身份的不同而使用不同组合、数量的铜鼎，即所谓的"列鼎制度"。按照《周礼》规定，天子（周王朝的最高统治者）用九鼎，九鼎分别盛放牛、羊、猪、鱼（干鱼）、腊（干肉）、肠胃、肤、鲜鱼、鲜腊九种肉食。卿大夫用七鼎，无鲜鱼、鲜腊。大夫用五鼎，再减牛、肠胃。士在特殊场合用三鼎，肉食为猪、鱼、腊；一般情况只能用一鼎，盛小猪。作为盛食器铜簋后来也发展为商周时重要的礼器，宴享和祭祀时，以偶数与列鼎配合使用。簋的数量也有规定，九鼎八簋是天子使用的祭器组合。诸侯用七鼎六簋，卿大夫用五鼎四簋，士用三鼎二簋。这种用鼎制度在周代礼乐制度中占有核心位置[4]。

同样，玉器也是西周时期礼制的一种重要载体。在"君子比德于玉"的文化氛围下，先秦贵族佩玉、葬玉风气盛行。西周玉器一般可分为礼玉、葬玉、佩玉、用器（兵器和工具）等。礼玉即所谓礼仪玉器，顾名思义，是指古人在祭祀、朝会等礼仪场合使用的玉器，据《周礼》记载，主要是指璧、琮、圭、璋、琥、璜六种玉器。《周礼》中还规定，使用玉器依爵位的不同而有区别，"王执镇圭，公执桓圭，侯执信圭，伯执躬圭，子执谷璧，男执蒲璧"，这六种玉器被称为"六瑞"。张家坡西周玉器是西周文王都城丰京遗址内家族墓葬出土的，应是西周贵族使用的玉器，展出的这些玉器在造型、装饰手法、工艺水平上较前代均有创新，多是当时最高等级的井叔家族墓出土[5]。

编钟是祭祀等礼仪场合使用的一种成套的打击乐器。与鼎一样，也是"钟鸣鼎食"的先秦时代最具时代特征的王室礼乐重器，也有"别尊卑、辨等列"的使用制度，不同的等级，不仅使用编钟的数量不同，而且悬挂位置也不相同。《周礼》中规定"王宫悬，诸侯轩悬，卿大夫判悬……""宫轩"即四面悬挂，"轩悬"去掉一面，"判悬"则再去掉一面。展出的这套擂鼓墩二号墓编钟是春秋战国时期最具代表性的编钟之一。它由大小不等的36个甬钟组成，按照音调的高低，悬挂于巨大的横梁上，用钟槌分别敲打，会发出高低不同的乐音。经过测试，每个钟都可发出双音，至今仍可奏出各种曲目。如此规模宏大、制作精美的乐器，让人们足以想见当年礼乐活动的隆重与盛大。

从公元前3500～前221年，这是一个极为漫长的历史阶段，是中华文明起源和初步发展时期。生长在这片土地上的先民们创作了灿烂辉煌的古代文明，无论是新石器时代的彩陶、商代的甲骨，还是商周时期的青铜器、玉器以及战国时期的漆木器等等，这些都是人类文明的历史标志。展出的文物虽

[4] 刘彬徽：《楚文物与礼乐文明》，《凤舞九天——楚文物特展》，湖南美术出版社，2009年版。

[5] 中国社会科学院考古研究所编：《张家坡西周玉器》，文物出版社，2007年版，第10页。

然数量有限，以管窥豹，可见一斑，涉及了早期中国社会政治、经济、军事、宗教、文化、艺术等方方面面。透过一个个不同历史时期的文明缩影，中国逐步由分散走向统一，一个崭新的时代即将到来。

四 展陈设计：为展览营造想象的空间

考古类型的展览，特别是早期考古展览，往往比较枯燥沉闷，如果说一件件展品是展览的主体内容，那么辅助展品就是对展览内容的丰富和补充，而展览的设计就是展览的外在形式，要使展览能够吸引观众，就更加需要在这些辅助手段上下更大的功夫。作为展览策划者，下面我仅从"早期中国"展览内容出发，对展览的陈列设计提出一些构想。

1．综合考虑合理布局

经过展览前期的考察，我们对展出地点威尼斯宫博物馆展厅的空间环境有一个大致的了解，意大利方面这次给我们预留的展览场地面积约390平方米，被分隔为面积不等的9个套间，最大的一间约有60～70平方米（图四）。据此，展厅布局上，将分别按照序厅及展览各个部分的时空顺序，通过氛围的营造，以讲故事的方式将文物分区域进行展示。一进门的几个展厅空间较小，且一侧为通道，只能放置少量的展柜、展板、多媒体机等。由36件甬钟组成的铜编钟是我们此次展览中体量最大的展品，为体现其浑厚壮观的气势，将其安排在最大的一间展厅陈列比较合适，以便尽可能更好地体现中国瑰宝的魅力，给观众营造一个良好的参观氛围。

2．细节突出中国元素

在展览的设计方面，还应在细节上突出使用中国元素。哪些属于中国元素呢？在色调上，比如中国红，国旗上的红、黄两色，还有出土青铜器的青绿色等，都可以作为展览的主色调。在装饰纹样上，可以充分利用展品上的装饰纹样，如彩陶上的几何图案，青铜器上的云雷纹、饕餮纹、夔龙纹等各

图四 展厅平面图
Figura 4. Pianta delle sale del Museo Nazionale di Palazzo Venezia dedicate alla mostra

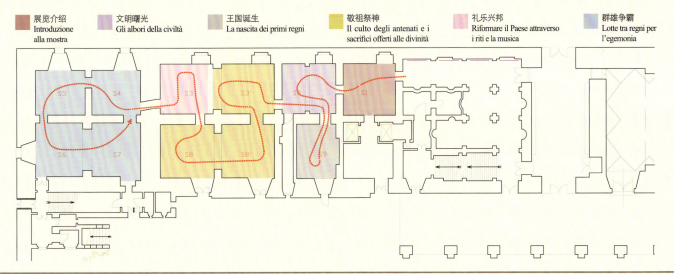

种纹饰，玉器上的龙纹等雕刻纹样以及漆木器上的绘画等等，这些都可以在展览各部分的布展中作装饰。在声音效果上，可以选择中国传统的民族乐器如古琴、古筝等演奏的乐曲在展厅里循环播放，毫无疑问，在陈列铜编钟的大厅里，将会奏响美妙绝伦的编钟乐音。总之，要以现代手法表现历史和传统，以国际化理念，展示充满东方情调的内容，最终达到内容与形式的契合与统一。

3．互动体验增添乐趣

为了使观众对展览留下美好的印象，对古老的中华文化有切身的体会，满足观众的参与欲望，建议展览特别设计几处观众体验区。此次展览我们还准备了由湖北省博物馆仿制的一组16件青铜编钟，在展厅中的特定区域陈列。观众可以手持钟锤体验亲自敲击编钟带来的愉悦。如果场地允许，还可以为小朋友开辟一块"考古工地"，增加"寻宝"环节，或制作一些彩陶碎片，进行模拟修复；安排一些中国地图的拼图等等，这些都可以作为与观众互动的环节。希望通过这种零距离的接触，给展览增加一些情趣，寓教于乐，使观众能够对中国的古老文化有一个更加深刻的认识。

五　结　语

举办一个成功的展览不仅需要有鲜明的主题、周密的策划、精美的展品、出色的设计，还涉及展览图录制作、展览宣传以及开幕后的开放、运营等多个环节，牵扯方方面面。《博物馆策展实践》一书对博物馆办展提出了"八个一"的要求，即一本策划书、一套专业图录、一套设计方案、一系列宣传策划方案、一套动态展示影像片、一系列有影响的社教活动、一系列纪念品开发、一套开放方案[6]。其目的就是要让展览内涵更加丰富，把展览的效果发挥到极致。尽管"早期中国"展览在境外展出，我们仍可配合展览开展一些活动，如请中国学者来这里举办知识讲座、组织中国文物旅游等活动。这些活动策划既是对展览的宣传，也是对展览内容的丰富。

素有世界大都会美誉的意大利首都罗马，融古老与现代于一体，来自不同地域的文化在这里碰撞，希望"早期中国"展览能够带给意大利以及来自世界各地的观众一段美妙的记忆，一次与众不同的"穿越"体验。

[6] 姚安:《博物馆策展实践》，科学出版社，2010年版，第288页。

LA MOSTRA "LA CINA ARCAICA": PROGETTAZIONE E ALLESTIMENTO

Art Exhibitons China *Qian Wei*

Cina e Italia sono state entrambe culle di antiche civiltà. Nel corso della loro storia millenaria, queste due culture hanno percorso distanze lunghissime, attivato canali di comunicazione, intrapreso mutui scambi e convergenze reciproche, e, in questo modo, hanno incessantemente influenzato il progresso culturale dell'intera società umana.

1. Genesi del progetto espositivo

A partire dal momento in cui sono stati allacciati rapporti diplomatici tra la Cina e l'Italia, gli scambi culturali tra i due Paesi sono andati via via sempre più intensificandosi, il loro contenuto è andato gradatamente ampliandosi e il loro livello si è progressivamente innalzato. Nell'ottobre del 2010, l'allora Primo Ministro del Consiglio di Stato della Repubblica Popolare Cinese, Wen Jiabao, e l'ex Presidente del Consiglio della Repubblica Italiana, Silvio Berlusconi, hanno presenziato congiuntamente a Roma alle celebrazioni del 40° anniversario delle relazioni diplomatiche tra Cina e Italia e alla cerimonia inaugurale dell'"Anno della cultura cinese in Italia". Per l'occasione, l'antica città di Roma ha cambiato le sue vesti: via dei Fori Imperiali è stata contornata di lanterne rosse e una luce "rosso Cina" ha illuminato a giorno il Colosseo. Il 7 ottobre, alla presenza dei premier dei due Paesi, il Ministro della Cultura della Repubblica Popolare Cinese, Cai Wu, e il Ministro per i Beni e le Attività Culturali della Repubblica Italiana, Sandro Bondi, hanno inoltre firmato il "Memorandum d'Intesa sul partenariato per la promozione del Patrimonio Culturale tra il Ministero per i Beni e le Attività Culturali della Repubblica Italiana e l'Amministrazione Statale per il Patriminio Culturale della Repubblica Popolare Cinese". In particolare, il "Memorandum" stabilisce la disponibilità di spazi espositivi permanenti nelle due capitali per esposizioni finalizzate alla promozione dei rispettivi patrimoni culturali e che si svolgeranno nell'arco di cinque anni; i musei e le istituzioni deputate della gestione dei beni archeologici e culturali di entrambi i Paesi si impegnano a collaborare all'organizzazione delle mostre pianificate. Questo accordo rappresenta una prova concreta di come sia attiva la cooperazione tra i due Paesi nel settore dei beni culturali, e propone un approccio innovativo all'attività di collaborazione internazionale tra istituzioni museali. Il suo adempimento svolgerà dunque un ruolo positivo per quel che riguarda la promozione degli scambi culturali tra i due Paesi e favorirà una maggiore comprensione reciproca.

La State Administration for Cultural Heritage ha assegnato all'Art Exhibitions China l'arduo compito di organizzare le mostre che (di qui in avanti) si svolgeranno in Italia. L'Art Exhibitions China, essendo l'organo interno al Ministero della Cultura cinese deputato all'organizzazione delle mostre all'estero, ha già allestito numerose esposizioni in territorio italiano. Tuttavia, questa volta, per organizzare cinque diverse mostre che si svolgeranno con cadenza annuale, è indispensabile provvedere a una pianificazione (completa e) dettagliata che abbracci l'intero quinquennio. Il locale messo a disposizione dall'Italia per la controparte cinese è il Museo Nazionale di Palazzo Venezia, un edificio rinascimentale sito nel cuore della capitale e che affaccia su un lato di Piazza Venezia. Poiché alla State Administration for Cultural Heritage preme molto mostrare al pubblico italiano il fascino duraturo della civiltà cinese, si è deciso di convocare numerose volte le parti coinvolte, in modo da discutere e studiare la migliore modalità per raggiungere tale obiettivo. All'unanimità si è convenuto che per permettere al pubblico di avere un quadro completo e sistematico dello sviluppo della cultura cinese, il ciclo di mostre si deve focalizzare sugli aspetti caratteristici della sua civiltà, che dunque ne evidenziano la straordinarietà. Questi aspetti sono:

La continuità della sua lunga storia: la civiltà cinese è stata infatti l'unica al mondo a perdurare ininterrottamente per più di cinquemila anni;

La natura multietnica della sua formazione, che infatti è stata il risultato dell'integrazione e della sintesi di più etnie;

La capacità di conglobare le istanze più diverse: la civiltà cinese è sempre stata come "l'immensità del mare che indistintamente accoglie la molteplicità dei corsi d'acqua"; essa è caratterizzata da una grande apertura e da una spiccata capacità di assorbire le diversità; il suo glorioso splendore nasce infatti dalla sua imperitura attitudine a incorporare ogni difformità;

La continuità con la tradizione: nell'era della globalizzazione, sono infatti la continuazione e lo sviluppo della cultura tradizionale che indicano la direzione da intraprendere per far progredire l'arte e la cultura contemporanee.

Dopo una fase di approfondite ricerche, è stata dunque elaborata una bozza di progettazione di questo ciclo di mostre dedicate alla civiltà cinese.   Seguendo un andamento cronologico, si è deciso di suddividere la storia cinese in cinque fasi (epoca pre-Qin, dalla dinastia Qin alla dinastia Tang, le dinastie Song, Yuan e Ming, la dinastia Qing, l'età contemporanea), e di far corrispondere a ciascuna fase una mostra. In questo modo, si riuscirà a ripercorrere l'intero sviluppo della civiltà cinese. A seconda dei periodi storici che andranno susseguendosi in ordine progressivo, il focus della mostra si andrà a enucleare su aspetti diversi. I reperti esposti saranno accuratamente selezionati tra i più rappresentativi di ciascun periodo, in modo da permettere al pubblico di coglier facilmente le connotazioni storiche e culturali ad essi sottese. Le prime quattro esposizioni presenteranno aspetti differenti della civiltà cinese nel periodo compreso tra il Neolitico e la dinastia Qing, andando così ad abbracciare un arco temporale di circa 5000 anni. L'ultima mostra dedicata alla Cina contemporanea, oltre a riflettere lo stile e la fisionomia culturale della Cina di oggi, evidenzierà come le opere esposte siano niente altro che il risultato di una rilettura dell'arte tradizionale antica, raffinata secondo gli stili e le tecniche contemporanee e sempre in accordo con i principi estetici cinesi. Si mostrerà dunque come queste opere contemporanee incorporino in sé elementi della cultura antica, divenendo eco e sintesi delle quattro mostre precedenti. Questo ciclo di esposizioni rifletterà nel modo più coerente, sistematico e scientifico possibile la storia dell'evoluzione della civiltà cinese, in modo da dare la possibilità al pubblico italiano di conoscere la cultura cinese e di ripercorrerne gradatamente, dall'antichità fino ad oggi, il suo processo di sviluppo, un processo di lungo corso, consolidatosi nel tempo, ampio, variegato, e caratterizzato da una pluralità molteplice e ben integrata.

2. Pianificazione della mostra: dare vita a un'esposizione capace di riflettere il tema scelto e le intenzioni prefissate

La mostra "La Cina arcaica", essendo la prima del ciclo, che tipo di messaggio vuole trasmettere al pubblico italiano? In passato, le mostre organizzate all'estero si sono per lo più focalizzate sull'esaltazione dell'alta qualità dei reperti archeologici: più il livello qualitativo era alto più il successo era assicurato; il pubblico ha dunque potuto ammirare e comprendere la civiltà cinese, andando a giudicare la sua produzione artistica attraverso un metro di valutazione puramente estetico. Ci auguriamo che attraverso questa mostra si possa superare questo tipo di atteggiamento e speriamo dunque che il pubblico, in aggiunta all'apprezzamento estetico, possa anche comprendere il principio che ha ispirato l'intero progetto: far raggiungere una conoscenza più approfondita della cultura cinese.

Dopo una lunga serie di discussioni che hanno interessato esperti e studiosi di entrambe le parti, di pieno accordo si è convenuto che la prima mostra di questo ciclo doveva essere in grado di trasmettere al pubblico una conoscenza di base sulla cultura cinese. La suddetta mostra mira infatti a presentare al pubblico come sia nata la civiltà cinese, e come sia iniziato quel processo di sviluppo che l'ha avviata verso un periodo di grande splendore, andando dunque a rispondere ad alcune domande fondamentali, quali:

Perché i cinesi chiamano il loro Paese "*Zhongguo*" ("Paese posto al centro")?

Come si presentava la Cina arcaica?

Come si è arrivati alla sua unificazione?

Rispondere a questo genere di domande non è affatto semplice. Considerando i vincoli restrittivi che riguardano il luogo dove svolgere la mostra e le modalità con cui ottenere i prestiti, attraverso i soli 82 oggetti esposti, non è certo possibile dare una visione completa ed esaustiva che possa rispondere in maniera esauriente a tutte queste domande. La mostra "La Cina arcaica" si focalizzerà dunque sull'origine e sul processo di sviluppo della civiltà cinese dal 3500 al 221 a.C., ovvero prima dell'unificazione della Cina da parte della dinastia Qin, concentrandosi solo su alcuni aspetti, in modo da permettere al pubblico di percepire l'essenza e la continuità storica della cultura tradizionale cinese.

In base ai risultati ottenuti dalle ricerche archeologiche, a partire dalla preistoria, la civiltà cinese ha avviato una processo che l'ha vista costituirsi prima in una forma embrionale, evolutasi poi in una strutturazione completa e ben definita. Durante le dinastie Xia, Shang e Zhou, si entrò gradatamente nelle varie fasi di sviluppo dell'Età del bronzo. La mostra è stata suddivisa in cinque sezioni, disposte in successione cronologica, in base alla datazione dei ritrovamenti archeologici. Sono stati identificati sei aspetti chiave, che possano ragionevolmente descrivere le civiltà del primo periodo. I sei punti chiave sono: un sito archeologico -- Taosi; un'antica città -- Erlitou; una tomba regale --- la tomba della regina Fu Hao; un regno misterioso -- l'antico regno di Shu; un rigoroso sistema musico-rituale --- quello della dinastia dei Zhou Occidentali; e le lotte intestine tra regni che si contendevano la supremazia del territorio; la mostra si conclude dunque subito prima dell'unificazione della Cina avvenuta in epoca Qin. Il modo in cui la Cina si è poi sviluppata, divenendo un impero sempre più grande e potente, sarà invece oggetto delle mostre successive. In conclusione, la mostra "La Cina arcaica", attraverso i reperti esposti, evidenzierà come la civiltà cinese sia il risultato della sintesi di più culture, e permetterà al pubblico italiano di acquisire una conoscenza di base della fase di sviluppo di questa civiltà ad avere dunque una nozione precisa di cosa propriamente intendiamo per "Cina".

Le cinque sezioni in cui è suddivisa la mostra sono:

Gli albori della civiltà --- Una terra fertile e misteriosa (Neolitico);

La nascita di primi regni --- l'antica città di Erlitou (dal periodo di Erlitou alla fase iniziale della dinastia Shang);

Il culto degli antenati e le offerte alle divinità:

La tomba della regina Fu Hao (fase finale della dinastia Shang)

Un regno retto dal potere sacerdotale (fase finale della dinastia Shang)

Rinnovare il Paese attraverso i riti e la musica: lo *zongfa*, un sistema musico-rituale perfetto (dinastia dei Zhou Occidentali)

Lotte tra regni per l'egemonia: l'imminente nascita di una Cina unificata (periodi delle Primavere e Autunni e degli Stati Combattenti)

Considerando il livello di conoscenze che il pubblico occidentale possiede nei confronti della cultura cinese, la mostra si presenta come un tentativo di rispondere ai quesiti di seguito proposti, necessari per decifrare cosa noi intendiamo per "Cina arcaica".

2.1 Perché i cinesi chiamano il loro Paese *"Zhongguo"* ("Paese posto al centro")?

La Cina è situata nella parte orientale dell'Asia e affaccia sull'Oceano Pacifico, ma perché allora viene chiamata *"Zhongguo"* ("Paese posto al centro")? Il nome riflette l'idea originaria secondo cui la Cina rappresentava "il centro del mondo" (*Tianxia de zhongxin*). Secondo le interpretazioni dello *"Ci Yuan"* ("Dizionario etimologico"): "In età arcaica, i cinesi fondarono un regno nel bacino del Fiume Giallo, e credendo di trovarsi al centro del mondo lo chiamarono *"Zhongguo"* ("Paese posto al centro"), ritenendo che il resto dei territori si collocasse tutt'intorno, e chiamarono le aree circostanti *"Sifang"* ("le quattro direzioni")." Allo stato attuale delle conoscenze, si sa che la prima attestazione del nome *"Zhongguo"* risale a una specifica iscrizione trovata su un contenitore in bronzo di tipo *zun*, lo "Hezun", secondo cui, subito dopo l'ascesa al trono del re dei Zhou, iniziò l'edificazione della città di Luoyang, la nuova capitale disposta più a Oriente. Dalle regioni di Nord-Ovest, la corte dei Zhou Occidentali si spostò dunque a Luoyang per meglio controllare i territori circostanti appena conquistati ("le quattro direzioni/"*Sifang*"). Nell'iscrizione compare la glossa "*Yu qi zhai zi Zhonghuo(guo)*", che significa "Ho occupato la Cina (*"Zhongguo"*) e ho il dominio sui suoi abitanti". Questa è questa la prima attestazione del termine composto da due caratteri "中国" (*"Zhongguo"*/"Cina") (Figura 1).

2.2 Dove era collocata la Cina arcaica?

La nascita della civiltà cinese risale al periodo preistorico; la cultura neolitica più antica risale a circa diecimila anni fa. Tra il 3500 e il 2000 a.C., cominciano a fare la loro comparsa le prime culture locali. All'interno del vasto e sconfinato territorio cinese, queste prime straordinarie culture presentano ciascuna caratteristiche distintive. Possiamo citarne due esempi riportati in mostra:

2.2.1 Il sito archeologico di Taosi

Il Fiume Giallo è non solo il fiume più importante della Cina, ma è anche la culla dell'antica civiltà cinese. La prima sezione della mostra, intitolata "Gli albori della civiltà", ci restituisce un quadro riassuntivo delle prime culture che si sono sviluppate in Cina durante il periodo preistorico, focalizzandosi in maniera particolare sulla cultura di Taosi, sviluppatasi nella Pianura Centrale lungo il corso del Fiume Giallo. In mostra sono infatti presenti numerosi reperti archeologici provenienti dal sito di Taosi. Questo sito, risalente a circa 4000-4500 anni fa, si trova nella parte meridionale della provincia dello Shanxi, e, secondo quanto riportato dalle fonti storiche, doveva essere l'antica capitale al tempo dei leggendari sovrani Yao e Shun [gli ultimi due dei cinque sovrani predinastici], che erano a capo di un'alleanza di clan situata nella parte centrale della Cina. Alcuni studiosi ritengono poi che il sito corrisponda alla capitale del regno di Yu, il fondatore della dinastia Xia (Yao, Shun e Yu si ritiene che fossero i tre saggi sovrani, capi dei clan della Cina antica). Si può dunque affermare che la Cina arcaica corrisponde geograficamente a quella zona della Pianura Centrale situata tra il medio e il basso corso del Fiume Giallo. Tra i reperti archeologici rinvenuti a Taosi, spiccano le "ceramiche dipinte", dai vividi colori e dai motivi decorativi estremamente eleganti, che ben riflettono l'alto livello culturale raggiunto e mostrano come si sia già entrati nella prima fase dello sviluppo della civiltà cinese.

2.2.2 Il sito archeologico di Erlitou

Situato nel bacino del Fiume Giallo e precisamente nella Piana di Luoyang, il sito archeologico di Erlitou sin dall'antichità viene chiamato "centro del mondo" (*tianxia zhi zhong*). L'iscrizione sullo Hezun di cui abbiamo parlato prima lo definisce infatti "Zhongguo". Alcuni studiosi ritengono che il sito di Erlitou rappresenti la prima grande capitale della Cina.

Il sito archeologico di Erlitou è più grande insediamento risalente al periodo che va dalla metà del XIX al XVI secolo a.C., non solo per quel che riguarda la Cina, ma di tutta l'Asia orientale. Gli archeologi cinesi hanno eseguito oltre 40 scavi nell'area del sito. Dal lavoro di studio e ricerca effettuato su questi scavi è emerso che nel sito sono presenti le prime attestazioni di complessi architettonici di tipo palaziale mai rinvenute in Cina, nonché i primi bronzi e i primi laboratori artigianali dove questi bronzi venivano forgiati. Vari elementi fanno supporre che si tratti della capitale della prima dinastia nella storia della Cina, la dinastia Xia. Da questo momento, la civiltà cinese entra in una fase del tutto nuova, ed è infatti qui che nasce il primo vero "regno" della storia cinese. La seconda sezione della mostra racconta proprio la nascita di questo regno, presentando in primo luogo il sito di Erlitou attraverso il supporto di materiali multimediali. Il sito, infatti, riveste un'importanza fondamentale per quanto riguarda lo studio di argomenti di rilevanza primaria, quali l'origine della civiltà cinese, la nascita del primo nucleo che poi andrà a costituire la nazione cinese, il costituirsi dei primi aggregati urbani, la costruzione della prima capitale di un regno vero e proprio e del primo palazzo reale ivi collocato. I bronzi esposti attestano già un buon livello nella tecnica di lavorazione. La scoperta di alcuni ornamenti, quali per esempio la placca in bronzo intarsiata di turchesi e decorata con l'immagine di un volto animale, è testimonianza del fatto che nella città erano presenti laboratori artigianali ed implica che il livello di civiltà raggiunto era incredibilmente superiore rispetto alle zone limitrofe. La cultura di Erlitou, così come le dinastie Shang e Zhou, si sviluppò nella Pianura Centrale, e assorbì elementi di varia provenienza, andando così a dare una prima forma compiuta alla civiltà cinese e contemporaneamente a tracciare la strada maestra per il suo successivo sviluppo. Va così conformandosi un tipo di cultura basata sui riti e sulla musica, che ha fatto del culto degli antenati il fulcro della sua attività religiosa, e che presenta dunque le caratteristiche fondamentali che stanno alla base di tutta la civiltà cinese.

2.3 Come si presentava la Cina arcaica?

Nel testo "La nascita della Cina" (*Zhongguo de weilai*) di Tang Jigen si analizzano in modo completo e dettagliato i diversi aspetti che hanno caratterizzato la Cina arcaica, quali l'organizzazione sociale, il sistema religioso incentrato sui riti, l'accrescersi degli insediamenti urbani, lo sviluppo della metallurgia, la nascita della scrittura, lo status degli scambi culturali e il sistema dei rapporti diplomatici. Di tutti questi aspetti qui opereremo una breve sintesi che andrà a toccare solo quelli che abbiano relazione con gli oggetti presenti in mostra.

2.3.1 Offerte alle divinità

La dinastia Shang (circa XVI secolo-1046 a.C), che segue la dinastia Xia, venne fondata nell'area del medio e basso corso del Fiume Giallo (province dello Henan e dello Shandong) dal re Tang, capo dello stato Shang, in precedenza vassallo della dinastia Xia. Si tratta della prima dinastia attestata non solo nei resoconti storici, ma anche dalle iscrizioni su ossa oracolari [iscrizioni incise su carapaci di tartaruga e ossa bovine]. Nel 1976, presso le "rovine di Yin" ("Yinxu"), ovvero i resti dell'ultima capitale Shang, è stata ritrovata la tomba della regina Fu Hao, una delle consorti del re Wu Ding della dinastia Shang. Sinora è stata l'unica tomba appartenente della famiglia reale degli Shang rinvenuta completamente intatta nel sito di Yinxu. Secondo quanto testimoniato dalle iscrizioni su ossa oracolari, Fu Hao fu una regina molto potente: oltre ad assistere il re Wu Ding nell'attività di governo, con lui presenziava spesso importanti azioni rituali, e combatté persino in battaglia, guidando le truppe durante alcune azioni punitive dirette a piccoli stati. La scure di tipo yue con incisi i caratteri "Fu Hao" (妇好) è l'arma rituale più spettacolare rinvenuta a Yinxu ed è la testimonianza che la regina detenava un altissimo potere militare. Dei bronzi rituali rinvenuti, un gran numero porta incisi i due caratteri "Fu Hao"; alcuni di questi fanno parte di corredi di grandi dimensioni, il che fa pensare che la regina partecipava molto spesso ai riti e che le cerimonie che presiedeva avevano tutte grande portata. Dal contenuto delle iscrizioni su ossa oracolari e della gran quantità di bronzi rituali e oggetti in giada rinvenuti nella tomba di Fu Hao, emerge quello che era il culto degli antenati in epoca Shang. I motivi decorativi dei bronzi, molto elaborati e variegati, non solo riflettono la grande maestria tecnica nella lavorazione del bronzo da parte degli artigiani Shang, ma ci danno anche una notazione su quella che era la composizione sociale e la forma religiosa durante il regno di Wu Ding nella fase finale della dinastia Shang.

La Cina è sempre stata un paese multietnico, oggi come in passato. Sin dalla remota antichità, infatti, mentre nella Pianura Centrale prosperava la dinastia Shang, nella Cina sud-occidentale, e precisamente lungo il corso superiore del Fiume Azzurro, si sviluppava contemporaneamente un altro regno dalla lunga storia, l'antico regno di Shu, che rivestì un ruolo fondamentale nella costituzione della civiltà cinese. Nei siti archeologi di Sanxingdui e di Jinsha venne portata alla luce una gran quantità di zanne di elefante, di sculture bronzee, di ornamenti in giada e manufatti in oro, la maggior parte dei quali aveva funzione votivo-sacrale. Tra questi, le verghe e le maschere in oro, rinvenute nelle fosse sacrificali del sito di Sanxingdui, e gli ornamenti in oro a forma di sole, rinvenuti a Jinsha, mostrano un'estrema eleganza e raffinatezza. Le statue bronzee invece hanno proporzioni esagerate e caratteristiche fortemente distintive. Per cercare di ottenere la protezione delle divinità, durante i rituali, gli abitanti dell'antico regno di Shu si servivano molto di maschere, che conferivano loro la capacità di comunicare con il divino e dunque di interloquire con esso. L'antico regno di Shu, caratterizzato da un alto livello di sviluppo, mostrava di provare un enorme rispetto nei confronti delle divinità e questi elementi peculiari hanno destato una grande attenzione. Con la sua unicità e i suoi aspetti misteriosi, esso rappresentò non solo il centro culturale che si sviluppò lungo il corso superiore del Fiume Azzurro, ma anche una delle componenti fondamentale del quadro di integrazione pluralista che interessava la civiltà cinese durante le dinastie Shang e Zhou.

2.3.2 Rinnovare il Paese attraverso i riti e la musica

Durante la dinastia dei Zhou Occidentali (1046-771 a.C.), venne sviluppato un ampio e dettagliato sistema rituale al fine di consolidare le relazioni di vassallaggio tra il re e i suoi sottoposti e dotare il comparto sociale di principi etico-morali di riferimento. Il sistema nasceva da una rilettura e da un perfezionamento di quello già adottato dalla stirpe degli Shang. Durante la dinastia dei Zhou Occidentali, il nucleo principale di questi "riti" (*li*), consisteva in un sistema che regolava le relazioni di parentela detto "*zongfa*", il quale distingueva nettamente i rami di discendenza all'interno di uno stesso gruppo familiare, in modo da evitare la disputa tra i nobili per l'assegnazione del potere e delle proprietà. Alla base di questo sistema rituale, la "musica" (*yue*) venne utilizzata per imprimere una rigida regolamentazione all'ordine sociale e dotarlo di un codice comportamentale e di principi etico-morali condivisi, al fine di attenuare i conflitti sociali. La funzione essenziali "dei riti e della musica"(*liyue*) era quella di istruire la popolazione e diffondere la cultura. Nel "Liji" ("Memorie sui Riti"), [uno dei tredici classici confuciani dedicati alla musica], è scritto che: "La musica è l'armonia del mondo, mentre i riti sono l'ordine del mondo". Questo sistema permise ai Zhou di mantenere il dominio assoluto sui paesi vassalli, stabilizzò l'ordine sociale e garantì la continuità della civiltà cinese. Nei ritrovamenti provenienti da scavi archeologici risalenti a quell'epoca si riflettono (chiaramente) le concezioni musico-rituali che caratterizzavano questa la società. Poiché il rito funebre rappresentava uno dei momenti fondamentali in questo complesso sistema, nelle tombe nobiliari, insieme al corpo del defunto, venivano generalmente sepolti numerosi bronzi rituali. I cerimoniali legati alla sepoltura si diversificavano in base al rango del defunto, di cui è quindi possibile identificare lo status sociale di appartenenza.

2.4 Come si è arrivati all'unificazione della Cina?

L'ultima sezione della mostra, ossia quella dedicata al periodo delle Primavere e Autunni, caratterizzato dalle lotte intestine tra i vari regni che al tempo si contendevano la supremazia sui territori, riflette il momento storico e l'impostazione sociale di questo periodo, immediatamente precedente all'unificazione della Cina.

Il sistema basato sullo "*zongfa*", ossia sui legami di sangue, non fu più in grado di garantire l'assoggettamento del potere locale a quello centrale, perché, con il susseguirsi delle generazioni, i legami di parentela si andarono sempre più ramificando e, allontanandosi dalla linea originaria di discendenza, diminuirono d'intensità. La graduale perdita di controllo da parte del potere centrale fece sì che gli stati vassalli acquisissero sempre maggior potere. Nel 770 a.C. quando il re Ping (della dinastia Zhou) fu costretto a trasferire la capitale a Luoyang [a causa di uno scontro con una popolazione 'barbara'], la dinastia dei Zhou Occidentali, ormai in declino, aveva perso completamente la sua capacità di controllare il territorio; al contrario, alcuni dei suoi

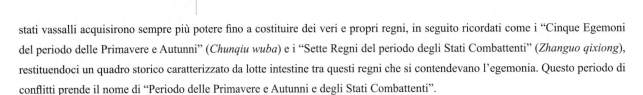

stati vassalli acquisirono sempre più potere fino a costituire dei veri e propri regni, in seguito ricordati come i "Cinque Egemoni del periodo delle Primavere e Autunni" (*Chunqiu wuba*) e i "Sette Regni del periodo degli Stati Combattenti" (*Zhanguo qixiong*), restituendoci un quadro storico caratterizzato da lotte intestine tra questi regni che si contendevano l'egemonia. Questo periodo di conflitti prende il nome di "Periodo delle Primavere e Autunni e degli Stati Combattenti".

2.4.1 Lotte tra regni per l'egemonia

Il periodo delle "Primavere e Autunni" e degli "Stati Combattenti" è un periodo di lotte tra diversi regni che si contendono la supremazia dei territori. La guerra diviene dunque parte integrante della narrazione storica. Nel corso di queste conflitti, la maggior parte delle armi erano in bronzo e dunque, di pari passo con l'aumentare della loro produzione, la tecnica della fusione in bronzo raggiunse una fase di piena maturità. In particolare, per quanto riguarda le armi, iniziano ad essere utilizzate su larga scala tecniche quali la fusione separata di diverse parti di uno stesso oggetto poi ricomposte, la fusione dell'intero oggetto attraverso un unico stampo, la saldatura, l'utilizzo di leghe etc. Anche le caratteristiche e le tipologie delle armi conobbero un costante aumento, e per l'esigenza di adattarsi a combattimenti su larga scala che si svolgevano con l'ausilio di carri da guerra, per i soldati vennero creati degli equipaggiamenti standard , composti da alabarda (*ji*), ascia-pugnale (*ge*), arco e frecce, spada e scudo.

2.4.2 Le Cento Scuole

Con la frantumazione della dinastia dei Zhou Occidentali, cadde anche quel sistema di imposizioni restrittive legato all'ambito del pensiero che lo aveva caratterizzato. Tutto ciò diede avvio a uno sviluppo senza precedenti di movimenti e scuole di pensiero, spesso in conflitto tra loro, a cui si diede il nome di "Disputa tra le Cento Scuole di pensiero" (*baijiazhengming*). Nel frattempo, con l'aumento della produzione e i progressi tecnico-scientifici, la lavorazione artigianale dei bronzi e delle lacche conobbe un grande sviluppo. Grazie alla liberazione dal giogo dei riti e all'emancipazione del pensiero, oltre all'ampio utilizzo di tecniche quali la doratura, l'incisione, l'inserimento di inserti in oro e argento, l'intarsio etc., vennero modificate le forme dei bronzi e ne vennero create di nuove. I bronzi rituali subirono dei cambiamenti rispetto a quelli della precedente fase, i quali erano caratterizzati da un'aurea misterica e da una peculiare lucentezza: si preferì imprimere grande vitalità e realismo alle loro forme come è ben visibile da oggetti quali coppe a forma di testa d'uccello, boccali a forma di *hu*, lampade sorrette da figure umane etc. Ciò sta a indicare un cambiamento radicale nel sistema rituale. I bronzi e le lacche rinvenuti nelle tombe di questo periodo, i primi caratterizzati da un'incredibile vivacità e le seconde da motivi decoratici di grande raffinatezza ed eleganza, riflettono i nuovi canoni estetici che rispondono al gusto dell'emergente classe dell'aristocrazia terriera.

Il protrarsi delle guerre portò alla riduzione progressiva nel numero di regni, che venivano gradualmente annessi a quelli più potenti. La situazione di gran tumulto e disordine accelerò e intensificò i contatti e favorì l'integrazione tra le varie popolazioni. Le dispute che invece nascevano tra le numerose scuole di pensiero promossero gli scambi culturali e favorirono un cambiamento nella strutturazione della società, accelerando la sostituzione di un sistema ormai vecchio. Tutto ciò faceva già presagire l'imminente nascita dell'Impero Qin, il primo stato della storia cinese che riuscì a unificare politicamente la Cina, andando a occupare un territorio di grande estensione.

3. I reperti archeologici: evidenziare il contenuto e il significato della mostra

È noto che una mostra che esponga reperti archeologici è diversa rispetto a qualsiasi altro tipo di esposizione. Nelle mostre archeologiche, infatti, i reperti sono i veri e unici protagonisti, e sono loro a dare il maggior contributo possibile alla riuscita dell'evento, poiché ogni oggetto serve a mettere in evidenza quale sia il contenuto e il proponimento della mostra stessa. Oltre a corrispondere al tema scelto, i reperti destinati a esposizioni estere devono rispondere a esigenze particolari, dovute a restrizioni legate a diversi fattori, quali le leggi e le normative del paese ospitante, il budget di spesa previsto, lo stato di conservazione dei reperti, la disponibilità delle istituzioni museali che ne detengono il possesso, l'adeguatezza delle modalità di imballaggio, le difficoltà nel trasporto, le caratteristiche del luogo dove si andrà a esporre, le esigenze del pubblico, e così via. Avendo considerato tutti questi fattori, nel nostro caso si è i giunti a stilare una lista di 82 oggetti, selezionati dopo un accurato lavoro di scrematura. Molti di questi sono stati scelti perché rappresentano l'esempio migliore possibile tra i reperti di stessa fattura finora rinvenuti, altri perché possano servire da spunto di approfondimento alle varie tematiche della mostra, altri ancora perché riflettono le caratteristiche peculiari dell'epoca cui risalgono... Quasi ogni sezione contiene, infine, uno o più oggetti di particolare importanza, i fiori all'occhiello dell'intera esposizione.

Per esempio, come oggetto di punta e simbolo della cultura di Erlitou, si è scelta la placca in bronzo intarsiata di turchesi decorata con un'immagine zoomorfa. A Erlitou sono stati rinvenuti tre oggetti di questa stessa tipologia, tutti posizionati vicino all'addome del defunto. Dai fori presenti sui due lati della placca si presume che si trattasse di un oggetto rituale che poteva essere cucito sulla veste e utilizzato dalla classe aristocratica per comunicare con le divinità. La decorazione bronzea che raffigura un volto animale e l'intarsio di turchesi sono molto raffinati e denotano un alto livello nella lavorazione, ma non si è ancora concordi sull'interpretazione iconografica dell'animale raffigurato. Il dibattito su tale questione è tuttora aperto. Dopo il rinvenimento di un grande oggetto a forma di drago intarsiato di turchesi nell'area del palazzo reale di Erlitou, alcuni studiosi hanno avanzato l'ipotesi che l'animale raffigurato sulle placche rappresenti una stilizzazione della figura del drago o una sua resa in forma astratta. Queste placche, essendo i primi oggetti rinvenuti in epoca preistorica, prima dell'avvento delle dinastie Shang e Zhou, che presentano come motivo decorativo la raffigurazione di un volto animale, hanno un enorme valore per quel che riguarda lo studio dei primordi della civiltà cinese.

La sezione IV della mostra, oltre a contenere diverse maschere di bronzo rinvenute nel sito di Sanxingdui, presenta anche una tavoletta di giada di tipo *zhang* (Figure 2, 3), rinvenuta nel sito archeologico di Jinsha. Sebbene non appaia un oggetto di grande pregio, questa tavoletta è unica nel suo genere, poiché sui due lati dell'oggetto, che ha una forma trapezoidale, sono incisi due motivi tra loro simmetrici. Il motivo consiste nella figura di uomo inginocchiato, che reca sulla spalla una zanna di elefante; l'uomo indossa un alto cappello, ha un grande naso, occhi spalancati, bocca larga e orecchie quadrate, e i suoi tratti somatici rassomigliano molto a quelli della sculture in bronzo rinvenute a Sanxingdui, e che si presume dovessero essere le fattezze dei sacerdoti che officiano i sacrifici. Grazie a quest'oggetto abbiamo compreso il modo in cui venivano utilizzate le zanne di elefante durante i riti sacrificali. Il sito di Jinsha così come quello di Sanxingdui ci mostrano la magnificenza e lo splendore dell'antico regno di Shu.

I bronzi rappresentano un'alta percentuale degli oggetti esposti. Tra questi, il più importante è il recipiente rituale di tipo *ding*. Inizialmente utilizzato per la cottura dei cibi, diventò in seguito il simbolo del potere regale. C'è una leggenda legata a quest'oggetto e da cui deriva l'espressione cinese "*Wendingzhongyuan*", che significa "bramare il trono". La leggenda racconta che durante il periodo delle Primavere e Autunni, il re Zhuang di Chu domandò a un messaggero inviato del re dei Zhou quale fosse il peso di nove recipienti in bronzo di tipo *ding*, il che voleva essere un eufemismo per esprimere l'intenzione di acquisire l'immenso potere della dinastia Zhou. Da quel momento in poi l'espressione "*wending*" (lett. "chiedere il peso dei *ding*") indica la volontà di conquistare il potere. Durante la dinastia dei Zhou Occidentali, i recipienti di tipo *ding* erano anche il simbolo dello status sociale del possessore. Durante i banchetti sacrificali, a seconda del rango di appartenenza, si utilizzavano contenitori *ding* di diversa qualità e in quantità differente, secondo il cosiddetto "sistema gerarchico dei *ding*" (*lieding zhidu*). Secondo quanto riportato nel "Zhou Li" (Riti di Zhou, [un antico testo che costituiva uno dei tredici classici confuciani]), il Figlio del Cielo (*Tianzi*) [indicando con questa espressione il re supremo dei Zhou a cui era stato conferito per la prima volta il "Mandato Celeste"] utilizzò ben nove contenitori di tipo *ding* per preparare nove qualità diverse di cibi, quali carne di vitello, di pollo, di maiale, pesce essiccato, carne affumicata, viscere, pelle, pesce fresco e carne secca. Gli alti funzionari ne potevano utilizzare solo sette, mancando quelli per contenere il pesce fresco e la carne secca. I funzionari di grado inferiore ne avevano cinque, con l'ulteriore eliminazione di carne bovina e viscere. I funzionari militari, in occasioni particolari, potevano disporre di tre contenitori di tipo *ding*, ed esattamente quelli per la carne suina, il pesce e la carne affumicata, mentre generalmente ne potevano usare solo uno, per la carne di maiale.

Anche il contenitore per cibi di tipo *gui* costituiva un importante oggetto rituale nelle dinastie Shang e Zhou. Durante i banchetti sacrificali, era presente in numero pari e diminuito di una unità rispetto ai contenitori di tipo *ding*; dunque, nove contenitori di tipo *ding* e otto di tipo *gui* costituivano il corredo sacrificale utilizzato dal re; sette *ding* e sei *gui* quello che spettava ai signori feudali, cinque *ding* e quattro *gui* quello predisposto per i gli alti funzionari, e infine tre *ding* e due *gui* era il numero deputato ai funzionari militari. Questo sistema di utilizzo dei contenitori di tipo *ding* rivestì un ruolo centrale nel sistema rituale della dinastia Zhou.

Anche la giada è un importante veicolo del sistema rituale della dinastia dei Zhou Occidentali. Attingendo alla stessa atmosfera culturale che affermava che "Le virtù del gentiluomo devono eguagliare quelle della giada", durante l'epoca pre-Qin si diffuse la moda tra gli aristocratici di indossare ornamenti in giada e di utilizzare questa pietra in funzione funeraria. Durante la dinastia dei Zhou Occidentali gli oggetti in giada potevano avere diversi utilizzi, e venivano per questo suddivisi in giade di tipo rituale, giade di sepoltura, ornamenti in giada, oggetti di utilizzo (armi e strumenti) e così via. Le giade rituali, come ci suggerisce il nome stesso, venivano utilizzate durante i riti, tra cui sacrifici, banchetti etc. Secondo quanto annotato nel "Zhou Li" (Riti di Zhou) esistono sei tipi principali di manufatti in giada: i dischi *bi*, i *cong*, le tavolette di giada di tipo *gui*, quelle di tipo *zhang*, gli ornamenti *hu* (a forma di tigre), e i pendenti *huang* (a forma semi-circolare). Inoltre, sempre secondo il "Zhou Li", l'utilizzo delle giade si differenzia in base al rango di appartenenza: "Al re spettava la *zhen gui*, al duca la *heng gui*, al marchese la *xin gui*, al conte la *gong gui*, al visconte il *gu bi* e al barone il *pu bi*"; queste sei diverse tipologie presero il nome di "sei *rui*" (*liurui*). Le giade scoperte a Zhangjiapo, nel sito archeologico di Fengjing, l'antica capitale della dinastia dei Zhou Occidentali al tempo del re Wen , facevano parte dei corredi funerari della casata reale. Le giade presenti in mostra, sia dal punto di vista delle forma, che della decorazione e lavorazione, presentano un livello di gran lunga più elevato rispetto alle dinastie precedenti. La maggior parte di esse proviene dalle tombe della famiglia di un funzionario di alto rango di nome Jingshu,.

Il *bianzhong* è uno strumento a percussione costituito da un set di campane in bronzo che veniva utilizzato durante le cerimonie rituali e sacrificali. Secondo quanto indicato dall'espressione "*Zhongmingdingshi*", [che letteralmente significa "Suonare le campane *zhong* e mangiare servendosi dei contenitori *ding*" e che oggi viene tradotto con "vivere una vita stravagante e sopra le righe"] così come accadeva per i contenitori di tipo *ding*, anche il *bianzhong* non solo era lo strumento musicale più caratteristico dell'epoca pre-Qin utilizzato dalla famiglia reale, ma serviva a rimarcare la divisone tra ranghi caratteristica della dinastia Zhou. A seconda del rango cui si apparteneva, variava il numero delle campane e il modo in cui potevano essere disposte. Secondo il "Zhou Li", infatti: "Il re poteva disporle su quattro lati, gli altri funzionari su tre, mentre i funzionari di rango inferiore solo su due". Il *bianzhong* esposto in mostra, rinvenuto dalla tomba II di Leigudun, è uno dei *bianzhong* più rappresentativi del periodo delle Primavere e Autunni e degli Stati Combattenti. Esso è composto di 36 campane di tipo *yong* (*yongzhong*), di grandezza variabile, e che vengono appese su enormi travi, in base all'altezza dei toni che si producono percuotendole con un martelletto. Andandole a suonare, ci si è resi conto che si tratta di campane polifoniche, tutte ancora perfettamente funzionanti. Lo strumento è insieme così grandioso e raffinato che permetterà al pubblico di comprendere a pieno la magnificenza e la solennità della cerimonie musico-rituali del tempo.

Il periodo che va dal 3500 a.C. al 221 a.C. è un lasso di tempo molto lungo che ha visto la nascita e il primo sviluppo della civiltà cinese. I nostri antenati, che a quell'epoca abitavano i territori dell'antica Cina, diedero vita a una antica civiltà di grande splendore: il vasellame dipinto del Neolitico, le ossa oracolari di epoca Shang, i bronzi e le giade delle dinastie Shang e Zhou e le lacche del Periodo degli Stati Combattenti, sono tutte testimonianze storiche dell'emergere di questa civiltà. Sebbene i reperti che presentiamo in mostra siano numericamente limitati, essi ci danno conto di tutti gli aspetti che caratterizzarono la Cina arcaica (aspetti politici, economici, militari, religiosi, culturali e artistici). Riassumendo in sé tutte le diverse culture susseguitesi nei vari periodi storici, è evidente come la Cina si stava avviando gradualmente verso quel processo di unificazione che di lì a poco darà inizio a un'era del tutto nuova.

Una mostra che espone reperti archeologici, e per di più risalenti a una fase molto arcaica della civiltà, solitamente risulta essere alquanto noiosa. Se si ritiene che ogni pezzo rappresenti una parte fondamentale della mostra, allora dotare gli oggetti di un apparato ausiliario adeguato è il modo migliore per arricchire e completare la mostra stessa, dunque procedere a un'attenta programmazione rappresenta l'unico modo per raggiungere lo scopo prefissato. Volendo poi attirare un maggior numero di visitatori, occorre lavorare di più su questi mezzi ausiliari, andando ad aggiungerne di nuovi. In veste di organizzatore della mostra, di seguito illustrerò quelli che sono stati i contenuti che hanno riguardato l'ambito della pianificazione di tale evento.

4. Creare un'ambientazione suggestiva
4.1 Considerazioni generali sugli spazi espositivi e sulla distribuzione degli oggetti nelle sale

Dopo aver fatto una prima visita di ricognizione nel periodo antecedente la mostra, abbiamo avuto un'idea generale di quelli che sarebbero stati gli spazi espositivi predisposti all'interno del Museo Nazionale di Palazzo Venezia. Le sale scelte dalla controparte italiana coprono una superficie di circa 390 metri quadrati, sono in tutto nove e hanno grandezza variabile, che arriva a circa 60-70 metri quadrati nella stanza di maggiore estensione (Figura 4).

Allestendo le sale secondo un criterio di tipo cronologico, intendiamo collocare i reperti archeologici suddividendoli per aree tematiche, come fossero diversi capitoli di una stessa narrazione, e cercheremo di creare un'atmosfera fortemente suggestiva. Le sale vicine all'ingresso sono relativamente piccole, e sono attraversate su un lato da un corridoio, quindi possono ospitare solamente banner, stand espositivi e materiale multimediale. Il *bianzhong*, composto da 36 campane di tipo yong, è il più monumentale tra i pezzi esposti in mostra e sarebbe dunque opportuno disporlo nella sala più grande, in modo da esaltarne al meglio la preziosità e il fascino, e così da creare un ambiente capace di favorirne al massimo la fruibilità da parte del pubblico.

4.2 Connotare la mostra attraverso dettagli che siano elementi caratteristici della cultura cinese

Quanto all'allestimento della mostra, bisogna cercare di caratterizzare le sale servendosi di dettagli dal forte gusto cinese, ma quali potrebbero essere questi dettagli? Per quel che riguarda il colore, per esempio, sarebbe bene utilizzare come toni prevalenti il rosso Cina, la combinazione del rosso e del giallo (i colori della bandiera cinese), e il verderame caratteristico della patina dei bronzi. Per quel che riguarda i motivi decorativi, si potrebbero adornare le varie sale riprendendo quelli presenti sui manufatti esposti, come per esempio i motivi geometrici delle "ceramiche dipinte", i motivi a nuvola (*yunleiwen*), il taotie [essere mitico costituito da più parti di animali] e il *kuilong* [figure di due draghi stilizzati affrontati] incisi sui bronzi, il motivo del drago (*longwen*) intagliato sulle giade e i motivi ornamentali dipinti sulle lacche. Per quel che riguarda la scelta delle musiche, si potrebbe pensare a melodie eseguite da strumenti tradizionali, quali il *guqin* e il *guzheng*. Nella sala dove sarà collocato il *bianzhong*, risuoneranno arie meravigliose suonate da questo strumento. In conclusione, il tentativo è quello di ripercorrere la storia e mostrare aspetti tradizionali della civiltà cinese servendosi di mezzi moderni. Attraverso un approccio di tipo internazionale si tenterà di esaltare il gusto orientale e di realizzare un perfetto accordo e una completa integrazione tra forma e contenuti.

4.3 Accrescere il piacere della visita attraverso l'apprendimento interattivo e l'esperienza diretta

Al fine di lasciare al pubblico un ricordo indimenticabile, di fargli percepire da vicino l'antica cultura cinese e di soddisfare il suo desiderio di partecipazione, proponiamo che la mostra sia fornita di alcune aree in cui il pubblico potrà sperimentare attivamente l'utilizzo di alcuni oggetti. A questo scopo il Museo Provinciale dello Hebei ha riprodotto per noi un *bianzhong* composto di 16 campane in bronzo che i fruitori della mostra potranno percuotere, servendosi di un martelletto, in modo da poter provare personalmente la gioia di produrre un suono così meraviglioso. Qualora ci sia sufficiente spazio, vorremmo allestire un "laboratorio di scavo archeologico " per bambini ove organizzare una "caccia al tesoro", riprodurre alcuni frammenti di vasi in terracotta dipinta per simularne il restauro, creare un puzzle che raffiguri la cartina della Cina di cui ricomporre i vari tasselli etc. Tutto ciò per cercare di instaurare un contatto diretto e interattivo con il pubblico. Speriamo che questo tipo di iniziative, possa accrescere l'interesse verso la mostra, stimolare la gioia dell'apprendimento, e permettere così al pubblico di acquisire una conoscenza più approfondita della civiltà cinese.

5. Conclusioni

Fare sì che una mostra abbia una buona riuscita, significa non solo scegliere un tema caratterizzante, procedere a una dettagliata programmazione, selezionare oggetti di pregio, portare avanti una progettazione impeccabile, ma implica anche realizzare un catalogo, fare un'adeguata pubblicità, occuparsi della gestione delle fasi successive la cerimonia inaugurale e dunque collegate con l'apertura al pubblico. Il testo "L'attività di programmazione di mostre museali" ("*Bowuguan cezhan shijia*") mette in evidenza che per organizzare una mostra all'interno di un museo sono necessarie otto cose: un libretto di programmazione, un catalogo specializzato, una schema di progettazione, una serie di bozze sulla propaganda pubblicitaria, una raccolta di materiale audiovisivi, una serie di attività laboratoriali, un set di gadget e un piano per la cerimonia inaugurale. L'obiettivo è quello arricchire la mostra di ulteriori significati e amplificare l'eco dell'evento. Sebbene la mostra in questione si svolgerà in Italia, si potrebbe pensare di organizzare congiuntamente attività quali convegni tematici con la partecipazione di studiosi cinesi, tour turistici nei siti archeologici presentati in mostra, e tutto ciò che può portare non solo a pubblicizzare maggiormente l'evento, ma anche ad arricchirlo di contenuti.

La città di Roma, capitale d'Italia e metropoli famosa in tutto il mondo, dove antico e moderno si fondono mirabilmente, è sempre stata un luogo dove culture diverse sono venute in contatto. Speriamo dunque che la mostra "La Cina arcaica" possa lasciare al pubblico italiano, e non solo, un meraviglioso ricordo, e possa rappresentare l'occasione irripetibile di intraprendere un sensazionale viaggio nel tempo e nello spazio.

中国的由来

中国社会科学院考古研究所　唐际根

1937年，美国学者Herrlee Glessner Greel出版了他一生最重要的著作：《中国的诞生》（*The Birth of China: A Study of the Formative Period of Chinese Civilization*, 1937）。该书试图利用包括安阳殷墟在内的考古材料，向世人描述中国的由来。但当时中国的考古资料还远不足以描绘早期中国的面貌。

半个多世纪过去了，随着考古学的快速成长，丰富的地下资料终于可以勾勒出了中国这一东方古国的成长之路。

一　史前家园：距今200万年～公元前3500年

地势西高东低，长江与黄河由西向东在腹地流经，这是中国最显著的地理特征。长江、黄河的支流，以及支流的支流，加上流程比黄河、长江更短的辽河、淮河、珠江，构成了中国境内的主要水系。中国的史前文化，便滋生在以黄河、长江为两大河流的冲积平原上。

1. 旧石器时代：公元前1万年以前

自20世纪初开始，中国境内陆续发现2万年前的古人类化石或人工制品。最早的是距今约200万年的"巫山人"化石[1]。此外还有距今约70万年的元谋人化石[2]、距今约50万年的"北京人"化石[3]、距今约20万年的"金牛山人化石"[4]、距今约10万年的"许昌人"化石[5]、距今5～4万年的"田园洞人"化石[6]、距今约1.8万年的北京周口店"山顶洞人"化石[7]。

这些化石大都分布在长江、黄河流域，涵盖旧石器时代早、中、晚期，记录了不同阶段的直立人（Homo erectus）、早期智人（Archaic Homo sapiens）、晚期智人（Neoanthropus Homo sapiens sapiens）的体质特征，见证了人类进化的连续性。

与世界其他地区发现的古人类一样，旧石器时代居民以狩猎、采集为生，居住在洞穴之中，以群团的方式活动。

2. 早期农业社会：公元前1万～前3500年

大约不晚于公元前1万～前8000年间，长江、黄河流域的古人类在生活方式上发生了由狩猎采集向农业定居的转型。以此次社会转型为背景，人类开始了较普遍的作物种植和陶器制作，并逐渐走出山洞开始了平原生活。

见证这一重要转型的考古材料，是发现于长江流域的江西万年仙人洞与

[1] 刘东生、顾玉珉、吕遵谔、黄慰文等：《龙骨坡遗址点评》，《重庆三峡学院学报》2008年第7期。

[2] 胡承志：《云南元谋发现的猿人牙齿化石》，《地质学报》1973年第1期，钱方：《关于元谋人的地质时代问题——与刘东生等同志商榷》，《人类学学报》1985年 第4卷 第4期，R.X.Zhu, R.Potts, Y.X.Pan, et al. Early evidence of the genus Homo in East Asia. Journal of Human Evolution, 2008, 55。

[3] 吴汝康：《北京猿人遗址综合研究》，科学出版社，1985年版。

[4] 金牛山联合发掘队：《辽宁营口金牛山旧石器文化的研究》，《古脊椎动物与古人类》1978年第16卷第2期。

[5] 河南省文物考古研究所：《河南省许昌灵井"许昌人"遗址考古发现与探索》，《华夏考古》2009年第3期。

[6] 同号文、吴小红等：《周口店田园洞古人类化石点地层学研究及与山顶洞的对比》，《人类学学报》2006年第25卷第1期。

[7] 吴新智：《周口店山顶洞人化石的研究》，《古脊椎动物与古人类》1961年第3卷第3期，Pei W.C. The Upper Cave industry of Choukoudian. Palaeontologia Sinica (New Series D), 1939,(9).

吊桶环遗址[8]、湖南道县玉蟾岩遗址[9]、广西桂林甑皮岩遗址[10]，以及发现于黄河流域的河南新密李家沟遗址[11]。

江西万年仙人洞与吊桶环遗址的主体考古遗存在公元前1万年以前。遗址中发现了距今2万年左右的陶器[12]，并在1万年左右的地层中发现了栽培稻植硅石。这表明至迟1万年以前，我国长江流域的先民已经开始了野生稻的驯化。

湖南道县玉蟾岩遗址和广西桂林甑皮岩遗址的年代大约在公元前8000年。这两个遗址中都发现了古栽培稻实物遗存。其中湖南道县玉蟾岩遗址发现的稻谷壳是一种兼有野、粳、籼综合特征的原始栽培稻[13]，是目前所知最古老的栽培稻实物标本。

水稻种植发明后，很快在长江流域普及开来。长江下游的河姆渡文化（公元前5000～前3000年）便发现大量水稻遗存[14]。

黄河流域古人类走向农业定居的时间大致也在公元前8000年。

2009年，考古学家在河南新密李家沟遗址发掘，获得了一处公元前8000～前6500年的系列地层。地层剖面显示：公元前8000年前，李家沟遗址的居民尚且以狩猎和采集为生。公元前8000年左右，李家沟人学会了陶器制造，同时开始了饲养动物。

中国黄河流域的农业生产区别于长江流域的栽培稻种植，这一地区最初是以种植粟和黍为代表的北方旱作农业，随后是粟、黍和小麦共同种植。位于中国北方地区的内蒙古赤峰兴隆沟遗址发现了目前最早的粟。大约公元前6000年以后，粟和黍已经在中国北方地区普遍种植。典型的粟作文化包括黄河流域的裴李岗文化（公元前6000～前5000年）[15]、磁山文化（公元前6000～前5000年）[16]，以及随后发展起来的仰韶文化（公元前5000～前3000年）[17]、大汶口文化早期（公元前4500～前3500年）[18]。人们通常以石磨盘和石磨棒对粟进行加工。

公元前4000年以后，以稻作农业为经济基础的长江流域和以旱地粟作农业为经济基础的黄河流域出现越来越密集的居民点，但人类聚落间的规模和布局尚且看不出明显差距。这可能反映了国家出现之前的一种相对平等的社会状况。

公元前4000年前后，黄河流域的仰韶文化空前繁荣，影响面越来越大，达到鼎盛时期。但与此同时，聚落形态开始分化。至公元前3500年前后，具有超强文化统一性的仰韶文化在黄河流域逐渐解体。各地文化的独立性开始显现。社会进入了大规模重组阶段。

二　邦国之路：公元前3500年～前2000年

公元前3500年后，黄河、长江流域的社会发展进入快速发展阶段。随着

[8] 彭适凡：《江西史前考古的重大突破——谈万年仙人洞和吊桶环的主要发掘收获》，《农业考古》1998年第3期。

[9] 袁家荣：《道县玉蟾岩石器时代遗址》，《中国考古学年鉴(1996)》，文物出版社，1998年版；袁家荣：《玉蟾岩遗址》，《中华人民共和国重大考古发现》，文物出版社，2000年版。

[10] 中国社会科学院考古研究所等：《桂林甑皮岩》，文物出版社，2003年版。

[11] 北京大学考古文博学院、郑州市文物考古研究所：《河南新密市李家沟遗址发掘简报》，《考古》2011年第4期。

[12] 吴小红、张弛、保罗·格德伯格、大卫·科恩、潘岩、蒂娜·阿平、欧弗·巴尔-约瑟夫：《江西仙人洞两万年前陶器的年代研究》，《南方文物》2012年第9期。

[13] 袁家荣：《湖南道县玉蟾岩10000年以前的稻谷和陶器》，《稻作、陶器和都市的起源》，文物出版社，2000年版。

[14] 浙江省文物考古研究所：《河姆渡——新石器时代遗址发掘报告》，文物出版社，2003年版。

[15] 开封地区文物管理委员会、新郑县文物管理委员会：《河南新郑裴李岗新石器时代遗址》，《考古》1978年第2期。

[16] 河北省文物管理处、邯郸市文物保管所：《河北武安磁山遗址》，《考古学报》1981年第3期。

[17] 苏秉琦：《关于仰韶文化的若干问题》，《考古学报》1965年第1期，严文明：《仰韶文化研究》，文物出版社，2009年版。

[18] 山东省文物管理处、济南市博物馆：《大汶口》，文物出版社，1974年版，山东省文物考古研究所：《大汶口续集》，科学出版社，1997年版。

[19] 赵辉：《中国文明的形成：从满天星斗到多元一体——专访北京大学考古文博学院院长赵辉》，《三联生活周刊》2012年第40期。

[20] 许顺湛：《郑州西山发现黄帝时代古城》，《中原文物》1996年第1期，杨肇清：《试论郑州西山仰韶文化晚期古城址的性质》，《华夏考古》1997年第1期。

[21] 山东省文物考古研究所鲁中南考古队、滕州市博物馆：《山东滕州市西康留遗址调查发掘简报》，《考古》1995年第3期。

[22] 河南省文物研究所、周口地区文化局文物科：《河南淮阳平粮台龙山文化城址试掘简报》，《文物》1983年第3期。

[23] 中国社会科学院考古研究所安阳工作队：《1979年安阳后冈遗址发掘报告》，《考古学报》1985年第1期。

[24] 蔡全法：《古城寨龙山城址与中原文明的形成》，《中原文物》2002年第12期，蔡全法等：《龙山时代考古的重大收获》，《中国文物报》2001年5月21日第1版。

[25] 中国社会科学院考古研究所山西工作队、山西省考古研究所、临汾市文化局：《山西襄汾陶寺城址2001年发掘报告》，《考古学报》2005年第3期。

[26] 成都市文物考古工作队等：《四川新津县宝墩遗址调查与试掘》，《考古》1997年第1期，中日联合考古调查队：《四川新津县宝墩遗址1996年发掘简报》，《考古》1998年第1期。

[27] 成都市文物考古工作队等：《四川都江堰市芒城遗址调查与试掘》，《考古》1999年第7期。

[28] 成都市文物考古工作队等：《四川省温江县鱼凫村遗址调查与试掘》，《文物》1998年第12期。

[29] 成都市文物考古工作队等：《四川省郫县古城遗址调查与试掘》，《文物》1999年第5期。

[30] 王毅、蒋成：《成都平原早期城址的发现与初步研究》，《稻作、陶器和都市的起源》，文物出版社，2000年版。

[31] 张弛、魏峻：《中国新石器时代城址的发现与研究》，《古代文明（第1卷）》，文物出版社，2002年版。

人口进一步增加和同一地理单元内聚落密度的进一步加大，聚落间的差异开始突显。先是越来越多的聚落或居民点的外围修建"环壕"。随后，部分聚落开始修筑夯土城墙。

表现在考古资料上，便是黄河流域一度繁荣的仰韶文化在公元前3000年前后由盛转衰，中国社会逐渐进入龙山文化时代。

考古学家曾这样概括该阶段的社会变化："起源于晋南地区的庙底沟二期文化快速覆盖了豫西的洛阳平原，并对郑州、嵩山以南乃至渭河上游地区产生了广泛影响。与此同时来自东方的大汶口文化和南方长江中游的屈家岭-石家河文化，也相继影响到中原地区。到公元前2500年前后，形成了几支既有联系，又有各自特色的地方文化，它们被统称为中原龙山文化。随着文化的重组，人群流动，以及周边文化的大量涌入，中原地区显得混乱不堪，社会越发动荡。剧烈的冲突似乎首先发生在村落之间，有实力的村落开始构建城垣工事，在对付那些更强大的近邻的同时，逐渐谋取了聚落群的领导地位。于是中原大地上小国林立，相互之间征伐不断。血腥、暴力是这个时代的主旋律"[19]。

据最新统计，已发现的史前城址有50多座。遍及黄河中下游的河南、山东、内蒙古和长江流域的湖北、湖南、四川和浙江等省。最初的城址数量少，规模小，颇具城堡性质，结构上还保留环壕聚落的一些特点。黄河中游的郑州西山古城[20]，始建和使用年代约在公元前3300～前2800年。黄河下游属于大汶口文化的山东西康留城[21]，筑建年代也在公元前3000年左右，这是早期带有夯土城墙的聚落例子。

公元前3000年开始，带夯土城的聚落开始增加。进入龙山时代，有城墙的聚落大量在不同的地理单元出现。

所谓龙山时代，是中国学者对公元前2600～前2000年前后黄河流域人类社会发展阶段的概括。现今黄河流域已发现龙山时代以夯土筑成的古城址20余座。如山东地区已发现龙山文化17座带夯土城墙的遗址、内蒙古境内还发现18座石城遗址。而地处黄河流域中游的河南平粮台古城[22]、后冈古城[23]、古城寨古城[24]，山西的陶寺古城[25]最受到考古学家重视。

长江流域的古城址有上游成都平原的新津宝墩[26]、都江堰芒城[27]、温江鱼凫[28]、郫县古城[29]、崇州双河[30]5座宝墩文化时期的城址；中游的湖北天门石家河古城[31]、荆门马家垸古城[32]、江陵阴湘城古城[33]、石首走马岭古城[34]、公安鸡鸣古城[35]、应城门板湾古城[36]和陶家湖古城[37]、天门龙嘴古城[38]和沙洋城河古城等；长江下游则有良渚古城[39]。

现已发现的城址中，以良渚古城和陶寺古城规模最大。此两城面积都接近300万平方米。而同时期的其他城址，大都在100万平方米以下。

良渚古城位于浙江杭州余杭区，年代大至为公元前3300～前2300年间。古城平面略呈圆角长方形，依托两座小山丘建造，总面积约290万平方米。

现已发现城门6座，均为水路城门，环通古城内外的河网水系。与城址相关的遗迹有大型建筑、墓地、祭坛、居住址、码头、作坊等。遗址发现多处墓地，其中反山墓地等出土了许多琢制精美的玉器。良渚古城反映了史前文明的稻作文明类型。

陶寺古城位于山西襄汾，由大、小毗邻的两城组成。小城先建，面积约56万平方米，大城后建，两城相加总面积280万平方米。城址内发现大型建筑遗迹、墓葬、观象台等，可以划分出宫殿区、祭祀区、墓葬区、作坊区。祭祀区内发现由夯土柱组成的兼观天象授时与祭祀功能为一体的建筑[40]。小城西北部钻探出一片墓地，其中最大的一座墓葬使用了漂亮的髹漆木棺。出土随葬品72件套，包括彩绘陶器8组、玉石器18件套、骨镞8组、漆木器25件、红彩草编物2件，以及猪10头、公猪下颌1件。扰土中发现有玉钺、玉钺残块、白玉管、天河石和绿松石片等20件[41]，显然是一座贵族墓葬。以陶寺古城为背景的陶寺文化，年代大致在公元前2500～前2000年间。

古城遗址见证了复杂社会的出现。这种复杂社会具备多重等级，并且控制了一定的地理范围。中国学者将这种存在于相对较小的地理单元、具有复杂社会结构的政治体称之为"邦"或"邦国"[42]。

公元前3500年以来黄河流域出现的变化，可以称之为黄河、长江流域社会发展的"邦国之路"，是中国文明发展的重要阶段。

邦国时期是中国社会发展的特有阶段。史前时期的邦国大都依赖一个相对独立的地理单元、以具有城墙的"城"为中心。这种城在黄河流域以黄土夯筑而成，在长江流域则以当地土壤堆筑而成。

"邦国"与作为现代政治概念的"国家"相距很远。他们是以相对独立的地理单元为依托、以带有城墙的聚落为中心的"政治体"。作为"邦国"的政治体有两个重要特点，一是控制范围较小，二是控制力较弱。

长江流域的社会发展进程与中原类似。1996年以来发现的以宝墩遗址为代表的8座史前古城，表明宝墩文化时期成都平原同步发展到了"邦国"时代。

龙山时代晚期，中国境内已经是邦国林立，被某些中国学者称为"万国时代"[43]。随着邦国数量的增加，邦国与邦国之间的交往和冲突也难以避免。大约自公元前2300年开始，一些邦国开始突破自己的地理单元，对其他邦国进行征服和控制。邦国与邦国之间的平衡开始被打破。较大面积的夯土城开始出现。以这种规模较大的夯土城为中心的邦国从其他邦国中脱颖而出。史前社会，再一次站到了变革前夜。

三 王国崛起：公元前2000～前221年

公元前2000年前后，中原地区的聚落形势再次发生深刻变化。

位于黄河中游地区的王城岗古城和新砦古城积累了变革的能量，改变了

[32] 荆门市博物馆：《荆门马家垸屈家岭文化城址调查》，《文物》1997年第7期。

[33] 荆州博物馆等：《湖北荆州市阴湘城遗址东城墙发掘简报》，《考古》1997年第5期；荆州博物馆：《湖北荆州市阴湘城遗址1995年发掘简报》，《考古》1998年第1期；冈村秀典等：《湖北阴湘城遗址研究(1)——1995年日中联合考古发掘报告》，《东方学报》第96册，1996年版。

[34] 荆州博物馆等：《湖北石首市走马岭新石器时代遗址发掘报告》，《考古》1998年第4期。

[35] 贾汉清：《湖北公安鸡鸣城遗址的调查》，《文物》1998年第6期。

[36] 陈树祥、李桃元：《应城门板湾遗址发掘获重要成果》，《中国文物报》1999年4月4日第1版。

[37] 李桃元、夏丰：《湖北应城陶家湖古城址调查》，《文物》2001年第4期。

[38] 湖北省文物考古研究所：《湖北省天门市龙嘴遗址2005年发掘简报》，《江汉考古》2008年第4期。

[39] 浙江省文物考古研究所：《杭州市余杭区良渚古城遗址2006-2007年的发掘》，《考古》2008年第7期。

[40] 中国社会科学院考古研究所山西队、山西省考古研究所、临汾市文物局：《山西襄汾县陶寺城址祭祀区大型建筑基址2003年发掘简报》，《考古》2004年第7期。

[41] 中国社会科学院考古研究所山西队、山西省考古研究所、临汾市文物局：《陶寺城址发现陶寺文化中期墓葬》，《考古》2003年第9期。

[42] 王震中：《邦国、王国与帝国》，《河南大学学报》2003年第4期；王震中：《中国古代文明与国家起源研究中的几个问题》，《史学月刊》2005年第11期。

[43] 任世楠：《中国史前城址考察》，《考古》1998年第1期；王震中：《中国文明与国家起源研究中的理论探讨》，《中国社会科学院研究生院学报》2011年第3期。

黄河流域的聚落形势。夏王朝从龙山文化晚期诸多"邦国"中脱颖而出，成为黄河流域诸"邦国"的共主，开始从政治上垄断和控制中原，形成中国第一个"地域性王国"——夏王朝。

洛阳盆地发现的偃师二里头遗址，见证并记录了夏王朝晚期的面貌。

夏王朝的建立是中华文明起源进程中的一座里程碑，标志着中国历史步入王国时代。王国与邦国的差别，在于其控制范围的广大地域性和社会结构的复杂性。它是社会发展程度远高于邦国阶段的国家形态。

商王朝继夏王朝崛起后，继承了夏王朝的控制地域，同时也延续了夏王朝的国家形态。"王国"作为中国历史上国家演进的新的形式得以进一步巩固。基于王国的物质文明和精神成就，也相应达到高峰。

考古发现的河南登封王城岗古城、新密新砦古城，被认为与早期夏王朝有关。

王城岗遗址位于颍河与五渡河交汇的台地上，隶属今河南登封。遗址面积约50万平方米，以建于第二期的小城和建于第三期的大城最为重要[44]。大城位于遗址中部，长方形，城内总面积约有34.8万平方米。城内发现多片夯土区，城外还有城壕[45]。王城岗古城可与夏王朝初期的"禹都阳城"联系起来[46]。

新砦遗址位于河南新密，遗址中最重要的遗迹是新砦古城[47]。该城始建于龙山文化时期，新砦期又加以重建。古城平面呈方形，按复原面积计算，城墙圈占的城内面积约为70万平方米，加城墙占地，总面积超过100万平方米。

代表夏王朝晚期的遗存，被称为"二里头文化"。二里头遗址是二里头文化的典型代表。

二里头遗址位于河南偃师翟镇乡，总面积约300万平方米。其绝对年代经C-14测定，大致在公元前1800～前1550年这一范围。正好与夏王朝晚期年代相合。遗址包括宫殿区、铸铜作坊区、祭祀活动区、贵族聚居区、普通居民点等。宫殿区位于遗址东南部，外围有垂直相交的大道[48]。贵族聚居区位于宫城的东部、东南部和中部，宫城东北则是贵族墓葬区，普通平民点位于遗址西部和北部。手工业遗迹包括铸铜作坊、陶窑以及与制骨相关的遗迹。铸铜作坊位于宫殿区以南200余米处，临近洛河故道，面积不小于1万平方米。遗址中、东部的宫殿区北部和西北部，集中分布着一些可能与宗教祭祀有关的建筑和其他遗迹。二里头遗址出土遗物有铜器、玉器、陶器等。其中铜器属合范铸造，种类除爵、斝、盉、鼎等容器外，还有铜铃、钺、刀、戈、镞和镶嵌绿松石的牌饰等。玉器琢制精良，最常见的种类是柄形饰，还有玉质的圭、璋、钺、戚、戈、刀等。二里头遗址的绿松石镶嵌工艺极为发达，例如镶嵌绿松石的龙形饰发现于一座墓葬中的墓主人骨架之上，全器由2000余片各种形状的绿松石片组合而成，绿松石原粘嵌在某种有机物上（所

[44] 北京大学考古文博学院、河南省文物考古研究所：《河南登封市王城岗遗址2002、2004年发掘简报》，《考古》2006年第9期。

[45] 北京大学考古文博学院、河南省文物考古研究所：《登封王城岗考古发现与研究（2002—2005）》，大象出版社，2007年版。

[46] 安金槐：《近年来河南夏商文化考古的新收获》，《文物》1983年第3期；方酉生：《登封告成王城岗城址与禹居阳城》，《历史教学问题》1991年第3期；贾峨：《关于登封王城岗遗址几个问题的探讨》，《文物》1984年第11期。

[47] 北京大学古代文明研究中心、郑州市文物考古研究所：《河南省新密市新砦遗址2000年发掘简报》，《文物》2004年第3期；赵春青等：《河南新密新砦遗址发现城墙和大型建筑》，《中国文物报》2004年3月3日第1版。

[48] 中国社会科学院考古研究所二里头工作队：《河南偃师市二里头遗址宫城及宫殿区外围道路的勘查与发掘》，《考古》2004年第11期。

依托的有机物已腐朽）。整个龙形器及其近旁发现多处红色漆痕，龙身长64.5厘米，中部最宽处4厘米。有研究者认为该器应是旗帜的装饰品，称作"旂"。部分陶器上保存有一批刻划符号。可能是当时的文字或与数字有关的符号。

二里头遗址只是二里头的中心遗址。二里头文化有一个广大的分布范围。覆盖了整个黄河中、下游地区，所反映的，是一个典型的地域性王国。大约公元前16世纪，夏王朝灭亡。继之而起的是商王朝。

与夏王朝一样，商王朝的事迹曾见于《尚书》、《史记》等文献，但所述极为简单。考古学材料见证了商王朝的存在。

考古学家找到了商王朝的都邑，证明商王朝的社会结构完整而复杂。地下出土文物表明，至少商王朝在文化版图上取代了夏王朝的范围，因此，商王朝是中国历史上出现的第二个地域性王国。

郑州商城被认为是商王朝的早期都邑。遗址位于河南郑州市区。其核心是一座以夯土筑成的城址。城址平面呈抹角长方形(其东北角似被削去一角)，总面积达300万平方米，四周城墙上共发现缺口11处，可能是原来的城门所在。郑州商城的宫殿区位于内城的东北部，区内已发掘的建筑遗存数十处，还发现蓄水及供水设施。小型房屋主要分布于城墙内侧和城墙与外城墙之间。商城外围分布有铸铜作坊、制陶作坊以及与制骨作坊相关的骨料坑等。郑州商城没有发现与城址相称的商王王陵，但城址附近发现多处铜器窖藏坑，均埋藏有重器。郑州商城一系列重要发现，使人们无法否认它是一处具有都邑规模的商代遗址，学术界通常认为它就是商王朝最早的都城"亳"[49]。

偃师商城也被认为与商王朝都邑相关，遗址位于河南洛阳附近的偃师商城，分内、外相套的大、小城。小城呈长方形，面积约81万多平方米。大城是在小城基础上，利用小城的南墙和西墙南段，向北和向东扩展加筑而成。面积近200万平方米。大城的东、西、南、北均发现城门遗迹，城墙外围有护城河相绕，大、小城内发现多处夯土建筑群[50]。

大约从公元前14世纪开始，商王朝开始频繁迁都。洹北商城是商王朝中期的都邑。遗址位于河南安阳北郊。该座城址包括外城、宫城，外城平面近方形，边约长2200米，总面积超过470万平方米。宫城位于大城中部偏南位置，平面呈南北长方形,面积不小于41万平方米[51]。宫城中部发现排列有序的大型夯土建筑基址，已发掘了两座。均为四合院式建筑。其中一座面积（包括庭院）近1.6万平方米[52]。普通的居民点散布在小城之外，大城的北部，尤以大城西北部一带的居住遗存最为密集。洹北商城作为中商时期的都邑使用时间不长，由于某种未知的原因，洹北商城被大火烧毁，商王朝都邑他徙。

安阳殷墟是商王朝最晚的都邑。商王在这一都邑对其国家实施了长达

[49] 邹衡：《郑州商城即汤都亳说》，《文物》1978年第2期。

[50] 中国社会科学院考古研究所河南第二工作队：《1984年春偃师尸乡沟商城宫殿遗址发掘简报》，《考古》1985年第4期；中国社会科学院考古研究所洛阳汉魏故城工作队：《偃师商城的初步勘探和发掘》，《考古》1984年第6期；中国社会科学院考古研究所河南第二工作队：《偃师商城第Ⅱ号建筑群遗址发掘简报》，《考古》1995年第11期。

[51] 中国社会科学院考古研究所安阳工作队：《河南安阳市洹北商城的勘察与试掘》，《考古》2003年第5期；中国社会科学院考古研究所安阳工作队、中加洹河流域区域考古调查课题组：《河南安阳洹北商城遗址2005—2007年勘察简报》，《考古》2010年第1期。

[52] 中国社会科学院考古研究所安阳工作队：《河南安阳市洹北商城官殿区1号基址发掘简报》，《考古》2003年第5期；中国社会科学院考古研究所安阳工作队：《河南安阳市洹北商城官殿区2号基址发掘简报》，《考古》2010年第1期。

图一　河南安阳殷墟鸟瞰（李自省摄）
Figura 1. Veduta aerea del sito di Yinxu ad
Anyang (foto di Li Zixing)

250年以上的统治。从1928年起，考古工作者已经在该遗址进行了80余年的考古发掘，发现了商代居民的大量居民点、手工业作坊和以"族"为基本单元的墓地，确认了晚商时期商王朝的宫殿宗庙区和王陵区。殷墟的宫殿宗庙区、手工业作坊和普通居民点，是通过复杂的道路系统和其他大型人工工程联系在一起的。殷墟发现的一条主干道，将一处居民点与商王朝的宫殿宗庙区相连，道路两侧发现大量完整的或被肢解的人和动物，应属于路旁祭祀活动的遗存（图一）。

　　殷墟的手工业作坊包括铸铜作坊5处，制骨作坊2处。另发现一些制玉、制骨、制陶作坊的线索。作坊可能分属于居住在殷墟的各个族邑。商王则通过某种方式控制这些作坊。个别作坊属于王族，为商王直接拥有。

　　王陵区位于洹水北岸的武官村北，过去被称为侯家庄西北冈的一片高地上，东南距宫殿宗庙区约2.5公里。陵区范围东西长约450米，南北宽约250米。王陵区的墓葬大部分是1934年秋和1935年间发掘出来的。加上1950年以后的工作，共发现带墓道的大墓13座，祭祀坑2000余座。

　　普通的商人死后，通常按"族墓地"埋藏。通常所说的族墓地，是指商代宗族系统中，同族的人埋在一起的墓地，有时也称为氏族墓地。各氏族墓地中，又有各家族（通常是几代人组成的包含若干核心家庭的大家庭）墓地的存在。个别向氏族发展的家族也可能单独形成墓地。现已发掘殷墟族墓地数十处。尽管殷墟各族邑的人死后大都归葬于族墓地中，但死者的身份和地位是不同的。族墓地中少数墓为带墓道的大墓，大多是长方形竖穴墓，竖穴墓也有大小之分。有的墓有车马坑、殉人及大量随葬品，有的墓随葬少量铜器或陶器，有的墓小而无随葬品，这都反映了族墓地中社会地位及等级的不同。

　　妇好墓是殷墟发现的一座保存完好的贵族墓[53]。墓主是商代国王武丁的配偶。这是一座长方形竖穴土坑墓。长5.6米，宽4米，深7.5米，面积22.4平方米。原备棺椁已朽，但有痕迹表明棺椁原都涂有红、黑等颜色的漆。墓底有腰坑，腰坑内殉1人1犬。在距墓口6.2米处，墓室东、西壁各开有壁龛1个，内埋殉人。墓中共有殉人16个、殉狗6只。由于生前深得武丁宠爱的缘故，伴随她的香躯埋入地下的，仅青铜器就重达1.6吨。其中青铜容器200余件，玉器755件，宝石制品47件。当然，还有大量的青铜兵器，其中包括两

[53] 中国社会科学院考古研究所：《殷墟妇好墓》，文物出版社，1989年版。

件象征手握重兵的青铜大钺。据甲骨卜辞记载，妇好曾经辅佐商王武丁，主持过许多重要的祭祀活动，曾多次率兵去征伐其他小国。

殷墟遗址出土晚商遗物十分丰富。有刻辞甲骨、青铜器、玉器、骨器、陶器(包括白陶、硬陶等常规日常陶器)、象牙器以及马车，甲骨文、青铜器在商代文物中最著名。迄今为止，殷墟发现的各类刻有文字的龟甲或兽骨约15万片。文字内容涉及祭祀、征伐、天象、律法、年成（农业收益）等丰富内容。部分甲骨文记录了商王贞问年成如何、占卜未来有无灾患。甲骨文的另一个重要内容，是记录了商王朝部分国王的事务。例如商王派人到各地"省王事"（了解、落实国家事务）的内容。作为国家最高权力拥有者，王的地位十分明确。正是因为甲骨卜辞中记录的商王的名号，考古学家才整理出了商王朝的历代国王，并编出了其王位传承谱系。甲骨文有关王事的记录，将中国古代传世文献中有关商王朝的记载与地下文物联系起来，确认商王朝作为中国最早的地域性王国之一，曾经存在于黄河流域，并且长达数百年之外。

商代晚期的青铜器铸造已经达到前所未有的水平。殷墟出土的青铜器以礼器最为丰富（图二）。最大的铜礼器司母戊鼎重达875千克。但这件鼎还不是当时能够铸造的最大的铜器。

当黄河流域进入地域性王国阶段时，长江流域也呈现了同样的社会发展进程。位于长江上游以四川盆地为中心的古蜀国，以及位于长江中游赣江流域的吴城文化等是这一时期的代表。

关于古蜀国，成书于西周时期的《尚书·牧誓》和成书于公元4世纪的《华阳国志·蜀志》都有若明若暗的记载。按照《尚书·牧誓》，古蜀国应该参与了伐灭商王朝的战争。古蜀国的前身是成都平原上的宝墩文化。至迟

图二　河南安阳殷墟大司空村M303号墓出土青铜器（岳洪彬摄）
Figura 2. Recipienti in bronzo rinvenuti nella Tomba M303 a Dasikongcun nel sito archeologico di Yinxu ad Anyang (foto di Yue Hongbin)

在公元前21世纪，古蜀国建立。在公元前4世纪秦兵入川以前，这个地域性王国在长江流域已经存在了约1700年。

四川广汉的三星堆遗址[54]和成都金沙遗址是古蜀国前后相续的两个都邑。

三星堆遗址位于广汉的南兴镇和三星镇。遗址总面积约12平方公里，主体是一座城址。该遗址最引人注目的考古发现是位于三星堆城墙东南约50米处的一、二号祭祀坑[55]。两坑相距约25米，均为非常规整的长方形竖穴土坑，方向为35°，与古城方向大体一致。埋藏年代当在公元前13世纪前后。其中一号祭祀坑出土各类器物400余件，包括青铜人头像、人面像、人面具和青铜罍、尊等礼器178件，杖、面具、虎等黄金器4件，璋、戈等玉器129件，戈、矛等石器70件，象牙13根，骨器10件，海贝124枚，陶器39件以及约3立方米的烧骨碎渣等。二号祭祀坑出土各类遗物6095件，包括青铜神树、立人像、人头像、人面像和青铜尊、罍等礼器736件，面具等黄金器61件（片），璋、戈、璧等玉器486件，石器15件，绿松石3件，象牙67件，象牙珠120颗，象牙器4件，虎牙3件，海贝约4600枚。

从公元前13世纪开始，三星堆古城逐渐衰落。古蜀国的重心移至今天的成都市区一带。考古发现的代表性遗址是位于成都市区西北的金沙遗址。

金沙遗址范围总面积约5平方公里。遗址始于公元前13世纪，终于公元前7世纪，公元前13~前9世纪是其繁荣期，遗址内发现大规模的祭祀区。祭祀遗存主要是各种形状的祭祀坑，祭祀用品以铜器、玉器、金器为主，还有一些陶器。第三期祭祀遗迹分布于祭祀区的北部。此时不再流行以铜器、玉器、象牙为祭品，金器也很少见。而是大量以野猪獠牙、鹿角、美石和陶器祭祀。金沙遗址祭祀区共出土了金器200余件、铜器1000余件、玉器2000余件、石器约3000件、象牙100余根、象牙器100余件、獠牙2000多颗、鹿角2000多只和大量陶器。

古蜀国与中原地区的夏商周长期共存。其中与商王朝共存的时间，从公元前16世纪算起至前1046年止，总计550余年。甲骨卜辞中出现有"在蜀"、"至蜀"、"伐蜀"的词汇，可证商蜀两国之间有过交往，其中一条卜辞是"贞蜀不其受年"，显示了商王对蜀地年成的关注，可知古蜀国对于商王朝，并非无足轻重。公元前11世纪中叶，崛起于关中地区的周人联络其盟友向东讨伐，并打败商王朝，随后中国历史进入周王朝时期。

周王朝有西周、东周之分。西周王朝始自公元前1046年，终于公元前771年周平王将都城东迁到洛阳。平王东迁之后至秦始皇统一中国，历史上称为东周。

由于西周灭商之后，采取了"分封建国"，故重要的西周遗址包括有王朝都城和各地诸侯的封邑。

丰镐遗址是西周王朝丰、镐两京的故址，位于陕西长安境内，已发现数十处西周建筑基址、发现多处大型墓地[56]，与殷墟一样，丰镐遗址至今未发

[54] 四川省文物管理委员会等：《广汉三星堆遗址》，《考古学报》1987年第2期。

[55] 陈显丹：《三星堆一、二号坑几个问题的研究》，《四川文物》（三星堆遗址研究专辑），1989年；樊一、陈煦：《封禅考——兼论三星堆两坑性质》，《四川文物》1998年第1期。

[56] 中国社会科学院考古研究所沣西发掘队：《陕西长安沣西客省庄西周夯土基址发掘报告》，《考古》1987年第8期；中国社会科学院考古研究所沣西发掘队：《1976~1978年长安沣西发掘简报》，《考古》1981年第1期；中国社会科学院考古研究所沣镐工作队：《1984年沣西大原村西周墓葬的发掘》，《考古》1986年第11期；中国社会科学院考古研究所沣镐工作队：《1997年沣西发掘报告》，《考古学报》2000年第2期。

现城墙遗迹。

周原遗址是西周的京畿腹地，位于今陕西岐山、扶风两县北部，面积数十平方公里。这一范围内西周遗存非常密集，包括建筑基址、刻辞甲骨和青铜器窖藏等。陕西岐山县城以北约7.5公里处的周公庙附近即发现夯土基址、铸铜作坊、制陶作坊等，还在附近山陵中发现带四条墓道的高规格墓葬。自2003年起，周公庙遗址还连续发现刻辞甲骨。其中2008年9～12月，周公庙遗址发现卜甲共计7651片，有刻辞的甲骨688片，计1600余字。卜辞中还提到多位西周王朝重要人物，以及包括古蜀国在内的若干国名，周原一带又以发现西周铜器窖藏著名。迄今为止，周原及其附近地区发现青铜器窖藏累计达百余处。以周原以南宝鸡眉县杨家村窖藏为例[57]。该窖藏出土西周铜器27件，每件都有铭文，总字数达4048字。铭文内容与西周时期的单氏家族史有关。其中青铜盘铭文多达350多字，记录显示了单氏家族八代与周王十一代十二位王的对应关系，对研究周代历史具有极其重要的意义。西周铜器窖藏的埋藏年代大都是西周晚期。很多学者认为这是西周末年犬戎相迫，周原地区的西周贵族仓促出逃前将祖先重器埋入地下的结果。

西周时期的诸侯国封邑或其国君墓地分布在诸侯各国，因此这些遗址分布于今天黄河、长江流域的广大地区。重要的有北京房山琉璃河燕国遗址[58]、山西曲沃东北和翼城西部的天马－曲村遗址和晋侯墓地、河南三门峡上村岭的虢国墓地[59]、河南鹤壁辖区淇河北岸的辛村卫国墓地、河南鹿邑太清宫镇的宋国墓地、河南平顶山北滍村西滍阳岭的应国墓地、河北邢台市区的葛家庄邢国墓地、山西运城绛县西部的横水"倗"国墓地、陕西泾阳高家堡村的戈国墓地、山东济阳的逄国墓地等等。

晋国是西周王朝重要封国。晋侯墓地位于天马－曲村遗址中心，共发现9组晋侯及夫人墓葬，以及祔葬的车马坑、祭祀坑和附属的陪葬墓。

河南鹿邑太清宫宋国墓地目前只发掘一座大墓。该墓为长方形竖穴，带南、北两条墓道，葬具为一椁重棺，有15名殉人，606件随葬品。铜器以鼎、簋、觚、爵为核心，带有铭文青铜礼器中，有48件为"长"、"子口"或"长子口"[60]，均为长子口的自铭，墓主人即"长子口"，很可能是死于西周初年的"微子"。

长江流域的西周重要遗址有湖南宁乡炭河里的西周城[61]、江苏泰州姜堰市城区北部的天目山西周古城[62]、湖北蕲春毛家咀的西周遗址[63]和新屋垴铜器窖藏[64]以及江苏、安徽一带的土墩墓等[65]。但由于缺少带有铭文青铜器的出土以及文献的有力参证，许多长江流域西周遗址的性质还有待研究。东周时期又称为春秋战国时期，此时的黄河和长江流域，诸侯崛起，王室式微，周天子威严不再，慢慢变成名义上的"天下共主"。昔日的封国，如齐、鲁、晋、郑、宋、楚、秦等，逐渐强势崛起，互相攻伐，征战不断，结果众多小国被灭，而曾经强大的晋国则在内部争权夺利中一分为三，于公元前

[57] 王辉、刘军社、刘怀君：《宝鸡眉县杨家村窖藏单氏家族青铜器群座谈纪要》，《考古与文物》2003年第3期。

[58] 北京市文物研究所：《琉璃河西周燕国墓地(1973～1977)》，文物出版社，1995年版。

[59] 中国科学院考古研究所：《上村岭虢国墓地》，科学出版社，1959年版。

[60] 河南省文物考古研究所、周口市文化局：《鹿邑太清宫长子口墓》，中原古籍出版社，2000年版。

[61] 向桃初：《炭河里城址的发现与宁乡铜器群再研究》，《文物》2006年第8期。

[62] 南京博物院、泰州市博物馆、姜堰市文物管理委员会：《江苏姜堰天目山西周城址发掘报告》，《考古学报》2009年第1期。

[63] 中国科学院考古研究所湖北发掘队：《湖北圻春毛家咀西周木构建筑》，《考古》1962年第1期。

[64] 湖北黄冈市博物馆、湖北蕲春县博物馆：《湖北蕲春达城新屋垴西周铜器窖穴》，《文物》1997年第12期。

[65] 丹徒考古队：《江苏丹徒大港土墩墓发掘报告》，《文物》1987年第5期，镇江博物馆：《丹徒镇四脚墩西周土墩墓发掘报告》，《东南文化》1989年第4、5期；南京博物院：《江苏高淳县顾陇、永宁土墩墓发掘简报》，《文物资料丛刊》第6辑，文物出版社，1982年版；安徽省文物考古研究所：《安徽南陵千峰山土墩墓》，《考古》1989年第3期；安徽省文化局文物工作队：《安徽屯溪西周墓葬发掘报告》，《考古学报》1959年第4期。

453年成为新的诸侯国，即著名的韩、赵、魏三国，这一事件，被称为"三家分晋"。

考古发现的东周遗迹与遗物，多可依国别确认，成为东周列国争雄的见证。诸侯国城址以及各国墓葬，构成了东周考古的主干材料。

东周王城是周平王东迁之后周天子所居之城，位于河南洛阳洛河以北，面积超过9平方公里。城址偏南和中部发现面积较大的夯土建筑基址，或为宫殿区所在。王城西北部发现有战国时期的窑场[66]，在窑场的东南为骨器加工场，再向南是石料场。南城垣附近是战国粮仓遗址，已发现粮仓74座[67]。王城东北部和西南部发现了似为制陶烧砖瓦的作坊区。王城附近，今洛阳东北约10公里处的金村曾发现8座带单个墓道的大墓，可能是周天子或王室大臣的墓葬[68]。

东周诸侯国的都邑布局，因国而别。有的没有大的城垣，只由众多小城组成；有的筑有内城、外城又重城垣；有的城址左右两城并列；有的则布局成"品"字形结构。

东周时期最重要的诸侯国晋国，曾经是"春秋五霸"之一。三家分晋之前，其都邑新田（公元前585年迁此）在今山西侯马西北，位汾、浍两河之交。新田故都并未发现大型城址，却聚集了多座小城。面积大小不等，但多约数十万平方米。诸多城址的修建和使用时间都是春秋时期。

郑国是春秋时期大国之一。公元前8世纪中期，郑武公迁都于今河南新郑，公元前375年，郑国灭亡。三家分晋之后的韩国占有郑地并据有郑都，直至公元前230年。考古学家将郑国、韩国的都城并称郑韩故城。

郑韩故城呈不规则长方形，面积超过22平方公里。中部有南北向隔墙，把故城分为东城和西城两部分[69]，西城是东周时期郑韩两国的宫殿区，城内中北部一带，分布有密集的夯土建筑基址。西城城内的中部，可能是宫城遗迹。东城城内西南部发现郑国祭祀遗迹。东城又是手工业作坊集中区，有铸铜、制骨、制陶、铸铁等作坊。郑韩故城内外，均发现东周时期的墓地，今新郑城关镇的胡庄一带是韩国王陵。

雍城是秦国都邑，使用时期前后凡294年。雍城遗址位于今陕西凤翔城南，平面呈不规则方形，总面积约11平方公里。城内发现居民点多处，并且清理出多座建筑遗迹。雍城南郊的南指挥原一带，是秦公陵园和秦国国人墓地。

纪南城系春秋晚期以后的楚国都城[70]，即郢城。城址在今湖北江陵城北5公里，平面呈长方形，面积超过16平方公里，城外有宽10米左右的护城河。城内现存夯土台基84个，绝大部分集中在城内东部，尤以城内东南部最密集，推测为宫殿区所在。城内西南部发现铸铜作坊1处，东南部发现有窑址。纪南城四周约340公里的范围内分布着密集的楚墓。

宋系殷后人受封所建之国，其都邑数千年来不知所踪，1990年初在今河南商丘南关钻探出来。城址深埋于黄河冲击物之下3～9米，平面为呈圆角的

[66] 洛阳市文物工作队：《洛阳东周王城内的古窑址》，《考古与文物》1983年第3期。

[67] 洛阳博物馆：《洛阳战国粮仓试掘纪略》，《文物》1981年第11期。

[68] 中国科学院考古研究所：《洛阳中州路（西工段）》，科学出版社，1959年版。

[69] 河南省博物馆新政工作站、新郑县文化馆：《河南新郑郑韩故城的钻探和试掘》，《文物资料丛刊3》，文物出版社，1980年版。

[70] 湖北省博物馆：《楚都纪南城的勘查与发掘（上、下）》，《考古学报》1982年第3、4期。

[71] 中国社会科学院考古研究所、美国哈佛大学皮保德博物馆中美联合考古队：《河南商丘县东周城址勘察简报》，《考古》1998年第12期。

[72] 河北省文物管理处、邯郸市文物保管所：《赵都邯郸古城调查报告》，《考古学集刊》第4集，中国社会科学出版社，1984年版。

[73] 山东省文物考古研究所、山东省博物馆、济宁地区文物组、曲阜县文物管理委员会：《曲阜鲁国故城》，齐鲁书社，1982年版。

[74] 山东省文物考古研究所：《齐故城五号东周墓及大型殉马坑的发掘》，《文物》1984年第9期。

[75] 山西省文物考古研究所：《上马墓地》，文物出版社，1994年版。

[76] 山西省文物考古研究所、太原市文物管理委员会：《太原金胜村251号春秋大墓及车马坑发掘简报》，《文物》1989年第9期。

平行四边形,面积10.2平方公里[71],城墙外侧有城壕。宋国故城当始建于周初而沿用至宋亡。其繁荣时间应在春秋之世。

邯郸是战国晚期赵国的都城。公元前386年赵敬侯迁都于此,公元前222年秦破赵,此城衰落,前后历164年。故城位于今邯郸市区西南4公里处,分宫城、郭城两部分。宫城由西城、东城、北城组成,平面呈品字形结构[72]。以西城为例,西城平面呈方形,面积近20平方公里,城内保存有5处台基,系原建筑所在。赵国的王陵位于赵王城西北15公里的丘陵区。

东周诸侯皆筑有城防,上述所列城址,仅系经过考古钻探和发掘的城址的一部分,其余东周城址,属列国都邑者仍为数众多。

已发掘的东周墓葬达数万座,分布在各诸侯国境内。如曲阜鲁国故城墓地[73]、临淄齐国故城墓地[74]、山西侯马上马晋国墓地[75]、山西太原金胜村晋国赵卿墓[76]、河北邯郸百家村赵国墓地[77]、河北平山县中山王墓[78]、河南淅川下寺楚国墓地[79]、湖北荆门包山楚墓[80]、易县燕下都燕国墓地[81]、陕西咸阳塔儿坡秦国墓地[82]、长安客省庄墓地[83]、浙江绍兴印山[84]和江苏无锡鸿山越国墓[85]、湖北随州曾侯乙墓[86]、江西靖安李洲坳徐国墓[87]、安徽蚌埠双墩古钟离国墓[88]等。

举湖北随州西郊擂鼓墩附近的曾侯乙墓为例。

曾侯乙墓是战国早期曾国国君乙的墓葬。该墓开凿于砂岩上,平面为多边形,面积近350平方米,深13米左右。墓底装填木椁,椁顶及四周填充大量防潮用的木炭,木炭上封以青泥,其上再加2.5米厚的夯土,然后铺上石板,再加封土。椁室内被分隔成东、南、西、北四室。墓主以多层丝织物包裹,墓中有21名殉葬人,皆年轻女性。随葬品数量至万件之多,主要置于中室和北室,东室次之,西室最少。中室以礼乐器为主,包括9件青铜鼎和8件青铜簋,举世闻名的曾侯乙编钟也出于中室。青铜钟共64件(甬钟45件,钮钟19件),全套编钟重2500多公斤,钟以音高为序,依次悬于立架之上。同出的还有编磬以及鼓、琴、筑、排箫。其余各室出土的遗物有兵器、漆木雕器,其中木雕盘鹿、彩绘梅花鹿、彩绘鸳鸯漆盒等。墓中还发现中国迄今所见最早的二十八宿天文图像。

东周时期的手工业比西周以前更为发达。湖北大冶铜绿山矿冶遗址[89]和山西侯马铸铜遗址[90],见证了春秋战国时期冶铜和铸铜技术水平有了空前提高。各地墓葬中,特别是楚墓中出土的精美漆器,也证明髹漆技术取得了显著进步。

东周时期手工业最大的变革是冶铁技术的提高和铁器应用的普及。大概西周晚期,中国已经出现人工冶铁术,至春秋时期,冶铁开始逐渐推广,到战国时已经普及。故东周时期的遗址许多与冶铁有关,几乎所有都城中都发现了冶铁作坊。其中重要的冶铁遗址有河北兴隆战国时期燕国冶铁遗址、河南西平酒店冶铁遗址、河南新郑郑韩故城东城内的铸铁作坊遗址、河南登封

[77] 河北省文化局文物工作队:《河北邯郸市百家村战国墓》,《考古》1962年第12期。

[78] 河北省文物管理处:《河北省平山县战国时期中山国国葬发掘简报》,《文物》1979年第1期。

[79] 河南省文物考古研究所、河南省丹江库区考古发掘队、淅川县博物馆:《淅川下寺春秋楚墓》,文物出版社,1991年版。

[80] 王红星:《包山楚墓墓地试析》,《文物》1988年第5期。

[81] 河北省文物考古研究所:《燕下都》,文物出版社,1996年版。

[82] 咸阳市文物考古研究所:《塔儿坡秦墓》,三秦出版社,1998年版。

[83] 中国科学院考古研究所:《沣西发掘报告》,文物出版社,1962年版。

[84] 浙江省文物考古研究所、绍兴县文物保护管理所:《浙江绍兴印山大墓发掘简报》,《文物》1999年第11期。

[85] 南京博物院考古研究所、无锡市锡山区文物管理委员会:《无锡鸿山越国贵族墓发掘简报》,《文物》2006年第1期。

[86] 湖北省博物馆:《曾侯乙墓》,文物出版社,1989年版。

[87] 江西省文物考古研究所:《江西靖安县李洲坳东周墓葬》,《考古》2008年第7期。

[88] 安徽省文物考古研究所、蚌埠市博物馆:《安徽蚌埠双墩一号春秋墓发掘简报》,《文物》2010年第3期。

[89] 黄石市博物馆:《铜绿山古矿冶遗址》,文物出版社,1999年版。

[90] 山西省文物考古研究所:《侯马铸铜遗址》,文物出版社,1993年版。

阳城南垣外的战国铸铁作坊遗址等。

东周时期的文字文物已经不止见于青铜器上。位于山西侯马[91]和位于河南温县的盟誓遗址中，发现了用毛笔书写在玉石片之上的"盟书"[92]。位于南方地区的楚国境内至今已发现竹简20余批，计近10万字。主要内容包括文书、卜筮祭祷和遣策。

以郭店楚简为例。该墓的竹简出于头箱中，按简的长度可编为不同的卷。其中长32厘米左右的简计5册8000字，内容有《老子》、《五行》、《缁衣》等；长30厘米左右的简2册800字，内容有《老子》、《鲁穆公》；长28厘米左右的简1册计1200字；长26厘米左右的简1册计630字，内容为《老子》；长17厘米左右的简1册计1500字；长15厘米左右的简2册计800字。楚简所保存的文献以道、儒两家学说为主。

四　帝国一统：公元前221年

经过春秋早期以来长时间的诸侯混战，至战国末年中国境内主要存留齐、楚、燕、韩、赵、魏、秦七国，被称为"战国七雄"。

公元前230年，位于西部黄河中游关中地区的秦国开始了其统一中国的大业。公元前221年，秦王嬴政征灭"战国七雄"中的韩、魏、赵、燕、楚、齐六国，实现了黄河、长江流域的空前统一。

秦始皇统一中国后，为维护其统治，推行了一系列包括统一文字、统一度量衡、统一货币、实施郡县制等在内的强硬政策。

统一后的秦王朝不仅控制控制了空前的范围，而且通过实施郡县制等措施，强化了国家机器，加强了中央集权，最终，秦始皇为了使自己的身份与功业相配，自称为"始皇帝"。

中国从此进入"帝国时代"，汉唐时代的繁荣中国，便是在秦帝国的基础上建立起来的。

五　何以中国

我们不妨以最简单的文字来概括中国的由来：

公元前1万年前，黄河、长江流域的人类生活在旧石器时代。

公元前1万年左右，实现从狩猎采集向农业定居的转型，平原上出现人类聚落群。

公元前1万～前3500年间，聚落规模尚小，人们生活在大体平等的社会。人口逐渐增加。

公元前3500年开始，社会分层加速，一些相对独立的地理单元逐渐出现具有夯土城墙的聚落群，随后逐渐发展成具有明显社会等级但只有较小地理

[91] 山西省文物工作委员会：《侯马盟书》，文物出版社，1976年版。

[92] 河南省文物考古研究所：《河南温县东周盟誓遗址一号坎发掘简报》，《文物》1983年第3期。

范围控制力的政治体，被称为"邦国"。公元前3000年以后，邦国遍布黄河和长江流域。

公元前2000年左右，中国进入王国时代。王国时代的中国从夏王朝建立，历经商王朝，直到公元前221年战国终于秦，前后延续近2000年。这一时期的中原大地，三代更迭，分合有道，演绎了灿烂辉煌的中国青铜时代（表一）。反映在考古学上，是丰富的青铜文化遗存、规模宏大的城址、难以计数的青铜器、还有古奥难解的文字。

表一　青铜时代中国的王朝、国家及主要考古学文化

中原及中原邻境地区的王朝国家及主要考古学文化	夏 (公元前2070~前1600年)	商 (公元前1600~前1046年)			西周 (公元前1046~前771年)	东周 (公元前770~前221年)	
	中原龙山文化晚期 (公元前21世纪~前1900年) 二里头文化 (公元前1900~前1500年) 下七垣(先商)文化 (公元前1900~前1600年)	早商 (公元前1600~前1400年) 郑州商城 偃师商城	中商 (公元前1400~前1251年) 小双桥 洹北商城	晚商 (公元前1250~前1046年) 殷墟 关帝庙	早期(武王至昭王) 中期(穆王至夷王) 晚期(厉王至幽王)	春秋 (公元前770~前476年)	战国 (公元前475~前221年)
	岳石文化(黄河下游, 公元前2000~前1500年) 先周文化(公元前16世纪~前1046年以前) 马桥文化(夏至早商) 湖熟文化(商至西周初) 夏家店下层文化(北方地区, 公元前2000~前1500年) 高台山文化(东北地区、夏晚期至商晚期) 围坊三期文化(北方地区, 商至西周) 魏营子文化(北方地区, 商至西周) 朱开沟文化(北方地区, 二里头文化至商) 李家崖文化(北方地区, 晚商) 齐家文化(公元前21世纪~前1630年) 四坝文化(西北地区, 公元前1900~前1500年) 卡约文化(夏商之际-晚商) 寺洼文化(西北地区, 公元前1300~前1000年) 辛店文化(西北地区, 公元前1000年) 吴城文化(赣江流域, 公元前1500~前1000年) 三星堆文化(成都平原, 公元前1400~前1000年)				齐(西周早期~公元前221年) 宋(西周早期~公元前286年) 鲁(西周早期~公元前249年) 燕(西周早期~公元前222年) 楚(西周早期~公元前223年) 吴(周~公元前473年) 越(西周~公元前306年) 黄(西周早期~公元前648年) 蔡(西周早期~公元前447年) 巴(周~公元前316年) 曾(随)(西周早期~公元前5世纪) 蜀(周~公元前316年) 芮(周~春秋时期) 晋(西周早期~公元前403年)	韩(公元前403~前230年) 魏(公元前403~前225年) 赵(公元前403~前222年) 中山(公元前414~前296年) 郑(公元前806~前375年) 秦(公元前777~前221年)	

公元前221年，秦王朝出现，中国进入帝国时代。帝国时代的中国文字一统，并且实行郡县制，国家机器得到空前加强。

中国一词，最早见于西周初年（距今约3000年）的青铜器何尊的铭文中。

何尊，1963年出土于陕西宝鸡，其腹部有铭文122字，记录了周初成王营建东都洛邑的诰命，文中有"余其宅兹中国…"一语。

何尊所指的"中国"，实为洛阳盆地，但它又并非一个纯粹的地理概念。

洛阳盆地是黄河中游的一个特殊地理单元。这里北背黄河，腹地有伊、洛二水流经。距今7000~5000年左右，这里是仰韶文化的核心区。当时仰韶文化外围分布有红山文化、北辛－大汶口文化、马家浜文化、河姆渡文化、大溪文化、马家窑文化等，放在文化版图上，洛阳盆地正是黄河、长江流域的文化地理中心。仰韶文化晚期，即距今大约6000年，史前社会发展加速，一些地区步入邦国阶段。洛阳盆地的外围，出现极为发达的政治体，包括长江下游发展水平极高的良渚古城。处在众多邦国"包围"的洛阳盆地，如同处在花瓣的中心，它吸收外围诸文化的优秀成果，终于在公元前2000年前后，通过登封王城岗等以古城址为中心的聚落的过渡，打破了邦国的平衡，于公元前1800年前后形成了以二里头为中心的新型国家。

　　长期处在花瓣中心，最终发展为地域王国的理论，被称为国家起源的"花瓣理论"[93]。处在花瓣中心的洛阳盆地，先是吸收周边的文化成果，形成以二里头文化为基础的夏王朝之后，又从政治上垄断和控制中原及中原外围。这样的地域性王国，被人们理解为"中央之国"即"中国"似乎是历史的真实写照。

　　商王朝建立后，政治中心稍稍偏离了洛阳盆地。早商时期的偃师商城仍然在洛阳，郑州商城、洹北商城以及晚商时期的安阳殷墟都在洛阳盆地以东。然而商王朝腹地与大海之间，仍隔有被商人称为"东土"的今河南东部地区和山东大部，以及由"珍珠门文化"所控制的近海地区，站在商代王都的立场，商王朝仍然可以是中央之国。

　　西周初年，周成王营建洛邑，对于曾经处于西陲小邦的周人来说，洛阳盆地自然是地理上的"中央"，更是文化上的"中央"。

　　秦始皇灭六国后，统治范围空前扩大，中国这一概念在地理版图和文化版图中的范围也随之扩大。汉、唐以后，中国逐渐演变成华夏各族所建立的统一国家的代名词。

　　早期中国与世界同时期其他文明相比较，具有以下"中国特色"。

1. 族本结构：三代社会组织的基本特征

　　早在史前时代，基本的社会组织单位便是血缘组织。夏商时期，建立在血缘基础上的"族"成为基本社会单元。夏王朝时期，"族"的组织在考古资料上已有反映，到商代，安阳殷墟发现的万余座墓葬所反映的墓葬制度，更是直接证明了商代"族"的社会组织形式，而这种以"族"为社会基本单位存在的信息，大量保留在甲骨文之中。"族"的关系成为国家的核心内部关系，西周的分封制，很大程度上也是基于血亲关系的一种以"族"为本的制度。直到春秋以后，特别是战国时期，"族本结构"淡出国家机器，但社会基层仍然以族为单元存在。而这种以宗族为基础的特征，影响后世中国社会数千年。

2. 礼制与秩序：祖先崇拜与社会等级

　　礼制形成于史前，形成于邦国阶段。

　　史前时期良渚古城文化以反山、瑶山祭坛墓地出土玉器的类型、功能、

[93] 严文明：《中国史前文化的统一性与多样性》，《文物》1987年第3期。

纹饰与用玉制度，揭示了中国文明早期阶段长江流域人类社会已经有了发达的礼制。

黄河流域的陶寺文化，也充分显示出礼制的发达。

礼制的定型与巩固则在夏商周时代。

夏商周时期的礼制有两个核心内容，即祖先崇拜和社会等级制度，二者一同服务于国家机器，是保证社会秩序最重要的方面。

虽然当前缺少夏王朝时期祖先崇拜方面的详细资料，至少在商代，祖先崇拜的发达已臻于后世所谓的"国之大事，在祀与戎"[94]的水平。甲骨卜辞保存下来的丰富祭祀记录、殷墟西北冈王陵区遗留的大批人祭坑，证明祖先在商人心目中有着崇高的地位。对于商王来说，先祖的亡灵仍然以某种形式（如通过占卜）参与着当朝的政事。对于百姓来说，他们同样要诸事问鬼神，而最直接的鬼神便是亡故的祖先。"祖先崇拜"实际也是商王用来稳定社会秩序的重要手段。

等级的强化是夏商周时期社会发展的另一成果。夏商周时期的聚落形态，早已超越史前时期的等级分类。不同时期埋葬制度所见墓葬规模与规格的区分，墓葬随葬品中的礼器使用，均表明夏商周早已是高度分层的社会。安阳殷墟、山东苏埠屯[95]等地发现的考古遗存，特别是不同等级的墓地，客观地记录了当时的等级制度。

商王朝礼制有两个核心内容：祖先崇拜和等级制度，两者一同服务于国家机器，是保证社会秩序的重要手段之一。

殷墟甲骨文中，占绝大多数的祭祀都是以祖先为对象展开的。最让人震撼的是大量使用人作为"牺牲"，甚至单次祭祀活动可以杀死数百人。

墓葬规模与规格的区分和随葬品中的礼器使用，表明商王朝已是高度分层的等级社会。商王朝晚期国王埋藏使用四条墓道的大墓，高级贵族使用两条或一条墓道的大墓，普通贵族使用大型长方形竖穴墓，普通平民使用中、小型长方形竖穴墓。死者的身份以随葬青铜觚、爵的多少，再配以鼎、簋等为标志。作为礼器的青铜容器越多，尤其是觚、爵套数越多，等级越高。

西周取代商王朝后，这种等级制度并没有改变，甚至更加严格并被社会广泛采纳。西安张家坡墓地[96]、三门峡虢国墓地、宝鸡强国墓地[97]，均可见按照死者社会身份使用随葬品的事实。

礼制与等级难以分开。居于社会上层者享受着社会的供奉，对于死去的祖先，人们往往通过墓葬的规模和随葬品的使用来"明尊贵"。生前享有更高地位者，死后享用的礼器规模更高。《春秋·公羊传》：桓公二年，何休注："礼祭，天子九鼎，诸侯七、卿大夫五、元士三也"。列鼎以三、五、七、九奇数配以二、四、六、八的簋。三门峡虢国墓地即有九鼎八簋的国君墓(2009)、七鼎六簋的太子墓(1052)、五鼎四簋(1706)的大夫墓，也有三鼎、二鼎和一鼎墓。

[94]《左传·成公十三年》。

[95] 殷之彝：《山东益都苏埠屯墓地和"亚醜"铜器》，《考古学报》1977年第2期。

[96] 中国社会科学院考古研究所：《张家坡西周墓地》，中国大百科全书出版社，1999年版。

[97] 卢连成、胡智生：《宝鸡强国墓地》，文物出版社，1988年版。

三代的礼制本身也略有变化，例如商代的确存在以觚、爵为随葬品核心的"重酒组合"习俗，而西周代商后，鼎、簋等食器则成为随葬品组合的核心。

古蜀国被称为"神的国度"，礼制特点似乎不同于商王朝。

古蜀国的祭祀对象既有祖先崇拜，更有以鸟和神树为代表的太阳崇拜。三星堆、金沙等遗址中不见青铜觚、爵、鼎等在中原地区普遍使用的礼器。就青铜礼器而言，古蜀国人更为重视尊、罍。此外，古蜀居民崇尚黄金制品，把各种金饰装饰在器物的表面，以显示高贵和尊崇，其金杖、金冠带都代表着权力。

3. 四方之极：城的兴建与城市中轴线布局

无论是黄河流域还是长江流域，城垣的出现都应追溯到史前阶段。夏商周时期，带有城垣的城市建设进入快速发展的阶段。城的数量大增，而且规模显著扩大。郑州商城、偃师商城、洹北商城都是面积超过数平方公里的大型都邑。至西周和东周时期，大大小小的诸侯国均筑有自己的城邑。其中大国都邑的规模早已超过了商代以前的城邑。

城的兴起改变了人口的分野、经济的分野，同时也是政治的分野。西方学者以"四方之极"[98]来描述早期中国。三代以后的中国历史，基本上是以城为中心演绎的历史。

城址发达的另一面，是城的布局。夏王朝时期，城内布局便出现"中轴线"概念。对于城市布局的"中轴线"思想在商代得以充分发挥，洹北商城即是一座处处体现"中轴线"思想的商代古城。

"中轴线"原则虽然在战国城市发展中偶然有所突破，但作为中国城市的一种基本布局思想，在后世城市建设中一直扮演着决定性角色。

4. 金属冶炼：青铜冶铸术的繁荣和冶铁术发明

夏商周时期最伟大的生产力成就，是青铜冶铸术和冶铁术的发明。

公元前21~前17世纪是中国青铜时代的初期阶段，这一阶段诸考古学文化（如二里头文化、齐家文化、四坝文化、夏家店下层文化、岳石文化）遗址中屡屡发现青铜制品，它们主要限于生产工具、兵器、装饰品，容器很少见。

公元前16~前10世纪，即商初至西周前期，是中国青铜时代的兴盛繁荣阶段。这一时期，不仅商和西周王朝疆土范围内大量发现青铜器，边远地区各方国遗址中也有成批铜器出土。河南郑州二里岗商都遗址、安阳殷墟遗址，湖北武汉盘龙城遗址[99]，河北藁城台西遗址[100]，四川广汉三星堆遗址、江西新干大洋洲商墓[101]，陕西周原遗址、丰镐遗址、城固遗址[102]等，都是大宗青铜器发现地。以酒器、食器相配的礼器组合成为铜器器类的主体，其形制大都静穆雄浑，具有高度的工艺水平。

商王朝时期，青铜器的使用较之先前有四大变化：一是容器大量增加；二是器形日趋复杂；三是花纹明显趋于繁缛；四是容器和乐器分阶段向礼器转化，其中容器以组合形式承载起更为丰富的"礼"的内涵。例如二里岗下

[98] Paul. Wheatley. The Pivot of the Four Quarters: A Preliminary Enquiry into the Origin and Character of the Ancient Chinese City . Edinburgh :Edinburgh University Press,1971.

[99] 湖北省博物馆：《盘龙城商代二里冈期的青铜器》，《文物》1976年第2期。

[100] 河北省博物馆文物管理处：《河北藁城台西村的商代遗址》，《考古》1973年第5期。

[101] 江西省文物考古研究所、江西省新干县博物馆：《江西新干大洋洲商墓发掘简报》，《文物》1991年第10期。

[102] 唐金裕、王寿芝、郭长江：《陕西省城固县出土殷商铜器整理简报》，《考古》1980年第3期。

层墓葬中，随葬铜容器的数量尚无限制，但到二里岗上层阶段，酒器开始成套使用，至殷墟时期，觚、爵数量配套成为定制。

西周王朝所终结的，是商代以觚、爵等酒器为中心的礼器体系，而代之以鼎与簋为核心的新体系。君王、诸侯、大夫、士、庶民各有其则。不过这种礼器体系在春秋时期随着王室衰微遭到破坏。从总体上看，西周以后的铜器失去了商代铜器的粗犷和瑰丽，尤其是到了春秋时期，大部分铜器造型规整而缺少生机，花纹精致而流于繁缛，但西周和春秋铜器的工艺水平有了很大提高，造型与装饰也走出神秘，进入了世俗生活。

公元前9～前5世纪，即西周中晚期至春秋，是中国青铜时代发展的顶峰，我们在楚、晋、齐、鲁、燕、秦、虢等国遗址中，都发现大批青铜器。

战国以后，青铜的制作仍然是社会生产中的一个重要方面，但随着铸铁的大量生产和铸铁柔化处理技术的广泛应用，铁器在各个领域尤其是生产领域大规模替代青铜器，中国进入早期铁器时代。

人工冶铁术所需要的技术准备高于冶铜术，所以尽管陨铁的使用早到商王朝时期，但真正的人工冶铁直到西周晚期才开始出现。春秋早期，铁的使用还限于少数人手中，但春秋晚期开始，铁器的应用随着铸铁生产技术的发明而普及。到战国时代，铁器应用已进入社会生产和生活的各个领域。

如果说青铜冶铸技术主要是应用于以"礼制"为核心的社会生活领域，则冶铁术的发明，则直接作用于社会生产，两者对社会的促进作用同样是巨大的。

5. 甲骨金文简牍：中国最早的成熟文字

两河流域在公元前3500年前后发明文字。埃及人至少在3000年前使用象形文字。中国文字的起源仍然是个谜，但夏商时期中国文字已经发展到成熟阶段。

史前时期考古资料已发现丰富刻划符号，二里头遗址目前没有发现直接的文字资料，但陶器上的刻划符号早已为世人熟知，山西陶寺遗址的陶文也早已被公认为文字。中商时期小双桥遗址出土的陶文[103]，与更晚一些的殷墟甲骨文结构一致，属同类文字。殷墟甲骨卜辞以及其他文字资料，为我们保存了数十万字的古文字资料。

甲骨文显然已经是一种比较成熟的文字，其造字法已"六书"并存，但主要有象形、会意、形声三种。卜辞的内容涉及天象（风、雨、雷、电）、旬夕（纪时、纪日）、祭祀、田猎、征伐、年成、王事以及日常生活，保存了大量的族名、人名、官名、祖先名以及某些重要事件，是研究商代政治、经济、文化、天文、气象等方面的珍贵资料。

西周以后的文字更多地见于青铜器中，其中戍嗣子鼎、毛公鼎、散氏盘等都属长篇铭文。但西周时期和更早的商代，人们的日常书写早已使用毛笔字，所以至少商周时期，简牍已是书写工具之一。

[103] 河南省文物考古研究所、郑州大学文博学院考古系等：《1995年郑州小双桥遗址的发掘》，《华夏考古》1996年第3期；马保春、袁广阔、宋国定：《郑州小双桥商代遗址陶符研究》，《文物》2012年第1期。

6. 分合之道：文化的"多元"与"一体"

地域王国的崛起，淡化了统一王国内诸文化的多元色彩，促进了文化的统一。然而它没有消灭不同地域固有的文化差别。考古学观察到，夏商（包括早商、中商和晚商）时期，仍然存在不同地区的考古学文化类型。这一现象证明：王国出现之后的文化趋同应该理解为"多元统一"或"多元一体"。西周时期，特别是春秋战国时期，多元文化甚至有所强化。秦始皇吞并六国，强行推行统一文字，统一车制，统一度、量、衡之后，多元的色彩才真正淡化。但绝对的文化统一在夏商周三代从来没有出现。

中原如此，周边地区同样如此。周边文化与中原文化交融的结果，是更大视野下的"多元一统"，而且在相当长的时间内，是脱离政治的纯粹文化意义上的"多元一体"。多元一体的文化结构保留到今天，成为中华民族"兼容并包"的健康基因，为保证中华民族文化丰富多彩作出了重要贡献，它使中华文明的文化凝聚力和文化认同感达到了新的高度，成为国家长久一统或分而不离的基石。

7. 吸收与馈赠：早期中国与周边世界

早期中国依托黄河、长江两大河流域独立发展起来，但无论是资源、人工制品、还是技术和观念，印度文明，西亚、中亚文明均对中国的形成作出过贡献。

印度洋的铅螺，早在邦国时期已经通过中国西南的红河河谷传入黄河流域。齐家文化遗址中便出土过只有印度洋才出产的铅螺。安阳殷墟遗址中大量以"刀＋斧"组合方式随葬的所谓"刀斧葬"墓，直接将中亚地区的青铜产品带到了中原。安阳殷墟出土的大量马车，便是西亚文明造车技术传播至黄河流域的证据。与马车一道传入中原的还有赶马车用的"弓形器"。公元前800年前后，中国还可能从西亚地区学习了人工冶铁术。

秦帝国建立以前，黄河长江两大河流域已经积累了诸多的文明成果。南方的水稻种植、北方的旱地粟作，对东、西亚地区有直接影响。根植于早期中国的技术发明，例如区别于原始人工冶铁术的生铁铸造技术，成熟之后最先传播到朝鲜半岛，大致在公元4世纪又反过来传入西亚。瓷器也是根植于早期中国的技术发明，唐宋以后，中国瓷器开始作为产品输入到欧洲和非洲，一度成为中国商品的标志。

LA NASCITA DELLA CINA

Chinese Academy of Social Sciences, Institute of Archaeology   *Tang Jigen*

Nel 1937 lo studioso americano Herrlee Glessner Greel pubblicò l'opera più importante della sua carriera, intitolata "The Birth of China: A Study of the Formative Period of Chinese Civilization" ("La nascita della Cina: uno studio sulla prima fase di formazione della civiltà cinese"). Il testo si presenta come un tentativo di raccontare al pubblico la nascita della Cina, attraverso i materiali archeologici raccolti negli scavi effettuati presso il sito di Yinxu, ad Anyang. Questi materiali non sono tuttavia sufficienti per presentare in maniera esaustiva l'aspetto che la Cina aveva durante il periodo iniziale della sua formazione.

Da allora sono trascorsi più di cinquant'anni e l'archeologia ha conosciuto un rapido sviluppo: i numerosi materiali emersi dagli scavi possono finalmente delineare il cammino di crescita della Cina, paese d'Oriente dalle antiche origini.

1. L'ERA PREISTORICA: DA 2 MILIONI DI ANNI FA AL 3.500 A.C.

Da un punto di vista topografico, la Cina è caratterizzata da alte catene montuose nella sua parte occidentale, mentre la parte orientale è prevalentemente pianeggiante; due lunghi fiumi, il Fiume Azzurro ed il Fiume Giallo l'attraversano completamente da ovest a est. Il bacino idrografico di questi due grandi fiumi, in aggiunta a fiumi più brevi come il Fiume Liao, il Fiume Huai e il Fiume delle Perle, vanno a costituire il principale sistema fluviale della Cina. In età preistorica, le prime culture che sono apparse sul territorio cinese si sono sviluppate nella piana alluvionale tra il Fiume Giallo e il Fiume Azzurro.

1.1 Il Paleolitico: prima del 10.000 a.C.

A partire dall'inizio del XX secolo, in Cina sono stati rinvenuti numerosi fossili umani e manufatti databili a un periodo antecedente i 20000 anni fa. I più antichi sono quelli dell'"Uomo di Wushan", risalenti a 2 milioni di anni fa. La maggior parte dei ritrovamenti sono distribuiti nei bacini del Fiume Azzurro e del Fiume Giallo e riguardano i periodi del primo, medio e tardo Paleolitico. L'identificazione di esemplari di *Homo erectus*, *Homo sapiens arcaico* e *Homo sapiens sapiens* testimoniano una continuità dell'evoluzione umana. Questi ominidi, come riscontrato anche in tutte le altre parti del mondo in cui sono stati scoperti esemplari simili, vivevano di raccolta di frutta selvatica e di caccia, abitavano in caverne e conducevano una vita di gruppo.

1.2 Le prime forme di società basate sull'agricoltura: dal 10.000 a.C. al 3.500 a.C.

All'incirca dal 10.000 all' 8.000 a.C., il modo di vivere dell'Homo Sapiens che abitava i bacini del Fiume Azzurro e del Fiume Giallo subì un'evoluzione: si passò dalla caccia e raccolta di frutta selvatica all'agricoltura stanziale. A seguito di questa trasformazione sociale, l'uomo iniziò a coltivare i campi in maniera estensiva e a produrre i primi manufatti in ceramica; abbandonò gradualmente la vita nelle caverne e si andò a stanziare in pianura.

I siti archeologici in cui sono state identificate testimonianze di questa importante trasformazione sono:

- nel bacino del Fiume Azzurro i siti di Xianrendong e Diaotonghuan (distretto di Wannian, provincia del Jiangxi), Yuchanyan, (distretto di Nandao, provincia dello Hunan) e Zengpiyan (Guilin, nella provincia del Guangxi);

- nel bacino del Fiume Giallo il sito di Lijiagou (Xinzheng, provincia dello Henan).

Nel bacino del fiume Giallo il passaggio all'agricoltura stanziale avvenne attorno all'8000 a.C.

La produzione agricola nel bacino del Fiume Giallo era diversa rispetto a quella del Fiume Azzurro. Mentre nel bacino del Fiume Azzurro si coltivava il riso, in quello del fiume Giallo si coltivavano principalmente due qualità di miglio: il *Panicum miliaceum* e la *Setaria Italica*, che sono coltivazioni caratteristiche dell'aridocoltura (*dry-farming*) tipica delle regioni settentrionali e che successivamente, con l'aggiunta del grano, diverranno le più comuni. Nel sito di Xinglonggou a Chifeng (Mongolia Interna), è stato scoperta la più antica testimonianza di *Panicum miliacenum*. Dopo il 6.000 a.C., il *Panicum miliacenum* e la *Setaria Italica* furono coltivati diffusamente nella Cina settentrionale. Per la lavorazione del miglio, si usavano macine in pietra, del tipo a rullo e del tipo detto "a sella" [così chiamato per la sua forma particolare].

Dopo il 4.000 a.C., sia nel bacino del Fiume Azzurro, dove la coltivazione principale era il riso, sia nel bacino del Fiume Giallo, dove invece la coltura a più alta diffusione era il miglio, apparvero sempre più insediamenti umani in forma di villaggi. Poiché nella composizione e nella dimensione questi villaggi non evidenziano differenze marcate, si può ritenere che in questa prima fase all'interno della Cina la situazione sociale era pressoché identica e non esisteva una stratificazione sociale evidente.

Intorno al 4.000 a.C., la cultura Yangshao, nel bacino del Fiume Giallo, conobbe uno sviluppo senza precedenti, accrebbe sempre di più la sua influenza sulle zone circostanti e visse un periodo di grande prosperità. Nel contempo, la struttura sociale dei villaggi iniziò a cambiare, differenziandosi. Verso il 3.500 a.C., la cultura di Yangshao, caratterizzata da una forte unità culturale, cominciò gradualmente a frammentarsi e scomparve progressivamente dal bacino del Fiume Giallo. Iniziarono ad emergere culture locali indipendenti e la società entrò in una fase di radicale riorganizzazione.

2. VERSO LE PRIME "ENTITÀ PROTO-STATALI" (*BANGGUO*): DAL 3.500 AL 2.000 A.C.

Dopo il 3500 a.C., le società emerse nei bacini del Fiume Azzurro e del Fiume Giallo entrarono in una fase di rapido sviluppo. Con l'aumentare della popolazione e della densità abitativa, cominciarono ad apparire evidenti le differenze tra i villaggi. Inizialmente, sul perimetro di sempre un maggior numero di villaggi o zone a densità abitativa vennero costruiti dei "fossati ad anello" (*huanqing*); successivamente, vennero invece edificate delle mura in terra battuta attorno a porzioni di villaggio. Sulla base delle evidenze archeologiche, sappiamo che la cultura Yangshao, che aveva prosperato per un lungo periodo nel bacino del Fiume Giallo, si avviò verso il declino attorno al 3.000 a.C.. Da questo momento, la società cinese entrò progressivamente nell'"Epoca della cultura Longshan" (*Longshan shidai*).

Secondo gli ultimi dati raccolti, sinora sono stati rinvenuti più di 50 insediamenti urbani risalenti al periodo preistorico. Questi siti sono distribuiti nel medio e basso corso del Fiume Giallo (Henan, Shandong e Mongolia Interna) e nel bacino del Fiume Azzurro (Hubei, Hunan, Sichuan e Zhejiang). Questi primi insediamenti sono poco numerosi, di piccola dimensione, la maggior parte ha qualità fortilizia e la struttura conserva ancora i "fossati ad anello". I primi esempi circondati da cinta murarie in terra battuta sono: l'antica città di Xishan (*Xishan gucheng*), a Zhengzhou, sul medio corso del Fiume Giallo, edificata all'incirca nel 3300 a.C. e abitata fino al 2800 a.C.; e la città di Xikangliu (*Xikang liucheng*), nello Shandong, eretta intorno al 3.000 a.C. lungo il basso corso del Fiume Giallo, e centro della cultura Dawenkou.

Dal 3.000 a.C., insediamenti di questo tipo [con mura in terra battuta] divennero sempre più numerosi, e, con l'inizio dell'Epoca della cultura Longshan, se ne svilupparono in gran quantità in diversi punti della Cina.

"Epoca della cultura Longshan" (*Longshan shidai*) è la definizione che gli studiosi cinesi attribuiscono a quella fase storica che va dal 2.600 al 2.000 a.C., caratterizzata dallo sviluppo delle prime culture locali nel bacino del Fiume Giallo. Finora in quest'area sono stati scoperti più di venti siti di antiche città risalenti a questo periodo dotate di fortificazioni in terra battuta. Nella regione dello Shandong sono state riportate alla luce 17 città con mura in terra battuta, appartenenti alla cultura Longshan, mentre in Mongolia Interna sono stati rinvenuti circa 18 siti caratterizzati da fortificazioni in pietra. L'attenzione degli archeologi si è però focalizzata soprattutto sui siti localizzati lungo il medio corso del Fiume Giallo, quali le antiche città di Pingliangtai, Hougang e Guchengzhai, tutte situate nell'odierna regione dello Henan, e sull'antica città di Taosi nello Shanxi.

Lungo l'alto corso del Fiume Azzurro nella Piana di Chengdu sono venuti alla luce i resti di 5 antiche città appartenenti alla cultura Baodun: si tratta dei siti di Baodun (Xinjin), Mangcheng (Dujiangyan), Yufucheng (Wenjiang), Gicheng (Pixian) e Shuanghe (Chongzhou); lungo il medio corso del Fiume Azzurro nella regione dello Hubei sono invece riemersi i siti di Shijiahe (Tianmen), Majiayuan (Jingmen), Yinxiangcheng (Jiangling) Zoumaling (Shishou), Jimingcheng (Gong'an), Menbanwancheng e Taojiahucheng (Yingcheng) e Longzuicheng (Tianmen); lungo il basso corso del Fiume Azzurro è stato infine rinvenuto il sito dell'antica città di Liangzhu.

Il cosiddetto "Periodo dei *bangguo"* [prime entità proto-statali del periodo preistorico] (*bangguo shiji*) costituisce una fase fondamentale per lo sviluppo della società cinese. La maggior parte di questi "proto-stati" (*bangguo*) che si svilupparono nel periodo preistorico, si estendevano in territori relativamente indipendenti e gravitavano attorno a una "città" (*cheng*) principale, circondata da una cinta muraria. Gli edifici di queste "città", nel bacino del Fiume Giallo, venivano costruiti servendosi del *loess* [un tipo di roccia sedimentaria tipica dell'area], mentre nel bacino del Fiume Azzurro era diffuso l'uso della terra locale.

Questi "proto-stati" (*bangguo*) differivano molto rispetto alla concezione moderna di "Stato-nazione" (*guojia*). Erano delle "entità politiche" (*zhengguoti*) che potevano contare su delle unità geografiche relativamente indipendenti e dai confini ben definiti, gravitanti attorno a centri urbani circondati da mura, che ne rappresentavo i centri propulsivi. Queste "entità statali" avevano due caratteristiche principali: il territorio che controllavano aveva un'estensione alquanto ridotta e il potere che vi esercitavano era piuttosto debole.

Nell'ultima fase dell'Epoca della cultura Longshan, sul territorio cinese erano già presenti molte di queste "entità statali" (*bangguo*), per cui alcuni studiosi cinesi chiamano questo periodo "Epoca dei diecimila stati" (*Wanguo shidai*). Con l'aumentare del numero di questi *bangguo*, gli scambi e i conflitti divennero inevitabili. A partire dal 2.300 a.C., alcune di queste "entità statali" iniziarono a espandersi rispetto a quello che era il loro territorio originario, e dunque ed estendere il loro domino e conquistare altri *bangguo*, andando così a infrangere l'equilibrio che si era tra essi instaurato. Comparvero città di dimensione maggiori e i *bangguo* più grandi iniziarono a emergere rispetto agli altri. La civiltà preistorica si trovò di nuovo alla vigilia di un importante cambiamento.

3. L'ASCESA DEI "REGNI REGIONALI" (*WANGGUO*): DAL 2.000 AL 221 A.C.

Verso il 2.000 a.C., si verificarono nuovamente dei profondi cambiamenti nel quadro degli insediamenti nella Pianura Centrale.

Le antiche città di Wangchenggang e di Xinzhai, situate nel medio corso del Fiume Giallo, canalizzarono e assorbirono le istanze e i venti di cambiamento che soffiavano da tempo, andando a modificare quello che era la composizione degli insediamenti nel bacino. Tra le numerose entità statali che si erano andate a costituire durante l'ultima fase dell'Epoca della cultura Longshan, emerse tra tutte quella della dinastia Xia, che divenne l'egemone tra i *bangguo* presenti nel bacino del Fiume Giallo, impossessandosi gradualmente di tutti i territori della Pianura Centrale, e imponendo il proprio dominio politico. Questa serie di eventi rappresentò l'atto di nascita del primo "Regno regionale" (*dichengxing wangguo*) della Cina ---il regno della dinastia Xia.

L'emergere della dinastia Xia rappresenta una pietra miliare nel processo di formazione della civiltà cinese e simboleggia l'ingresso della Cina nell'"Epoca dei Regni" (*Wangguo shidai*). La differenza tra *Bangguo* (proto-stato) e *Wangguo* (Regno) consiste nella diversa estensione dell'area controllata e nella maggiore complessità della struttura sociale: nel caso del *Wangguo* si tratta infatti di una forma di organizzazione statale in cui la strutturazione sociale è di gran lunga più evoluta.

La dinastia Shang, che subentrò alla dinastia Xia, ne ereditò il dominio territoriale e la forma di organizzazione statale. Il *Wangguo* (Regno), che rappresenta l'evoluzione della precedente forma di organizzazione statale, venne ulteriormente consolidato. Si andò a costituire un civiltà del tutto nuova, sia dal punto di vista materiale che spirituale, la quale raggiunse il suo culmine proprio durante questa fase.

L'insieme dei siti archeologici più rappresentativi della fase finale della dinastia Xia vengono raggruppati sotto il nome di "Cultura Erlitou" (*Erlitou wenhua*). Il sito archeologico di Erlitou è il più importante tra questi siti e dunque il più significativo della cultura omonima.

Esso si trova a Zhazhenxiang, non lontano da Yanshi, nello Henan, e occupa una superficie di 3 milioni di metri quadrati. La datazione effettuata con il metodo del 14C ha determinato che questo sito risale a un periodo compreso tra 1.800 al 1.550 a.C., che coincide con il la fase finale della dinastia Xia.

Il sito di Erlitou rappresenta solo il centro del territorio in cui si sviluppa la cultura omonima. La cultura di Erlitou ha infatti un'ampia distribuzione geografica che copre tutta la zona del medio e basso corso del Fiume Giallo, il che riflette una delle caratteristiche tipiche dei "Regni regionali".

Verso il XVI secolo a.C., la dinastia Xia venne abbattuta e fu sostituita dalla dinastia Shang.

L'esistenza della dinastia Shang, così come quella della dinastia Xia, è attestata in alcune fonti storiche quali lo "Shangshu" ("Documenti antichi") e lo "Shiji" ("Memorie di uno storico"), anche se in questi documenti le due dinastie vengono descritte in modo molto sommario.

I ritrovamenti archeologici hanno provato l'esistenza della dinastia Shang.

Gli archeologi hanno riportato alla luce l'antica capitale del regno, la quale testimonia l'esistenza di una struttura sociale complessa e articolata. I reperti rinvenuti dimostrano che la dinastia Shang sostituì quella Xia, almeno per quel che riguarda l'ambito culturale. Questo significa che la dinastia Shang costituì il secondo "Regno" della storia cinese.

Shangcheng, a Zhengzhou, è considerata la prima capitale della dinastia Shang. Il sito si trova nell'area vicina alla città di Zhengzhou, nello Henan. Il nucleo principale è costituito da una città costruita in terra battuta. La superficie totale del sito raggiunge i 3 milioni di metri quadrati. Gli studiosi ritengono che si tratti di "Bo", la prima capitale della dinastia Shang.

Il sito di Yinxu, ad Anyang, rappresenta invece l'ultima capitale della dinastia Shang. Da questo luogo i re Shang governarono il Paese per più di 250 anni. E' dal 1928 che gli archeologi continuano a condurre campagne di scavo in questo sito. In questo sito sono venuti alla luce un gran numero di nuclei abitativi, di laboratori artigianali e di necropoli, queste ultime divise in base al lignaggio (zu). Inoltre, è stata identificata una zona in cui si trovavano il palazzo reale e i templi dedicati al culto degli antenati e un'altra dedicata alle tombe "reali" (Figure 1, 2).

Dopo la morte, gli Shang venivano generalmente seppelliti nelle "tombe di lignaggio" (*zu mudi*), ovvero nelle tombe di coloro che appartenevano al loro stesso lignaggio (*zu*). Queste tombe vengono anche chiamate "tombe dei clan" (*shizu mudi*), essendo il sistema di lignaggio strettamente legato a quello dei clan. Questo sistema, oltre a determinare la composizione e disposizione delle tombe, regolava anche l'articolazione dell'apparato statale della dinastia Shang. *[L'apparato dello Stato Shang, nella sua articolazione interna, era infatti indiscindibile dalla gerarchia di rapporti di parentela nell'ambito del clan dominante (quello reale). Il re era difatti al tempo stesso capo del suo clan e, all'interno di questo, del suo lignaggio.]*

La tomba della regina Fu Hao è una tomba nobiliare scoperta a Yinxu. Ancora inviolata al momento del ritrovamento, apparteneva alla consorte del re Wuding della dinastia Shang. Di forma rettangolare, ha una lunghezza di 5,6 metri e una larghezza di 4 metri, con un ampiezza totale di 22,4 mq, e scavata a una profondità di 7,5 metri.

Di pari passo con l'entrata nella fase dei "Regni regionali" nel bacino del Fiume Giallo, nel bacino del Fiume Azzurro si avvia un processo sociale molto simile, come testimoniato dall'emergere dell'antico regno di Shu, che si sviluppa nel bacino del Sichuan, lungo l'alto corso del Fiume Azzurro, e della cultura di Wucheng, nel bacino del Fiume Gan, lungo il medio corso del Fiume Azzurro

A partire dal XIII secolo a.C., l'antica città di Sanxingdui si avviò a una fase di declino. Il centro più importante del regno divenne dunque il sito di Jinsha, situato entro il perimetro urbano di Chengdu, ed esattamente nella zona nord-occidentale della città. Il sito ha una superficie totale di circa 6 kmq, e abbraccia un periodo che va dal XIII al VII secolo a.C.. La città raggiunse il suo massimo splendore tra il XII e il IX secolo a.C.. Al suo interno è stata scoperta un'area sacrificale di grande estensione.

L'antico regno di Shu si sviluppò contemporaneamente all'emergere delle dinastie Xia, Shang e Zhou della Pianura Centrale. Il periodo di coesistenza con la dinastia Shang durò per oltre 550 anni, dal XVI secolo a.C. fino al 1.046 a.C..

A metà dell'XI secolo a.C., la dinastia dei Zhou, originatasi dalla piana centrale dell'attuale regione dello Shaanxi, si spinse verso le regioni orientali, e con l'aiuto di truppe alleate, riuscì a sconfiggere la dinastia degli Shang. Si entrò quindi in una nuova fase della storia cinese, quella della dinastia dei Zhou.

La dinastia dei Zhou si suddivide in due periodi: dinastia dei Zhou Occidentali e dei Zhou Orientali. La dinastia dei Zhou Occidentali inizia nel 1.046 a.C. e si conclude nel 771 a.C., quando il re Ping trasferisce la capitale a Luoyang. La dinastia dei Zhou Orientali comprende invece il lasso di tempo che va dal 771 a.C., anno in cui si verifica l'evento appena menzionato, e il 221 a.C., anno in cui la Cina viene riunificata dal Primo Imperatore della dinastia dei Qin (*Qin Shihuang*).

Le città e le tombe dei signori feudali della dinastia dei Zhou Occidentali erano distribuite in varie zone del bacino del Fiume Giallo e del Fiume Azzurro, a seconda della collocazione dei territori che ciascuno di loro governava. I principali siti di questo tipo sono;

il sito di Liulihe dello stato di Yan, a Fangshan (Beijing);

le tombe del marchese Yi e il sito di Qucun, rispettivamente a Tianma, nella parte occidentale del distretto di Yicheng, e nel nord-ovest del distretto Quwo nello Shanxi;

la necropoli dello stato di Guo a Shanculing, nella città di Sanmenxia, nella regione dello Henan;

le tombe dello Stato di Wei, a Xincun, sulla sponda settentrionale del Fiume Qi, nell'area sotto la giurisdizione della città di Hebi nello Henan;

le tombe dello stato di Song a Taiqinggongzhen, nello distretto di Luyi, nello Henan;

le tombe dello Stato di Ying a Pingdingshan, nello Henan;,

le tombe dello Stato di Xing a Gejiazhuang,nel distretto urbano di Xingtai, nello Hebei; ,

le tombe dello Stato di "Peng" situate a Hengshuizhen, nella zona occidentale di Jiangxian, nella città-prefettura di Yuncheng, nello Shanxi;

le tombe dello stato di Ge a Gaojiapucun, del distretto di Jingyang, nello Shaanxi;

le tombe dello Stato di Feng a Jiyang, nello Shandong.

Il periodo dei Zhou Orientali è anche denominato periodo delle Primavere e Autunni e degli Stati Combattenti. Nei bacini del Fiume Giallo e del Fiume Azzurro emersero una miriadi di regni feudali e la supremazia esercitata dalla corte reale andò sempre più diminuendo. I re Zhou persero man mano la loro autorità, finché il loro potere risultò avere un valore solo nominale. Gli Stati di Qi, Lu, Jin, Zheng, Song, Chu e Qin si rafforzarono, arrivando inevitabilmente a scontrarsi attraverso conflitti armati, e determinando di conseguenza la scomparsa degli stati più piccoli.

I siti e i reperti risalenti alla dinastia dei Zhou Orientali differiscono in base allo Stato cui appartengono, e sono tra loro molto diversi, andando così a testimoniare gli accesi conflitti che imperversavano tra questi Stati. I resti delle città e le tombe costituiscono i principali materiali archeologici della dinastia.

Le strutture delle capitali variano a seconda del regno di appartenenza. In alcuni stati non esiste un'unica capitale di grandi dimensione, ma più aggregati urbani di minore estensione che si articolano in maniera unitaria. In altri stati, invece, la capitale è circondata da mura esterne e interne. In altri ancora, presenta una struttura con due conglomerati urbani affiancati, una a sinistra e l'altra a destra. Esistono poi anche aree urbane che riproducono la forma del carattere "品(pǐn)", [divise dunque in tre parti di forma quadrangolare e dimensione simile, disposte in forma piramidale, due affiancate alla base e una nella parte superiore che va costituire il vertice di questa pseudo struttura a triangolo.]

4. L'UNIFICAZIONE DELL'IMPERO (221 A.C.)

A seguito delle lunghe lotte tra stati feudali che caratterizzò il periodo delle Primavere e Autunni, alla fine del periodo degli Stati Combattenti in territorio cinese erano rimasti soli 7 Stati principali (Qi, Chu, Yan, Han, Zhao, Wei e Qin), chiamati i "Sette Stati del periodo degli Stati Combattenti".

Nel 230 a.C., lo Stato di Qin, situato nella zona di Guanzhong [piana centrale dello Shaanxi], sul medio corso del Fiume Giallo, nella parte occidentale della Cina, iniziò quel cammino che l'avrebbe poi portato a unificare la Cina. Nel 221 a.C., il re Ying Zheng riuscì a completare la conquista degli altri sei Stati (Han, Wei, Zhao, Yan, Chu e Qi), realizzando l'unificazione dei bacini del Fiume Giallo e del Fiume Azzurro, un evento assolutamente senza precedenti.

5. COME SI È ARRIVATI ALLA FORMAZIONE DELLA CINA?

Di seguito, un quadro riassuntivo di quali siano state le fasi iniziali dello sviluppo della civiltà cinese.

Prima del 10.000 a C., nei bacini del Fiume Giallo e del Fiume Azzurro si attestò la prima presenza dell'uomo (Paleolitico).

Verso il 10.000 a.C., avvenne il passaggio dalla caccia e raccolta di frutta selvatica all'agricoltura stanziale, e nelle pianure comparvero i primi gruppi di insediamenti umani.

Dal 10.000 al 3.500 a.C., gli insediamenti erano di piccola dimensione, la gente viveva in società paritarie (non ancora gerarchizzate), e l'incremento demografico era costante.

Dal 3.500 a.C., la società iniziò a stratificarsi; si costituirono unità geografiche relativamente indipendenti, in cui più villaggi si consorziavano e iniziavano a munirsi di cinte murarie in terra battuta; da queste unità si svilupparono in seguito entità politiche proto-statali, denominate *"bangguo"*, caratterizzate da una strutturazione sociale complessa e in grado di esercitare il loro domino su una sfera geografica relativamente ridotta. Dopo il 3.000 a.C., questi *bangguo* si diffusero in maniera estensiva nei bacini del Fiume Giallo e del Fiume Azzurro.

Verso il 2.000 a.C. la Cina entrò nella cosiddetta "Epoca dei Regni" (*Wangguo shidai*), che iniziò con le dinastie Xia e Shang e terminò nel 221 a.C., anno della fondazione del Primo Impero della storia cinese, per una durata complessiva di circa 2.000 anni. Nella Pianura Centrale si susseguirono Tre importanti Dinastie (*Sandai*) [dinastie Xia, Shang e Zhou], che furono le maggiori protagoniste della splendida età del Bronzo cinese. I reperti archeologici risalenti a quest'epoca ci restituiscono i resti di una cultura formidabile, di città enormi, di una quantità infinita di bronzi, nonché delle prime forme di scrittura, arcaiche, astruse e di difficile interpretazione.

Il termine "*Zhongguo* (Cina)" compare per la prima volta in un'iscrizione incisa su un contenitore rituale in bronzo di tipo *zun*, chiamato "*Hezun*", risalente ai primi anni della dinastia dei Zhou Occidentali (databile a circa 3.000 anni fa). Il contenitore è stato rinvenuto nel 1963 a Baoji, nello Shaanxi, e sul corpo reca incisi 122 caratteri; l'iscrizione ricorda l'atto di fondazione da parte del re Cheng di Luoyi [nei pressi dell'odierna Luoyang], la nuova capitale orientale, all'inizio della dinastia Zhou. Nell'iscrizione si legge: "Ho conquistato la Cina ("*Zhongguo*"/"Paese posto al centro")..." [È questa la prima attestazione del termine "*Zhongguo*", utilizzato di lì in poi dai cinesi per indicare la "Cina"].

Rispetto alle altre civiltà ad essa coeve, la Cina arcaica presenta le seguenti caratteristiche distintive ("caratteristiche cinesi"/ *Zhongguo tese*):

5.1 Il sistema del "lignaggio" (*zu*): la caratteristica fondamentale delle struttura sociale all'epoca delle Tre Dinastie

In epoca preistorica, erano i legami di sangue a determinare il modo in cui la società era strutturata. Durante le dinastie Xia e Shang, l'unità sociale fondamentale era rappresentata dallo "*zu*" (lignaggio), che veniva stabilito in base alla consanguineità. In seguito, questo tipo di organizzazione basata sulla suddivisione [e gerarchizzazione] in clan [a seconda del lignaggio di appartenenza] influenzerà la società cinese per migliaia di anni.

5.2 Il sistema rituale e l'ordine sociale: il culto degli antenati e la divisione in classi

Il sistema rituale prese forma a partire dall'epoca preistorica, ed esattamente nella fase dei *wangguo*.

La sua standardizzazione e il suo consolidamento risalgono all'epoca delle dinastie Xia, Shang e Zhou.

Il sistema rituale del tempo si basa su due concetti fondamentali: il culto degli antenati e la divisione in classi. Questi due fattori servivano al funzionamento della macchina statale, ed erano la migliore garanzia al mantenimento dell'ordine sociale.

Il sistema rituale durante le Tre Dinastie subì dei cambiamenti. Per esempio, mentre in epoca Shang i calici tripodali *jue* e le coppe *gu* rappresentavano gli oggetti più importanti del corredo funebre, perché legati al consumo di bevande alcoliche durante i rituali, [pratica consuetudinaria durante questa dinastia], al tempo dei Zhou Occidentali, invece, sono i recipienti per gli alimenti come i *ding* e i *gui* a rappresentare il fulcro del corredo funerario.

L'antico regno di Shu è anche soprannominato "Regno dalle molte divinità" (*shen de guodu*). Il suo sistema rituale è infatti diverso da quello della dinastia Shang.

Nell'antico regno di Shu si praticavano sia il culto degli antenati che il culto del sole, rappresentato da uccelli e alberi sacri. Nei siti di Sanxingdui e di Jinsha non sono emersi oggetti rituali come coppe *gu*, calici tripodali *jue* e recipienti del tipo *ding*, usati nella Pianura Centrale; si privilegiavano invece contenitori per bevande alcoliche del tipo *zun* e del tipo *lei*. Erano inoltre molto apprezzati i manufatti in oro: i vari tipi di ornamenti in oro erano finemente decorati e segnalavano l'appartenenza a un alto rango sociale e la venerazione del dio sole. Le verghe e le corone d'oro rappresentavano i simboli del potere.

5.3 Una delle quattro civiltà più antiche del mondo: l'ascesa delle città e la loro struttura ad asse centrale

Sia nel bacino del Fiume Giallo che in quello del Fiume Azzurro, si fa risalire alla fase preistorica la comparsa di città cinte da mura. Nel periodo delle dinastie Xia, Shang e Zhou, la costruzione di questa tipologia di città entrò in una fase di rapido sviluppo. Il numero degli insediamenti urbani crebbe enormemente e aumentarono le loro dimensioni. In epoca Shang, le città di Zhengzhou, Yanshi e Huanbei erano tutte dei grandi centri urbani che si estendevano per vari chilometri quadrati. Durante l'epoca Zhou ciascuno Stato edificò la propria capitale e quelle degli Stati più grandi superavano in estensione le città di epoca Shang.

L'ascesa delle città cambiò la distribuzione demografica della popolazione, l'assetto economico e quello politico. Gli studiosi occidentali descrivono la Cina arcaica come "una delle quattro civiltà più antiche del mondo" (*sifang zhi yi [lett. uno dei quattro vertici nella quadrangolazione delle civiltà umane più antiche del mondo—Egitto, Mesopotamia, Persia e Cina]*). Dopo le Tre Dinastie, la storia della Cina è fondamentalmente basata sull'evoluzione delle città.

Lo sviluppo delle città si esprime anche attraverso quella che è la loro struttura. Nel periodo Xia, diviene fondamentale la nozione di "asse centrale" (*zhong zhouxian*), per cui la città viene a svilupparsi omogeneamente attorno a questo asse. Tale nozione venne poi ripresa e sviluppata appieno in epoca Shang. Huanbei (epoca Shang) è un tipico esempio di città costruita attorno a un "asse centrale".

Anche se nel periodo degli Stati Combattenti venne talvolta superato, questo principio continuò sempre a svolgere un ruolo fondamentale nella concezione urbanistica delle città cinesi.

5.4 La fusione dei metalli: lo sviluppo delle tecniche della fusione in bronzo e la scoperta della tecnica di fusione del ferro

Durante le Tre Dinastie, i risultati più importanti in campo tecnologico si ebbero con la scoperta delle tecniche di fusione del bronzo e del ferro.

In Cina, il periodo che va dal XXI al XVII secolo a.C. rappresenta la fase iniziale dell'età del Bronzo. Nei siti archeologici delle culture locali risalenti a questo periodo (e.g. cultura Erlitou, cultura Qijia, cultura Siba, cultura Xiajiadian Livello Inferiore, cultura Yueshi) sono stati portati alla luce moltissimi manufatti in bronzo, per lo più attrezzi da lavoro, armi e ornamenti; sono pochi invece i recipienti rinvenuti.

L'arco di tempo che va dal XVI al X secolo a.C., ossia dalla fondazione della dinastia Shang alla fase iniziale della dinastia dei Zhou Occidentali, corrisponde a una fase dell'età del Bronzo di grande splendore. Nelle campagne di scavo sono infatti emersi moltissimi bronzi appartenenti a questo periodo, e non solo nei territori delle dinastie Shang e dei Zhou Occidentali, ma anche in aree periferiche.

Infine, il periodo che va dal IX al V secolo a.C., ossia dalla fase media della dinastia dei Zhou occidentali al periodo delle Primavere e Autunni, rappresenta il culmine dell'età del Bronzo. Infatti, nei siti degli Stati di Chu, Jin, Qi, Lu, Yan, Qin e Hu è stata rinvenuta una quantità di bronzi davvero cospicua.

5.5 Iscrizioni su ossa oracolari, iscrizioni sui bronzi e testi riportati su listarelle di bambù: le prime forme di scrittura cinese caratterizzate dall'utilizzo di caratteri dalla forma già matura.

Verso il 3.500 a.C. nei bacini del Fiume Giallo e del Fiume Azzurro furono inventati i primi caratteri cinesi. Gli antichi egizi utilizzavano una forma di scrittura pittografica (i geroglifici) già dal 3000 a.C.. L'origine della scrittura cinese è ancora un mistero; infatti, le indubbie attestazioni che ne abbiamo, risalenti alle dinastie Xia e Shang, già denotano il raggiungimento di una fase matura del suo sviluppo.

Sui reperti di epoca preistorica sono stati scoperti una gran quantità di simboli [che possono far pensare alle vestigia di una primitiva forma di scrittura]. Nel sito di Erlitou non è stato rintracciato del materiale che possa essere propriamente ricollegato alla scrittura, ma su alcune ceramiche sono stati individuati i primi di questi simboli. Le iscrizioni su terracotta emersi dal sito di Taosi, nello Shanxi, sono invece generalmente riconosciuti come una forma primitiva di scrittura. Anche nel sito di Xiaoshuangqiao, risalente alla fase centrale della dinastia Shang, sono state rinvenute delle iscrizioni incise su ceramiche, che hanno la stessa struttura dei caratteri rinvenuti sulle ossa oracolari nel sito di Yinxu, risalente a un'epoca più tarda. Le iscrizioni su ossa oracolari portate alla luce nel sito di Yinxu, insieme con altri materiali simili, contengono decine di migliaia di antichi caratteri scritti nella loro forma più antica.

La forma di scrittura presente sulle ossa oracolari è una forma di scrittura già piuttosto matura. I metodi di formazione di questi caratteri già concorrono a quelli illustrati nei "Sei principi di scrittura" (*liushu*) [riportati nell'opera *Shuowen jiezi* composta da Xu Shen in epoca Han]; di questi sei principi, però, ne troviamo maggiormente rappresentati solo tre, ovvero i pittogrammi (*xiangxing*), i caratteri complessi (*huiyi*) e i composti fonetici (*xingsheng*). Le iscrizioni oracolari rinvenute nel sito di Yinxu descrivono le modalità in cui veniva scandito il tempo in epoca Shang attraverso la divisione del calendario in "tronchi celesti" [dieci caratteri utilizzati per indicare i giorni raggruppati in cicli di dieci (*xun*)], nonché fenomeni atmosferici eccezionali, sacrifici, battute di caccia, campagne militari, raccolte, affari di corte e vita quotidiana, e contengono un gran numero di etonimi, di nomi propri, di nomi di funzionari e nomi di antenati, oltre a fare menzione di alcuni importanti eventi. Si tratta di preziosi documenti che ci forniscono molte informazioni su diversi aspetti della civiltà di epoca Shang, quali la politica, l'economia, la cultura, l'astronomia e la previsione di eventi atmosferici.

Dopo la dinastia dei Zhou Occidentali, i caratteri vengono ritrovati, in numero sempre maggiore, incisi sui bronzi. Iscrizioni molto lunghe sono per esempio sul "Shusiziding", sul "Maogongding" (Tripode del Duca Mao), e sul "Sanshipan" (Piatto della Famiglia Pan). Comunque sia, già dalla dinastia dei Zhou Occidentali e forse anche prima, a partire dell'epoca Shang, il pennello veniva già normalmente adoperato come strumento di scrittura. Di conseguenza anche le listarelle di bambù venivano utilizzate come supporto alla scrittura già a partire da questa fase, e non solo in un momento successivo al periodo degli Stati Combattenti.

5.6 Un sistema fondato sull'unione eterogenea delle diversità

L'ascesa dei *wangguo* attenuò l'esplodere delle differenze tra le varie culture locali che si erano precedentemente costituite e diede impulso a un processo di omogeneizzazione della cultura. Tuttavia non eliminò le differenze culturali intrinseche alle regioni stesse. Secondo quanto osservato dagli archeologi, durante le dinastie Xia e Shang esistevano ancora tipologie culturali diverse da zona a zona.

Il risultato dell'integrazione della cultura diffusasi nella Pianura Centrale con le culture circostanti può essere vista come "un'unione eterogenea" [in cui più istanze si fondono in una] (*duoyuan yitong*), che non riguarda strettamente l'ambito politico, ma riveste un significato puramente culturale. Questo tipo di impostazione in Cina è valido ancora oggi, e ha rappresentato quel gene sano che le ha sempre permesso di conglobare e integrare insieme popolazioni differenti. Ha così garantito alla cultura cinese una grande varietà e diversificazione interna, ne ha rinsaldato la coesione e ha fatto nascere un sentimento di identificazione e appartenenza culturale di grande forza. Questo sistema è divenuto così il fondamento per garantire al Paese un'unità di lungo corso e una coesistenza priva di conflitti, in cui c'è "separazione senza divisione".

5.7 La Cina arcaica e il mondo circostante

La Cina arcaica si sviluppò in maniera indipendente nei bacini del Fiume Giallo e del Fiume Azzurro. Tuttavia, per quel che riguarda le risorse naturali, i prodotti artigianali, nonché le conoscenze tecniche e teorico-concettuali, fu influenzata dalle civiltà dell'India e dell'Asia centro-occidentale.

La *Turbinella pyrum* dell'Oceano Indiano [conchiglia sacra per eccellenza della religione induista] già al tempo dei *bangguo* si diffuse nel bacino del Fiume Giallo passando attraverso il corso del Fiume Rosso nel sud-ovest della Cina. Nel sito archeologico della cultura Qijia sono stati rinvenuti esempi di questa conchiglia che si trova soltanto nell'Oceano Indiano. La "Tomba dei coltelli e delle asce" (*Dao fu zang*) nel sito di Yinxu, ad Anyang, così chiamata per la grande quantità di coltelli e di asce rinvenuti nel corredo funerario, ci mostra che i bronzi ritrovati arrivavano nella Pianura Centrale direttamente dall'Asia centrale. Il gran numero di carri trainati da cavalli emersi nel sito di Yinxu testimonia come la tecnica di fabbricazione dei carri sia stata trasmessa al bacino del Fiume Giallo dalle civiltà dell'Asia occidentale. Stessa cosa avvenne anche per il *gongxingqi*, [uno strumento (*qi*) in bronzo a forma di arco (*gongxing*)] utilizzato da coloro che guidavano questi carri. È infine intorno all'800 a.C. che la Cina potrebbe aver appreso la tecnica di fusione del ferro dalle zone dell'Asia occidentale.

沉睡数千年　一醒惊天下

——三星堆遗址的发现、发掘与研究

四川省文物考古研究院　雷雨

图一　广汉农民燕道成全家
Figura 1. Foto della famiglia di Yan Daocheng, il contadino di Guanghan che rinvenne il sito di Sanxingdui

一　发现、发掘经过

1929年春，广汉农民燕道成、燕青保父子（图一）在四川广汉月亮湾车水挖沟时发现一坑，坑内有400余件精美的玉石器，一时间，"广汉玉器"声名鹊起。燕家父子未曾想到，他们已无意中碰醒了沉睡数千年的三星堆文明，从而拉开了持续逾80年的三星堆考古的序幕（图二）。

三星堆遗址发掘时间之长，出土遗物之丰富，在中国，除了河南安阳的商都遗址"殷墟"外，恐怕没有哪个古代遗址可以与之相比了。80余年间，三星堆考古可大致划分为三个重要阶段。

1. 20世纪30~40年代

1934年，华西协和大学博物馆馆长葛维汉和副馆长林名均（图三）等人，在1929年玉石器坑出土地点附近，进行了三星堆历史上的首次考古发掘，发掘面积100余平方米，出土、采集了600余件玉石器和陶器。1936年，葛维汉在《华西边疆研究学会会志》第6卷上发表《汉州发掘最初报告》（*A Preliminary Report of the Hanchow Excavation*）；1942年，林名均在《说

图三　华西协和大学博物馆馆长葛维汉(右一)、副馆长林名均(左一)
Figura 3. Foto del team di archeologi che partecipò alle prime campagne di scavo. Il primo a destra è Ge Weihan e il primo a sinistra è Li Mingjun, rispettivamente direttore e vicedirettore del West China Union University Museum

图二　三星堆遗址地貌
Figura 2. Veduta aerea del sito archeologico di Sanxingdui

图四　三星堆遗址外貌
Figura 4. Veduta esterna del
sito archeologico di Sanxingdui

文月刊》第3卷7期上发表《广汉古代遗物之发现及其发掘》，对三星堆玉石器坑及其附近遗存的出土情形、地层、时代、性质做了初步的探；1946年，英国剑桥大学教授郑德坤在《华西大学博物馆专刊》发表《广汉文化》一文，使"广汉文化"见诸于世。

2．20世纪50～60年代

四川省文物管理委员会、四川省博物馆、四川大学等文博单位在三星堆遗址进行多次调查并进行了小规模的试掘，发现月亮湾地点和三星堆地点都有古文化遗存，出土、采集到一批玉石器、青铜器、骨器和陶器标本，进一步弄清了遗址的分布范围和文化内涵。1963年，著名考古学家冯汉骥先生选定三星堆遗址为四川大学首届考古专业学生田野实习的地点，进行了面积约150平方米的考古发掘工作，当年冯先生曾站在月亮湾的台地上，遥指对面的三星堆，很有预见地指出："这一带遗址如此密集，很可能是古代蜀国的一个中心都邑。"

3．20世纪80年代至今

20世纪60年代后期和70年代，三星堆考古因"十年动乱"陷于停顿。从1980年起，四川省文物考古研究所在三星堆遗址进行了连续33年的考古调查、勘探和发掘工作，将包含月亮湾在内的广大范围正式命名为"三星堆遗址"并提出了"三星堆文化"的概念。33年间，数代考古工作者在三星堆遗址进行了15次考古发掘，发掘面积近1万平方米，发现了包括城墙、祭祀坑群、宫殿区、大型居住区和公共墓地在内的一大批重要遗存，取得一系列重大成果。"沉睡数千年，一醒惊天下"，一个湮没近5000年的三星堆文化古城、古国已重新展现在世人面前（图四）。

二　延续时间最长的古蜀文化遗址，四川盆地2600～4800年前的考古学文化年代标尺

1．年　代

三星堆遗址逾80年的考古调查和发掘，积累了十分丰富的实物资料，尤其是20世纪80年代以来历次科学发掘所获得的有明确地层关系的实物资料和C-14测年标本，使我们可以较为科学、准确地判定三星堆遗址的年代。

三星堆遗址的年代范围大约在公元前2800～前600年，前后不间断地延续了约2200年，跨越了中国历史上的龙山文化时代（新石器时代）、夏代、

商代、西周和春秋五个时代，为四川盆地2600～4800年前的考古学文化研究树立了年代标尺。

2．分　期

三星堆遗址2200年的发展历程，可划分为四个大的发展阶段：

第一期文化遗存：遍布于整个三星堆遗址，陶器以泥质陶为主，纹饰陶发达，器类以花边口沿器、宽沿器、圈足器和平底器居多；石器以小型的斧、锛、凿为主，房屋有干栏式和沟槽加柱式等，是新石器时代晚期四川盆地一支具有代表性的地方文化（三星堆一期文化），绝对年代距今约4800～4000年。

第二期文化遗存：分布很广，各次发掘地点大多有第二期文化遗存发现。陶器以夹砂褐陶为主，纹饰陶数量和种类明显减少，器形除保留有部分一期器形之外，新出现了一组器物。玉石器仍多斧、锛、凿等小型工具，开始出现礼器，还出现了小型青铜器，这一时期三星堆遗址开始修筑城墙，并出现了一些埋存宗教礼仪性器物的祭祀坑，发现有木骨泥墙的成组房屋建筑和大型建筑构件。本期年代相当于夏代至商代早期，绝对年代距今约4000～3600年。

第三期文化遗存：遍布于整个三星堆遗址群，文化内涵特别丰富。三星堆文化的典型陶器群在这一时期发展到高峰，以各类小平底器为主；本期出现大批青铜、黄金、玉石礼器和法器，成为三星堆文化的又一重要特色；这一时期三星堆古城建成，房屋建筑密集，有宫殿般的大型建筑物出现，年代相当于商代早期至商代中晚期，绝对年代距今约3600～3200年。

第四期文化遗存：此期文化遗存分布范围同第三期，但堆积较薄，并逐步消失，遗迹现象中最突出的是本期伊始便出现了两个埋存礼仪性器物的大型"祭祀坑"，同时三星堆古城废弃。陶器在原有器形的基础上，又出现了一组新的器物，以各类尖底器为特色；石器仍多斧、锛、凿等小型工具，发现有跪坐石人像，新出现柳叶铜剑，时代约相当于商代末期至春秋早期，绝对年代距今约3200～2600年。

以上四期文化遗存的文化内涵既有相当大的差别，又相互连接，存在着强烈的承袭因素，它们自成体系，地域特征鲜明，是同一文化系统在不同时期物质文化面貌的具体表现。

从三星堆遗址所处的地理位置、时代范围以及文化遗存反映出来的相应的社会发展阶段观察，可以肯定，它就是古代蜀人的历史遗存。

三　夏、商时期的蜀国王都遗址

1．分布面积最为广大的古蜀文化遗址

三星堆遗址位于成都平原北部，长江水系沱江支流的鸭子河南岸。根

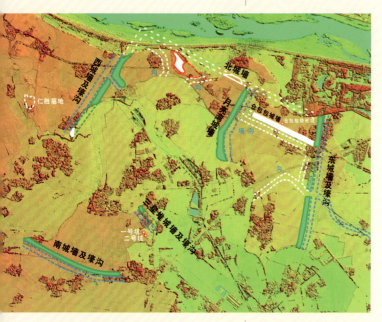

图五　三星堆遗址DSM渲染图
Figura 5. Rendering della pianta del complesso archeologico di Sanxingdui

图六　三星堆月亮湾遗址城墙
Figura 6. La cinta muraria a Yueliangwan nel sito archeologico di Sanxingdui

图七　三星堆遗址大型建筑基址
Figura 7. I resti delle fondazioni dell'edificio di grandi dimensioni rinvenuto a Sanxingdui

据目前所掌握的情况，三星堆遗址总面积约12平方公里，是古蜀文化遗址中最大、最为重要的一处中心遗址（图五）。

2. 南中国最大的夏商古城

20世纪80年代以来，考古工作者在三星堆遗址的东、西、南三面及中北部发现均分布着五道长条形的高土埂，怀疑为人工建筑遗迹。1989～2000年，先后对五道土埂进行了解剖，证实了这些土埂均为人工构筑的夯土城墙（图六），每道城墙的外侧还分别掘有壕沟，各条壕沟通过水门与城中的马牧河以及城北的鸭子河互通，构成了一个完整的水上交通体系。

2012年，考古工作者通过考古钻探，又在遗址的北部初步确定了两道夯土城墙的存在。

从现存城墙的布局推断，三星堆古城由一道外廓城（大城）和若干个内廓城（小城）所组成。外廓城平面大致呈方形，边长约1800～2000米，从地层叠压关系和各地层中的遗物分析看，各道城墙均始筑于三星堆二期（夏、商时期），废弃于三星堆四期早段（商代末期），延续使用近千年。三星堆古城面积约3.7平方公里，与商王朝的都城郑州商城不相上下，在中国已发现的同时期古城遗址中，其规模名列前茅。

3. 分布密集、数量众多的各类文化遗迹

在三星堆遗址范围内，分布着密集的房屋建筑，房基层层叠压、打破，说明当时人口众多，人们活动极其频繁。房基形制有长方形、方形、圆形等多种，不仅有平民居住的面积仅10平方米左右的小房舍，更有面积近900平方米、南中国最大的单体礼仪性建筑（图七）。

遗址中除房屋建筑遗迹外，还有作坊、窑址、墓地、祭祀坑等各类遗迹，反映出多样的生产、生活活动和复杂的社会分工。

4. 种类丰富、等级极高的一大批文化遗物

自1929年以来，三星堆遗址已出土各类文物数万件，其中，青铜器900余件，玉石礼器1000多件，金器数十件，石器数千件，以及大量的陶器（标本约三万件，可复原者上千件）和骨器、海贝、象牙等。数量和种类如此众多和丰富的文化遗物出自同一个遗址，实属罕见。

5. 最高规格的蜀文化遗存—— 一、二号"祭祀坑"

著名的一、二号"祭祀坑"位于三星堆城址西南，是三星堆遗址最为重要的考古发现，亦是知名度最高的三星堆文化遗存。两坑形成的年代大体与三星堆古城的废弃年代相同，为三星堆四期文化早段（商代末期），而坑内器物的制造和使用年代绝大多数为三星堆遗址第三期晚段（商代中晚期）。坑内器物的埋藏现象前所未见，大多数器物埋藏时或埋藏前明显经过有意的

焚烧和破坏，有的烧焦、发黑、崩裂、变形、发泡甚至熔化，有的残损、断裂甚至碎成数块（段）而散落在坑中不同的位置。部分青铜器的外表还涂有朱色颜料，但所有器物均分层有序放置，表明这些器物是在经过某种特殊的仪式后再下埋的，尽管坑内器物均系祭祀用器或相关器物，但两坑本身的形成并不是祭祀活动所致，而极有可能与蜀国历史上发生的突发性重大事件（诸如王朝更迭）有关。

一号坑共出土金器、青铜器、玉石器、象牙、海贝、骨器、陶器等各类器物近400件，以及约3立方米的烧骨碎渣（图八、九）。二号坑共出土金器、青铜器、玉石器、象牙、象牙器、海贝、绿松石等各类遗物6000余件（图十至十二）。两坑出土器物的种类，除部分中原地区夏商时期常见的青铜容（礼）器、玉石器和商末周初蜀文化遗址常见的陶器外，大多是过去从未发现过的新器物。两坑器物不仅数量巨大，种类丰富，文化面貌复杂，而且造型新颖、奇特，具有神秘感。不少器物形体巨大，形制复杂，规格极高，具有强烈的视觉震撼力，充分反映了商代蜀国青铜铸造技术、黄金冶炼加工技术、玉石器加工技术的高度发达，以其独特的审美意识、宗教信仰和宇宙观。一、二号"祭祀坑"内器物，既是整个三星堆遗址的精华所在，同时又代表了古蜀文明之最高成就，它们的发现，极大地改变了人们对于商代蜀国发展水平的传统认识，引起了人们对古代中国文明起源和早期发展历程的重新审视。三星堆文化，从此成为中国考古学最重要的研究课题之一，以及历史、民族、宗教、艺术等多门学科研究的热点。

在三星堆遗址发现规模宏大的古城以及大范围居住址、出土大量高规格精品文物的同时，在其方圆数十里的地域，还分布着数十座与三星堆遗址某一阶段或某些阶段文化面貌相同的中小遗址，它们共同组成了一个分布广泛、相对独立的文化区域。由此可见，这个文化区域实际上所代表的，是一个由中心城邑、一般邑聚和村落等社会形态与政治结

图八 三星堆遗址一号祭祀坑
Figura 8. Fossa sacrificale n.1 del sito di Sanxingdui

图九 三星堆遗址一号祭祀坑局部
Figura 9. Fossa sacrificale n.1 del sito di Sanxingdui (part.)

图十 三星堆遗址二号祭祀坑
Figura 10. Fossa scrificale n. 2 del sito di Sanxingdui

构所构成的有机的社会体系，而处在该文化区域中心的规模最大、规格最高、延续时间最长的城邑三星堆遗址，应当就是这个社会体系的核心——蜀国都邑。

四　长江流域最辉煌、最独特的青铜文明，浓郁的神巫文化特征

三星堆遗址，尤其是震惊世界的两个"祭祀坑"，出土了大量的精美文物和特殊文物，数量、种类之多，形体之大，造型之奇，文化内涵之丰富、神秘，前所未见，代表了当时甚至相当长时间内人类艺术与技术的巨大成就，当之无愧地成为长江流域最辉煌、最独特的青铜文明，也是中国青铜文明鼎盛时期的杰出代表之一。

三星堆文化的青铜制品，数量巨大，除少量礼器（尊、罍等容器）器形与二里头、殷墟文化同类器相似外，大部分器形如神树、人像、面具、眼形器等尚属首次发现。三星堆文化青铜器以人像、面具、神树、太阳、动物、禽鸟等为表现主体，这与中原地区商文化青铜器以容器（主要是礼器）为表现主体的传统截然不同，其神巫和神权色彩更为浓郁和突出，具有极为鲜明的地域特征，充分反映了商代蜀人独特的审美意识和宗教信仰。

有学者认为，与早期中国其他区域文明相比，三星堆文化特质显然迥异于中原商文化，就目前的认识而言，两个"祭祀坑"似乎传达出了在三星堆文化中王权与神权并存的信息。具体而言，一号坑中以青铜人头像为主的各类器物可能出自宗庙，反映的是祖先崇拜，出土的金杖则可能为王权的表现；而二号坑中的青铜人像及神树、太阳形器、神坛、神殿等具神话色彩的器物则可能出自神庙，表现的或许是太阳崇拜，但在中原的夏商周三代文明中，并无类似的太阳崇拜情况和相应的神庙，因此三星堆文化在显示出其独特面貌的同时，也极大地丰富了华夏文明的内涵，再一次证明了华夏文明形成的多样性。

五　三星堆、金沙与古蜀国

大约从三星堆四期文化早段开始（商代晚期），三星堆古城突遭废弃，象征三星堆文明最高成就的铜器群、金器群和玉石器群等也从此不见踪影，三星堆遗址由此进入衰退期。与此同时，一支与三星堆四期文化同时、且完

图十一　三星堆遗址二号祭祀坑清理工作现场
Figura 11. Lavori di scavo nella fossa sacrificale n. 2 del sito di Sanxingdui

图十二　三星堆遗址二号祭祀坑青铜面具出土现场
Figura 12. Ritrovamento di una maschera in bronzo nella fossa sacrificale n. 2 del sito di Sanxingdui

全从三星堆三期文化脱胎发展而来的文化遗存，却在以成都为中心的地域悄然兴起并广泛发展，时间从商代晚期延续至春秋早期，形成了长江上游文明在成都平原继续发展的历程，其发达程度稍逊于三星堆的金沙遗址无疑是这一时期的中心遗址。

金沙遗址发现于2001年，位于成都市区西部，现已探明的分布面积约5平方公里，已发现宫殿区、祭祀区、居住区、墓地等众多文化遗迹区，遗址规模仅次于三星堆，是成都地区迄今发现的规模最大的商周遗址。

金沙遗址出土的文物较为丰富，已清理和发掘出土的重要文物包括金器、玉器、铜器、石器、象牙等共计万余件，还有数以万计的陶器（片）。

金沙遗址的出土文物，无论是器物组合还是单个器物的造型风格，都与三星堆遗址的同类器相似或相同，亦具有浓郁的神巫文化和神权特征，说明"金沙人"在政权架构、宗教信仰、拜祭对象、审美意识以及宇宙观等深层次的精神领域，与"三星堆人"有着极为密切的渊源关系。

金沙遗址的规模、遗迹和遗物表明，它是长江上游地区继三星堆之后的又一个具有区域中心地位的政治、经济、宗教和文化中心，它与三星堆四期文化遗存一道，共同构成了成都平原商代晚期至春秋早期的青铜文化面貌，代表了古蜀文明发展的一个重要阶段，并与成都平原龙山时代古城遗址群、三星堆遗址、成都商业街战国船棺墓一起，基本完整地构建起了古蜀文明的发展演进体系。

不少学者认为，自发生导致三星堆古城废弃和两个"祭祀坑"形成的突发性重大事件以后（一、二号"祭祀坑"可能为三星堆政权逃难前匆匆掩埋所致），蜀国的权力中心很可能从广汉转移到成都市区来了，如果这个推测成立，那么金沙遗址很可能就是商代晚期到春秋早期古蜀国的都城遗址。

但与三星堆遗址相比，金沙遗址明显缺少青铜群像（神像、人像、巫师像、神灵动物像等）、青铜神树、青铜太阳形器、青铜眼睛（眼形器）等大型青铜重器群，即使有（如青铜立人像），在体量和视觉震撼力上与三星堆遗址同类器相比也不可同日而语，表明三星堆文明发展到这一阶段已进入了相对衰落的阶段，蜀国的国力已大不如前。

DOPO UN MILLENARIO OBLIO, UNA SCOPERTA CHE RIEMPIE DI MERAVIGLIA IL MONDO

—— il sito archeologico di Sanxingdui: la scoperta, gli scavi e lo stato delle ricerche

Sichuan Provincial Institute of Cultural Relics and Archaeology　*Lei Yu*

1. LA SCOPERTA DEL SITO E GLI SCAVI ARCHEOLOGICI

Nella primavera del 1929, due contadini di nome Yan Daocheng e Yan Qingbao (Figura 1), padre e figlio, mentre irrigavano i campi con la ruota idraulica e scavavano un pozzo a Yueliangwan, nei pressi della città di Guanghan nel Sichuan, rinvennero una fossa contenente più di 400 manufatti in giada di splendida fattura. I due non avrebbero mai potuto immaginare che la loro fortuita scoperta avrebbe rivelato la presenza dello straordinario sito archeologico di Sanxingdui, rimasto sepolto per migliaia di anni. Quel ritrovamento rappresentò, infatti, il preludio ai lavori di scavo e d'indagine archeologica che ivi perdurano da oltre ottant'anni (Figura 2).

1.1 Anni Trenta e Quaranta

Nel 1934, Ge Weihan e Li Mingjun (Figura 3), rispettivamente direttore e vicedirettore del West China Union University Museum, insieme ad altri archeologi, condussero i primi scavi esplorativi nei pressi della fossa in cui erano stati rinvenuti i manufatti in giada. L'area presa in esame aveva un'estensione di più di 100 metri quadrati, ove sono stati ritrovati e raccolti più di 600 pezzi in giada e ceramica.

Nel 1946, il professor Zheng Dekun dell'Università di Cambridge pubblicò sull'*Edizione speciale del bollettino del West China Union University Museum* (*Huanxi Daxue bouwuguan zhuankan*) un articolo dal titolo "La cultura di Guanghan" (*Guanghan wenhua*), che presentò al mondo intero la scoperta di questa nuova civiltà.

1.2 Anni Cinquanta e Sessanta

Il Sichuan Cultural Relics Management Committee, il Museo Provinciale del Sichuan e l'Università del Sichuan, insieme ad altre istituzioni, effettuarono numerosi sopralluoghi esplorativi nel sito di Sanxingdui e condussero piccoli scavi di natura preliminare, in modo da avere un quadro chiaro della distribuzione e dell'estensione del sito, nonché della sua valenza e caratterizzazione culturale. Nel 1963, il famoso archeologo Feng Hanji scelse Sanxingdui come luogo ove svolgere un tirocinio rivolto agli studenti iscritti al primo corso di archeologia dell''Università del Sichuan, e, con il loro ausilio, effettuò degli scavi su una superficie totale di circa 150 metri quadrati.

1.3 Dagli anni Ottanta a oggi

A partire dal 1980, il Sichuan Provincial Institute of Cultural Relics and Archaeology ha condotto continue campagne di scavo, di studio e di ricerca presso il sito di Sanxingdui; ne ha così formalizzato il nome in "Sito archeologico di Sanxingdui" (*Sanxingdui yizhi*), e ha avanzato l'ipotesi dell'esistenza di una vera e propria "Cultura di Sanxingdui" (*Sanxingdui wenhua*).

Dopo circa cinquemila anni di oblio, dunque, l'antico regno e l'antica città appartenuti a quest'arcaica cultura sono prodigiosamente riemersi, rivelandosi al mondo intero (Figura 4).

2. I RESTI DELL'ANTICO REGNO DI SHU: LE VESTIGIA DELLA PIÙ LONGEVA CULTURA DEL SICHUAN (2800-600 A.C.)

2.1 Periodo storico di riferimento

Dopo più di ottant'anni di scavi e ricerche in loco, a Sanxingdui è stata accumulata una gran quantità e un'infinita ricchezza di materiali. Poiché il sito archeologico risale a un periodo compreso tra il 2.800 e il 600 a.C., per una durata totale di circa 2.200 anni, che coprono cinque diverse epoche della storia cinese (il Neolitico, anche soprannominato "Epoca della cultura Longshan", la dinastia Xia, la dinastia Shang, la dinastia dei Zhou Occidentali e il periodo delle Primavere e Autunni), l'arco temporale oggetto delle ricerche che riguardano lo studio sulle culture sviluppatesi nel bacino del Sichuan abbraccia un lasso di tempo che va dai 4800 ai 2600 anni fa.

2.2 Fasi di sviluppo del sito

Il processo di sviluppo del sito di Sanxingdui, della durata complessiva di 2200 anni, si può suddividere in quattro grandi fasi:

1) Fase I (primo periodo della cultura di Sanxingdui): ca. 4800-4000 anni fa.

Reperti della fase I: questi oggetti sono diffusi ovunque all'interno del sito di Sanxingdui; tra i manufatti in terracotta dominano quelli in argilla, tra quelli in pietra abbondano invece oggetti di piccole dimensioni, quali asce (*fu*), asce corte (*ben*) e ceselli (*zao*). Per quanto riguarda le abitazioni, sono state rinvenute basi di palafitte costruite su pilastri. Questi reperti presentano le caratteristiche tipiche delle culture tardo neolitiche sviluppatisi nel bacino del Sichuan.

2) Fase II: ca. 4000-3600 anni fa (corrispondente a tutta la dalla dinastia Xia e alla fase iniziale della dinastia Shang).

Reperti della fase II: in tutte le campagne di scavo, la maggior parte degli oggetti portati alla luce appartengono a questa fase, e questo ne giustifica la distribuzione ad ampio raggio. Tra i manufatti in terracotta prevalgono quelli a pasta compatta fatti con sabbie di colore bruno; mentre tra gli oggetti in giada e in pietra predominano utensili di piccole dimensioni come le asce *fu*, le asce corte *ben* e i ceselli *zao*. Iniziano inoltre a fare la loro comparsa oggetti con funzione rituale e piccoli bronzi e viene intrapresa la costruzione di una cinta muraria attorno alla città.

3) Fase III: ca. 3600-3000 anni fa (corrispondente al medio e tardo periodo della dinastia Shang).

Reperti della fase III: distribuiti omogeneamente in tutto il complesso di Sanxingdui, sono dotati di forti connotazioni culturali. In questo periodo, la produzione di vasellame in terracotta, tipico di questa cultura, raggiunge il proprio apice e si dà avvio alla costruzione di complessi palaziali di grandi dimensioni.

4) Fase IV: ca. 3000-2600 anni fa (dalla fine della dinastia Shang all'inizio del periodo delle Primavere e Autunni).

Reperti della fase IV: stessa distribuzione della fase III, ma diminuisce gradualmente la quantità degli oggetti fino poi a scomparire. La scoperta più sorprendente risalente alla fase iniziale di questo periodo è stata il rinvenimento di due grandi "fosse sacrificali" ("*jisi keng*") piene di oggetti rituali. È alla fine di questa fase che si verifica l'abbandono della città di Sanxingdui da parte dei suoi abitanti.

Poiché si è visto che la posizione geografica, il periodo storico e i reperti archeologici rinvenuti nel sito di Sanxingdui trovano corrispondenze con le varie fasi di sviluppo di una società quale quella dell'antico regno di Shu, si è dunque arrivati ad affermare che il sito altro non è che ciò che resta delle antiche vestigia di questo regno.

3. I RESTI DELLA CAPITALE DELL'ANTICO REGNO DI SHU NELL'EPOCA XIA E SHANG

3.1 Il sito archeologico più esteso dell'antico Sichuan

Il sito di Sanxingdui si colloca nella parte settentrionale della pianura di Chengdu, sulla riva meridionale del fiume Yazi, affluente del Tuojiang, a sua volta affluente del Fiume Azzurro. Il sito si estende su una superficie di circa 12 chilometri quadrati, il che ne fa il più grande e importante sito archeologico dell'antico Sichuan (Figura 5).

3.2 La più grande città della Cina centro meridionale all'epoca delle dinastie Xia e Shang.

Negli anni Ottanta, gli archeologi rinvennero cinque alti terrapieni dalla forma stretta e allungata, distribuiti uniformemente sul lato est, ovest e sud-meridionale e sulla parte centrale e settentrionale del sito di Sanxingdui, probabilmente i resti di antiche costruzioni. Dal 1989 al 2000, dopo aver condotto delle analisi su questi cinque terrapieni, è stato confermato che si trattava delle basi in terra battuta utilizzate per la costruzione delle mura cittadine (Figura 6). L'antica città di Sanxingdui era infatti circondata da una cinta muraria esterna e da alcune cerchie di mura interne. La cinta muraria esterna aveva una forma pressoché quadrangolare, con lati di lunghezza variabile compresa tra i 1.800 e i 2.000 metri. Queste alte mura rappresentarono lo strumento di fortificazione e difesa della città per quasi mille anni. La città di Sanxingdui copriva, inoltre, una superficie di circa 3,7 chilometri quadrati, pressappoco la stessa della capitale della dinastia Shang, situata allora nei pressi dell'attuale città di Zhengzhou.

3.3 I cospicui resti della città

Nel sito di Sanxingdui, le abitazioni erano distribuite in maniera estensiva e capillare; le basi di questi edifici presentano

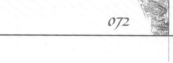

una stratificazione sovrapposta in così tanti livelli che quelli superiori sono andati a distruggere con il loro peso quelle inferiori. Questo denota la presenza, all'epoca, di una popolazione molto numerosa ed estremamente dinamica e attiva. Le fondazioni delle case potevano avere varie forme (rettangolari, quadrate, circolari etc.) e non c'erano solo piccole abitazioni di circa 10 metri quadrati dove viveva la gente comune, ma anche strutture molto più grandi; tra queste spicca un edificio con funzione rituale della grandezza di circa 900 metri quadrati (Figura 7), che è il più grande mai rinvenuto nella Cina centro meridionale.

Oltre agli edifici residenziali, gli archeologi hanno riportato alla luce resti di ogni genere di costruzioni, come di officine artigianali, di fornaci, di luoghi deputati alla sepoltura dei defunti e di fosse sacrificali per le offerte alle divinità. Questo evidenzia una diversificazione nelle attività produttive, un'eterogeneità del *modus vivendi* della popolazione e una stratificazione sociale complessa con una divisione del lavoro capillare.

3.4 Reperti archeologici di altissimo livello e dalla grande varietà tipologica

Sin dal 1929, nel sito di Sanxingdui sono emerse decine di migliaia di reperti, tra cui più di 900 bronzi, oltre un migliaio di manufatti in giada, una dozzina in oro, un altro migliaio in pietra, nonché numerosi oggetti in terracotta, osso, avorio e conchiglie. Il fatto che da uno stesso sito emerga un numero così congruo e una varietà tipologica così molteplice di reperti archeologici rappresenta una vera e propria rarità.

3.5 Le "fosse sacrificali" n.1 e n. 2: il ritrovamento più importante del sito di Sanxingdui

La scoperta archeologica più sensazionale avvenuta nel del sito di Sanxingdui è stata quella delle famose "Fosse sacrificali" n. 1 e n. 2, poste nella parte sud-occidentale dell'antica città. Queste due fosse rappresentano in assoluto i resti più noti di tutta la cultura di Sanxingdui e l'epoca a cui risalgono coincide con quella dell'abbandono della città. Si tratta di un caso senza precedenti di seppellimento di oggetti avvenuto dopo un rituale molto particolare e che ne individua l'unicità. Benché gli oggetti ivi rinvenuti avessero tutti funzione votivo-rituale, le due fosse non erano state create in funzione sacrificale, ma molto probabilmente erano state scavate in seguito a un evento catastrofico che portò alla fine dell'antico regno di Shu.

Nella fossa n. 1 sono stati ritrovati circa seicento oggetti, tra cui manufatti in oro, bronzi, giade, zanne di elefanti, conchiglie, oggetti in osso e vasellame in terracotta, oltre a circa 3 metri cubi di frammenti di ossa bruciate (Figure 8, 9). Dalla fossa n. 2 sono invece emersi più di seimila oggetti, tra cui nuovamente manufatti in oro, bronzi, giade, zanne di elefanti, conchiglie, e oggetti in avorio e in turchese (Figure 10, 11, 12). Fra gli oggetti rinvenuti nelle due fosse, a parte i bronzi e le giade, che ritroviamo contestualmente nelle dinastie Xia e Shang insediatesi nella zona della Pianura Centrale, ed escludendo il vasellame in terracotta, che rintracciamo in altri siti della cultura Shu tra la fine della dinastia Shang e l'inizio di quella dei Zhou, la maggior parte degli altri reperti non trovano corrispettivi in altre culture del tempo.

I manufatti rinvenuti nei "pozzi sacrificali" n. 1 e 2 non solo costituiscono il nucleo fondamentale dell'intero sito di Sanxingdui, ma rappresentano anche il punto più alto raggiunto dalle civiltà dell'antico Sichuan. Attorno a queste due fosse, per un raggio di varie decine di chilometri, sono distribuiti decine di siti medio-piccoli risalenti a diverse fasi di sviluppo della cultura di Sanxingdui. Questi siti vanno a delimitare una vasta area caratterizzata da un'omogeneità culturale precipua. Si può quindi notare che quest'area così definita è in realtà rappresentativa di un sistema sociale organico composto di varie tipologie di aggregati sociali e di strutture politiche, che vanno dalla capitale, alle città principali, ai centri secondari e fino ai villaggi. Il sito archeologico di Sanxingdui che, all'interno di quest'area rappresenta il nucleo più esteso, dagli standard più alti e che perdurò più a lungo negli anni, deve sicuramente rappresentare il cuore di questo sistema politico-sociale, e presentarsi dunque come la capitale dell'antico regno di Shu.

4. LA CIVILTÀ PIÙ STRAORDINARIA SVILUPPATASI NEL BACINO DEL FIUME AZZURRO DURANTE L'ETÀ DEL BRONZO E LE EVIDENZE DELLA PRESENZA DI UN CULTO SCIAMANICO.

Il sito di Sanxingdui, e in maniera particolare le due stupefacenti fosse sacrificali ivi collocate, hanno riportato alla luce un gran numero di reperti archeologici di straordinaria bellezza e rarità: si tratta di un caso senza precedenti sia per quel che riguarda la quantità e la varietà tipologica dei ritrovamenti, che per le grandi dimensioni delle loro forme, per la straordinarietà dei modelli stilistici adottati, e infine anche per la ricchezza di connotazioni culturali ad essi correlate e ancora circondate da un alone di mistero. Questi reperti rappresentano l'apice della produzione artistica e dalla maestria tecnica del tempo. Si può dunque affermare senza ombra di dubbio che la cultura di Sanxingdui rappresenta la civiltà più prestigiosa e straordinaria che si sia sviluppata nel bacino del Fiume Azzurro durante l'Età del bronzo, nonché una delle più importanti culture emerse in un periodo di grande splendore della Cina.

Andando a confrontare le caratteristiche della varie civiltà della Cina antica, alcuni studiosi hanno evidenziato come la cultura di Sanxingdui presenti delle caratteristiche distintive rispetto a quelle dalla coeva dinastia Shang. Allo stato attuale delle conoscenze, le due fosse sacrificali sembrano indicare che nella cultura di Sanxingdui potere politico e religioso andavano a coincidere. Nello specifico, tra i reperti rinvenuti nella fossa n. 1, le teste in bronzo, i pezzi più importanti dell'intero nucleo, potrebbero provenire da templi dedicati al culto degli antenati, mentre il bastone d'oro (sempre ivi rinvenuto) potrebbe essere un'espressione del potere regale. Nella fossa n. 2, invece, oggetti circonfusi di un'aurea mitica, quali bronzi rappresentanti figure umane o alberi sacri, oggetti a forma di sole, altari o tempietti potrebbero provenire dai templi dedicati al culto del Sole. In nessuna delle Tre Dinastie (Xia, Shang e Zhou) site nella Pianura Centrale, abbiamo però attestazioni di questo tipo di culto e tantomeno di templi ad esso dedicati, il che rivelerebbe l'unicità della cultura di Sanxingdui.

Tutte queste evidenze hanno quindi permesso di arricchire con nuovi elementi le conoscenze riguardanti la nascita della civiltà cinese, confermando ancora una volta la pluralità che ne ha caratterizzato la fase di formazione.

5. SANXINGDUI, JINSHA E L'ANTICO REGNO DI SHU

All'inizio della quarta fase, l'antica città di Sanxingdui venne improvvisamente abbandonata, e il sito archeologico si avviò verso un periodo di declino. Contemporaneamente, nei pressi dell'odierna città di Chengdu si andò velocemente sviluppando un altro polo culturale, nato in quell'area durante la terza fase di Sanxingdui e allora completamente formato. Nel suo periodo di maggior sviluppo (fine dinastia Shang – inizio periodo delle Primavere e Autunni), il sito archeologico più importante per questa nuova *facies* culturale diviene quello di Jinsha, situato nella Piana di Chengdu, lungo il corso superiore del Fiume Azzurro, e caratterizzato da un grado di sviluppo leggermente inferiore a quello di Sanxingdui.

Scoperto nel 2001, il sito archeologico di Jinsha si trova nella parte ovest della città di Chengdu. La zona in cui sono già stati effettuati gli scavi ha un'estensione di circa cinque chilometri quadrati, e si presenta divisa in diverse aree: la zona in cui era collocato il palazzo reale, l'area sacrificale, i distretti residenziali e la necropoli. Seconda per estensione solo a Sanxingdui, Jinsha è il più grande sito archeologico risalente all'epoca delle dinastie Shang e Zhou sinora scoperto nella prefettura di Chengdu.

Nel sito sono stati rinvenuti numerosi reperti, fra cui spiccano più di tremila oggetti in oro, giada, bronzo, pietra e avorio, oltre a decine di migliaia di vasi in terracotta (per lo più in frammenti). Questi numerosi reperti rinvenuti nel sito di Jinsha indicano che, dopo Sanxingdui, lungo il corso superiore del Fiume Azzurro, si era venuto a costituire un altro importante insediamento urbano, che divenne il centro politico, economico, religioso e culturale dell'area. Inoltre, questi resti, insieme a quelli della quarta fase del sito di Sanxingdui, ci restituiscono una quadro completo di quelli che dovevano essere i focolai culturali sviluppatisi nella piana di Chengdu durante l'Età del bronzo, e più precisamente tra la fine della dinastia Shang e l'inizio del periodo delle Primavere e Autunni, testimoniando così una fase fondamentale dello sviluppo della cultura dell'antico regno di Shu. I ritrovamenti di Jinsha, infatti, insieme con altri siti neolitici sparsi nella Piana di Chengdu, insieme con il sito di Sanxingdui e con il 'cimitero delle imbarcazioni-sarcofago' (*chuanguanmu*) risalenti all'epoca degli Stati Combattenti rinvenute a Shangyejie (sempre nella città di Chengdu), ci mostrano tutte le varie fasi dell'evoluzione storica dell'antico regno di Shu.

Tuttavia, nel sito di Jinsha, contrariamente a quanto accade a Sanxingdui, non è presente il nucleo dei grandi e preziosissimi bronzi che raffigurano sculture di divinità, uomini, sacerdoti o animali sacri, alberi sacri, oggetti a forma di sole e mascheroni dagli enormi e sporgenti globi oculari. Sebbene anche a Jinsha siano stati ritrovati manufatti in bronzo (come per esempio una figura di uomo stante), sia per dimensioni che per impressione e resa visuale, questi non possono essere in alcun modo paragonati a quelli di Sanxingdui. Ciò dimostra come questa cultura sia ormai entrata in una fase di declino e segnala inoltre come la potenza esercitata dal regno di Shu si stia gradualmente e inesorabilmente esautorando.

"天命"下的秩序
——周王朝的制度特色

湖北省博物馆　王纪潮

　　中国青铜时代主要包括中原地区的夏（约公元前21~前16世纪）、商（约公元前16~前11世纪）、周（约公元前1046~前221年）三个朝代。实际上在新石器时代晚期，中国已出现青铜器，但直到夏文化晚期，中原才正式进入青铜时代。河南二里头三期遗址出土的青铜器已达到18个品种104件，出现了青铜容器爵、斝[1]。在商代早期和中期，青铜器仍以生产工具为主，商代晚期的贵族才普遍使用成套的青铜容器，如爵、觚、斝等酒器的组合和鼎、簋等食器的组合。殷墟妇好墓一次出土青铜器468件，容器有210件[2]。这些青铜容器的组合关系明确，纹样繁缛，制作精美，仪式作用大于实用，表明它们是贵族身份的象征。从文化上看，夏、商、周三代大同小异，孔子说："殷因于夏礼，所损益可知也。周因于殷礼，所损益可知也。"[3]意思是说，三代的礼制一脉相承，但有所变化。尽管礼制形式有变化，青铜器却一直作为身份符号贯穿礼制始终。这一特征与Christian Jürgensen Thomsen（1788~1865年）提出欧洲青铜时代是"以红铜或青铜制成武器和切割工具"[4]迥然有别。

　　如孔子所言，周人的制度源于夏、商两朝，但作了重要的修改，其中最为关键之处是周人对上天和鬼神（祖先）的认识发生变化所致。周人在夏、商的仪式制度中尤其是把"天命"作为核心价值，使周朝的政治秩序、伦理秩序、社会秩序都在"天命"下运行。将"天命"引入王朝管理的设计是周人的创新，也是日后中国历代王朝政治的核心所在。其实对上天的祭祀和祖先的崇拜差不多是每个民族早期社会的必然现象，所谓"万物本乎天，人本乎祖"[5]。但只有周人除了赋予了"天"和"祖"本体论的意义外，它们还是最高权力的授予者、最终正义的裁判者和德性所在，下面就周王朝的这一政治特点略作叙述。

一　天命靡常，唯德是辅

　　周人为姬姓，活动于渭水、泾水流域，受到商文化和分布于甘肃、青海一带的寺洼、辛店等多种文化的影响而兴起[6]。周人面对强大的商王朝一直处于弱势，武王（公元前1046~前1043年）[7]最终克商并非实力过之，而胜在谋略。因此周王朝建立后，虽以华夏正统自居，承袭了商朝的君主继承

[1] 中国社会科学院考古研究所：《中国考古学·夏商卷》，中国社会科学出版社，2003年版，第109页。

[2] 中国社会科学院考古研究所：《殷墟妇好墓》，文物出版社，1980年版，第15~114页。

[3] 《论语·为政》。

[4] 张光直：《中国青铜时代》，生活·读书·新知三联书店，1983年版，第2页。

[5] 《礼记·郊特牲》。

[6] 中国社会科学院考古研究所：《中国考古学·两周卷》，中国社会科学出版社，2003年版，第20~26页。

[7] 同注[6]，第7~8页。近年来推测西周共和（公元前841年）之前的纪年是：武王：公元前1046~前1043年，成王：公元前1042~前1021年，康王：公元前1020~前996年，昭王：公元前995~前997年，穆王：公元前976~前922年，恭王：公元前922~前900年，懿王：公元前899~前892年，孝王：公元前891~前886年，夷王：公元前885~前878年，厉王：公元前877~前841年。

制度、贵族分封制度、文字书写系统等，但并无把握完全的控制局面。周人十分清楚要统治文化高于自己的中原，需要有让天下信服的说辞和办法，周人于是发展出了一套以道德约束统治者的天命观和建立了以周王室为中心，"封建亲戚，以蕃屏周"[8]，即分封土地给予大小诸侯的封建制。这是政权更迭后必要的观念更新和制度设计。这一变化，尤其是"天命观"的提出，成为后来中国王朝政治的核心价值，影响甚巨。

"天命"就是上天的意志。商人不讲"天命"而信巫（萨满）。巫是能沟通鬼神的人。《礼记·表记》称"殷人尊神，率民以事神，先鬼而后礼。"商人这一特点在青铜器上也有反映，张光直（K. C. King）指出，青铜礼器上的动物图像正是巫觋沟通天地鬼神的助手，而商王本人就是大巫师[9]。这也就意味着具备沟通鬼神的能力与否，是判断商王朝统治者合法性的依据，据此我们也可以判断商朝政权不是纯粹的世俗政权。当然，对商人而言，有意志的"天"并非不存在，如"四风"（四种气候）就是天之使者[10]。商人往往用"帝"这一没有道德判断的概念表示"天"，它和鬼神一样只是巫师可以利用的力量。

周人代商之后，商人的残余势力仍然存在，周边四夷也未完全宾服。周人在不摈弃鬼神信仰的前提下，以人格化和道德性的"天命"作为自己合法统治的依据。周王自称是上天的儿子，灭商是替天行道。《尚书·大诰》称："天休于宁王，兴我小邦周"，意思是说周人兴起是上天的保佑；《尚书·康诰》进一步说，上天要文王灭商，占有其土地和人民（"天乃大命文王，殪戎殷，诞受厥命越厥邦民"）。1963年，在陕西宝鸡发现了周成王时期（公元前1042~前1021年）的"何尊"，其长篇铭文说道，周成王五年四月，在成周（洛阳）营建都城，祭祀武王。周王对一个名"何"的宗人训诰说，何的先父追随文王，文王受了天命，武王克商后，廷告于天，居在"中国"，统治民众。何因此作尊，以作纪念[11]。该铭文将受"天命"与居"中国"并提，对周人克商给予上天庇佑的解释。实力远逊于商人的周人对自己如此好的运气，牧野一战克商，当有不可思议之感，商人灭亡，鬼神不佑，其中的原因是什么？按当时的情景，商人失德和周人受天命是较为服众的解释。由此，"天命"和"德性"成为中国传统社会政权合法性判断的依据，江山易代，必引征天命（见本书第020页，图一）。

周王朝是世俗性的王朝，周天子不是神圣的权威。周人的政治传统既不是商人的巫觋政治，鬼神的作用受到了限制；也不是中世纪政教合一的神权政治，宗教力量不起支配作用；更不是民主政治，根本没有选举一类的民意。周人对政权合法性的两个基本问题，即政治正确和民意，给出了"天命"和"德性"解决方案，所谓"天命靡常，唯德是辅"[12]，意思是说，天命只授予有德性的执政者，商纣王因无德失去了民心才被周人取代[13]。"天命论"的作用是告诫统治者，光信鬼神是不够的，只有天命与民意结合，政权才能永续。这也是后来孔子宣扬德性之天，敬鬼神而远之的原因。

[8]《左传·僖公二十二年》。

[9] K. C. King(张光直), Art, Myth, and Ritual. Harvard University Press, 1983. p.45.

[10] 连劭名:《卜辞所见商代思想中的四风与天命》,《华夏考古》2004年第2期。

[11] 何尊铭文:唯王初迁,宅于成周,复稟／武王礼,福自天,在四月丙戌,／王诰宗小子于京室,曰:昔在／尔考公氏,克弼文王,肆文／王受兹大命,唯武王既克大／邑商,则廷告于天,曰:余其／宅兹中国,自之乂民,乌／乎,尔有唯小子亡识,视于／公氏,有爵于天,彻命敬／享哉。唯王恭德裕天,顺我／不敏,王咸诰,何赐贝卅朋,用作／庚公宝尊彝。唯王五祀。（唐兰:《何尊铭文解释》、马承源:《何尊铭文初释》,《文物》1976年第1期）。

[12]《诗·大雅·文王》。

[13]《尚书·周书·酒诰》:"我闻惟曰:在昔殷先哲王,迪畏天,显小民,经德秉哲。自成汤咸至于帝乙……在今后嗣王酗身,厥命罔显于民,祗保越怨不易。诞惟厥纵,淫佚于非彝,用燕丧威仪,民罔不衋伤心……故天降丧于殷,罔爱于殷,惟逸。天非虐,惟民自速辜。"其大意是说,商统治者嗜酒失德丧尽民心,上天灭商。

　　周人沿用了商人的祭祀系统，也没有放弃祭祀鬼神。由于天命成了周人权力合法性的来源之一，祭祀的目的也就是印证天命所在，祈求上天保佑权力和富贵。这在武王伐纣成功后于宗庙祭祀所作的《我将》一诗中有清楚的反映，诗歌大意就是要奉献牺牲于上天，祈求保佑。

　　"我将我享，维羊维牛，维天其右之。仪式刑文王之典，日靖四方。伊嘏文王，既右飨之。我其夙夜，畏天之威，于时保之"（《诗·周颂·清庙之什·我将》）。

　　在现代民主政治之前，解决政治合法性的模式有王权神授和希腊的民主选举制。周人政权得自天命的模式不仅成为周代政治的基础，也是整个中国王朝政治的基础。由于周人的天命观中有德性因素，这实际上就隐含了民众有推翻暴政的权力。此后中国历代王朝的更替、礼仪制度的设置、儒家意识形态中的"民为贵，社稷次之，君为轻"[14]等等，均以天命为依据。需要注意的是，天命和德性的解释权仍在统治者手中，由他们用各种礼仪祭祀活动不时地宣扬自己代表天命。总之，天命观念的产生是中国文化中的头等重要事件，它不仅解决了周人代商的合法性问题，也为后世的儒家政治哲学开了先河，为后世的王朝政治权威设下了民意人心的规制与约束[15]。

　　周王朝分为西周（公元前1046～前771年）和东周（公元前770～前221年），西周王畿（镐京）在陕西西安，也称"宗周"，东周王畿在河南洛阳，又称"成周"。"东周"又分成"春秋"（公元前770～前476年）和"战国"（公元前475～前221年）两个阶段。总体而言，东周在政治、军事、思想、文化上较西周有许多发展，但敬天的传统和"国之大事，在祀与戎"[16]的格局不变。分别而言，西周社会在天命之下建立起了宗法制和封建等级制。东周社会则在天命之下出现诸侯争霸：春秋时期，较为强势的齐、晋、楚、秦等封国，挟天子以令诸侯是为常态；战国时期，周王朝衰落，"礼乐征伐自诸侯出"[17]成为常态。

二　国之大事，在祀与戎

　　商朝为控制中原和四夷，其官制分为内服和外服（服是服事君主之意），设置了侯、伯、子不同等级的爵位。服是定贡赋的轻重，爵是定身份的尊卑。在王畿任职的为内服官，内服官又分外廷政务官和内廷事务官；在王畿之外的为外服官，外服官有侯、伯、男、甸等。外服以五百里为距，由近及远，分为侯、甸、男、卫、邦伯（或采）等五服。周因于殷礼，并加以发展。内服、外服等职官如师、保，爵位的名称，也基本照搬商人。周人以采为内服，封在内服是卿大夫的食邑；以侯、甸、男、卫为外服，封在外服即为诸侯国。周天子统辖百官，五年一次巡守诸侯的封地，他既是内服官的最高首领，也是外服诸侯的"共主"。

[14]《孟子·尽心下》。

[15] 许倬云：《西周史》，生活·读书·新知三联书店，1994年版，第108页。

[16]《左传·成公三年》。

[17]《论语·季氏》。

周人继承了商人的政治制度并有所损益，但按照王国维的说法，商、周王朝政治的最大区别在于一个无德，一个有德。为保证王朝"有德"，周人对商人的政治制度做了三项重要的改变，他指出："周人制度之大异于商者，一曰立子立嫡之制，由是而生宗法及丧服之制，并由是而有封建子弟之制、君天子臣诸侯之制；二曰庙数之制；三曰同姓不婚之制。此数者，皆周之所以纲纪天下。其旨则在纳上下于道德，而合天子、诸侯、卿、大夫、士、庶民以成一道德之团体。周公制作之本意，实在于此。"[18]这些改变的核心就是建立了以血缘亲疏决定贵族地位高低的宗法制度，来解决权力的继承问题。

1．周人用"宗法制"保证权力的有序传递以稳定内政

　　"宗法制"源自"嫡庶制"。"嫡庶制"是天子、诸侯的继承权依据出身的嫡、庶排序，而不是依据长幼、贤与不肖的制度，所谓"立子以贵不以长，立嫡以长不以贤"[19]，只有天子、诸侯的嫡长子可以继承权力。天子其余诸子封侯，诸侯的诸子封大夫。按照血缘关系，继承周天子权力的嫡长子是大宗，被分封为诸侯的诸子则为小宗。小宗的诸侯之嫡长子在自己的封地内相对卿、大夫又是大宗，卿、大夫为小宗，其余等级的贵族依此类推，形成"天子建国，诸侯立家，卿置侧室，大夫有贰宗，士有隶子弟"的社会等级秩序[20]。这一由王权的继统方法发展出来的贵族分封制，就是宗法制度。大宗世代相传，百世不迁。

　　宗法制以成员与宗主的血缘亲疏定地位的高低，封建制则以同姓分封为原则，同姓为伯父、叔父，异姓为伯舅、叔舅，这就是"封建亲戚，以蕃屏周"。诸侯在自己的封国内，基本上也按照周王朝职官机构设官分职，进行统治。封建制因此是一种由家族系统扩充而成的政治系统[21]。在理论上，宗法制从天子直起到最下层的贵族士这一级，都是一个大家族，无姓氏的庶民不在其内。由此，周朝的天下正如《诗经》所云："普天之下，莫非王土；率土之滨，莫非王臣"[22]，形成了严格的社会等级制度，并酝酿了大一统的政治环境。

2．周人用"封建制"保证王道的有效推行以控制天下

　　"封建制"是以王畿为中心分封与周王同姓的姬姓国，如晋、黄、蔡、卫等和异姓诸侯国，如姜姓的齐、芈姓的楚以及一些臣服的诸侯，如子姓的宋、姒姓的杞等于王畿四方。分封以姬姓为多，仅周公（姬旦）分封的71国中，姬姓子弟就占了53人。诸侯封爵也按照血缘亲疏分为公、侯、伯、子、男五级。周代的异姓封国都不大，如楚受封子爵，地仅百里左右，以确保中央对地方的绝对控制。这种以血缘亲疏关系确定贵族等级秩序的制度设计，是为防止贵族之间的争权夺利，维护王朝的稳定。

　　20世纪以来，考古发现了许多西周早期封国的文化遗存，如河南三门峡上村岭虢国墓地、山东曲阜鲁国故城及其他诸侯国墓地、北京房山琉璃河燕都遗址、山西曲沃天马-曲村晋侯墓地等出土文物都证实了西周实行分封制度，其中以与周天子同姓的晋侯墓地为代表。1992～1994年在山西曲

[18] 王国维：《殷周制度论》，《观堂集林》第二册，中华书局，1959年版，第453～454页。

[19] 《公羊传·隐公元年》。

[20] 《左传·桓公二年》。

[21] 童书业：《春秋史》，山东大学出版社，1987年版，第7页。

[22] 《诗·小雅·谷风之什·北山》。

图一　1994年山西曲沃晋侯墓地64号墓发掘现场
Figura 1. Tomba n. 64 della necropoli dei marchesi di Jin a Quwo, Shanxi

沃发掘了17座晋侯和夫人的墓葬，2000年又发掘19座墓葬，两次发掘共涉及六代晋侯[23]。晋侯始祖是周成王之弟叔虞，晋侯墓地出土的晋侯稣钟的铭文还记载了周天子巡守东国和南国之事（惟王卅又三年，王亲遹省东国南国），显示出周王朝和地方诸侯的互动关系（图一、二）[24]。

2011年在湖北随州叶家山发掘了63座西周成王、康王时期的曾国墓葬，出土的有铭文青铜器涉及与周人异姓的宗族有16个之多。包括过去认为与周王室同姓的姬姓曾国，可能也是异姓诸侯[25]。另外，本次展览中的文物"噩（鄂）侯"青铜方彝，2007年出土于随州安居羊子山的鄂侯墓地，地点距离叶家山西周墓地只有20公里。如此密集的不同姓氏的青铜器在周人的南国汉水中游（汉阳）一带发现，再次证实了周王朝通过同姓和异姓的诸侯国，在边疆地区实行分封统治的事实（图三、四）。

从周人的宗法制和封建制可以看出，周天子、诸侯和大小贵族们的权力除了天命赋予之外，主要是与"大宗"的血缘关系密切联系的。在没有王权神授、没有选票计算的情况下，要向天下宣布权力来源的合法性、执政的正当性就必须祭祀祖宗、上天和鬼神，周代

图二　晋侯断壶，晋侯"断"即晋献侯
Figura 2. Recipiente rituale in bronzo del tipo Hu, chiamato "Pi", appartenuto al marchese Xian di Jin

[23] 北京大学考古学系、山西省考古研究所：《天马－曲村遗址北赵晋侯墓地第五次发掘》，《文物》1995年第7期；北京大学考古学系、山西省考古研究所：《天马－曲村遗址北赵晋侯墓地第六次发掘》，《文物》2001年第8期。

[24] 马承源：《晋侯稣编钟》，《上海博物馆集刊》1996年第7期。

[25] 湖北省文物考古研究所、随州博物馆：《湖北随州叶家山西周墓地发掘简报》；李伯谦等：《湖北随州叶家山西周墓地笔谈》，《文物》2011年第11期。

图三　2011年湖北随州叶家山曾侯墓地全景
Figura 3. Veduta aerea della necropoli dei marchesi dello Stato di Zeng, a Yejiashan, Suizhou, Hubei

图四　2011年湖北随州叶家山65号墓（曾侯谏墓）出土青铜礼器
Figura 4. Oggetti rituali in bronzo dalla tomba n. 65 del marchese Jian di Zeng

也由此形成了一整套礼乐制度以维系社会的等级和教化。贵族的各种行为都用礼来规范，比如祭祖、祭鬼神祀用"吉礼"，丧葬、灾荒用"凶礼"，朝聘、会同用"宾礼"，吉庆活动用"嘉礼"，征伐用"军礼"等等。而祭祀场合使用的青铜祭器和乐器，就成为贵族身份的象征。按照周人的政治设计，在周天子的分封授权下，各级贵族遵循礼乐制度而获得特权，同时也需履行捍卫周王朝、缴纳贡赋的义务。对于那些反叛周王室，或违背礼乐制度的邦国和四夷就用武力征伐，以保证王道的实行。这一理想状态就是孔子所说的"天下有道，则礼乐征伐自天子出。"[26]周朝的社会特点简而言之就是："国之大事，在祀与戎"[27]。

周朝贵族的权力为天命和祖先所赋，周代礼乐制度也以敬天崇祖为核心。在礼乐制度的规范下，各级贵族各有名分，并按照宗法秩序各安其位，体现等级秩序和贵族身份之物就是青铜礼器，其中最为重要的礼器是青铜鼎和青铜编钟。不同等级的贵族在仪式中使用不同的青铜礼器，天子用九鼎，诸侯七鼎，大夫五鼎，士三鼎，这就是礼制的"鼎制"；编钟、编磬乐器的悬挂，天子为四面（宫悬），诸侯三面（轩悬），大夫两面（判悬），士一面（特悬），这就是礼制中的乐制。本次展览展出的随州擂鼓墩2号墓出土的战国时期的编钟，属于诸侯级别[28]，在乐器悬挂方式上就遵循了轩悬的礼制。由于青铜器是礼乐制度的体现，代表了贵族身份，故孔子说，只有名爵和礼器不能予人，名爵是威信，威信、礼乐由礼器体现（"唯器与名，不可以假人……名以出信，信以守器，器以藏礼，礼以行义"）[29]。也正是由于中国的青铜器是祭祀上天和祖先的宗庙祭器，而不是简单的用具，各级贵族倾其财力制作精美的青铜器，其行为和器物本身都含有神圣性和身份性的炫耀自不待言，这是其他古代青铜文明所没有的现象（图五）。

[26]《论语·季氏》。

[27]《左传·成公三年》。

[28] 刘彬徽、王世振、黄敬刚：《湖北随州擂鼓墩二号墓发掘简报》，《文物》1985年第1期。

[29]《左传·成公二年》。

图五　1978年湖北随州出土曾侯乙编钟，该编钟65件一套，两面悬挂，加上一面编磬，成轩悬之制
Figura 5. Complesso di campane del marchese dello Stato di Zeng, composto da 65 pezzi sospesi su tre livelli

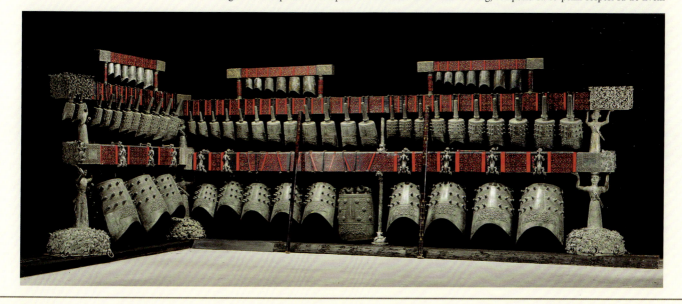

三　礼乐征伐自诸侯出

东周分为"春秋"和"战国"两个时期，"春秋"因鲁国历史《春秋》而得名。鲁《春秋》记录鲁隐公元年到鲁哀公十六年（公元前722～前479年）的史事。东周始于公元前770年周平王东迁洛阳，其结束年代有周敬王四十三年（公元前477年）或四十四年（公元前476年），晋国三家灭掉智氏（公元前453年）或韩、赵、魏三家分晋（公元前403年）多种看法，《春秋》大致可以涵盖这一时期。战国时期始于周元王元年（公元前475年），这是《史记·六国年表》开始的一年，结束于秦统一六国的公元前221年。

从东周开始，西周建立的宗法社会出现了重大变化，这些变化大致有四个方面，一是在宗法制和分封制下，中原与四夷的融合加快，华夏民族形成；二是疆域扩大；三是经济发展，学术思想发生变化；四是中国大一统局面在酝酿[30]。其最显著的就是诸侯势力的兴起，周王室权力的削弱，出现了"礼坏乐崩"的局面，所谓"天下无道，则礼乐征伐自诸侯出"[31]。其中春秋时期可以分有两个阶段，以公元前546年诸侯国召开的"弭兵大会"为界，此前以各诸侯国争霸战争为主，春秋五霸都出现在这一时期，此后以列国内部的制度变迁为主，诸子百家、思想争鸣也集中在这一时期。到战国时期，邦国林立，诸侯争霸的局面逐渐形成秦、齐、燕、韩、赵、魏、楚七个强国，"春秋无义战"逐渐演变为强国之间进行的兼并统一战争。这其中以秦国、楚国表现最为突出。相对于统一中国的秦国而言，楚国历史不为西方观众熟悉，本次展览展出的许多楚国文物正是春秋战国时期中国社会特色的反映，由楚国可略见一斑。

楚人发祥地在荆山，以"楚"为国名，"楚"有在山林建国之意。楚国大诗人屈原（公元前340～前278年）说自己是黄帝之孙高阳氏（颛顼）的后裔。从楚贵族墓葬的人骨鉴定材料看，楚贵族不是江汉地区的原住民，而是北方中原人种[32]。楚宗族的姓氏是"芈"姓。商末周初，楚人首领鬻熊率部居于丹阳（约在今河南淅川、湖北丹江一带），也协助周人克商，楚人进入信史时代。在周成王（公元前1042～前1021年）时，楚首领熊绎受封为子爵，其主要任务就是向周王室供应祭祀用品。周昭王（公元前995～前997年）时，楚人已经让周人的南国不安宁，周昭王为此南征死于汉水。楚国君熊渠后来干脆以蛮夷自居，不奉周室号令。但是在礼乐制度上，楚人在尊崇周礼的基础上又有创新。从春秋时期开始，楚人在军事上逐渐强大，成为春秋五霸之一，楚人根本不把周王室放在眼里，甚至将军队开到了黄河边，在周人的王畿之地问鼎中原。从文献记载看，楚人先后兼并了60余个诸侯国，是列国中兼并国家最多的。到战国时期，楚国成为"地方五千余里，带甲百万，车千乘，骑万匹，粟支十年"[33]的超级强国，客观上促成了秦朝的统一。此次展品中楚墓的礼器和兵器，是当时一般诸侯国的常见器物，基本体

[30] 童书业：《春秋史》，山东大学出版社，1987年版，第237～238页。

[31]《论语·季氏》。

[32] 湖北省文物考古研究所：《包山楚墓》，文物出版社，1991年版，第415页；湖北省文物考古研究所：《江陵望山沙冢楚墓》，文物出版社，1996年版，第229页。

[33]《史记·苏秦列传》卷69。

现了春秋战国时期的社会特点以及楚国的文化风貌。

楚人的文化为中原文化的支流，因久居蛮夷之地的江汉地区，其礼乐制度尤其是核心的鼎制受到当地蛮夷文化的影响，体现在青铜鼎的形态较中原的青铜鼎有所改变，低级贵族使用鼎的数量也采用偶数组合，但楚人用青铜礼乐器代表贵族身份没有改变[34]。以枣阳九连墩楚墓出土的青铜礼器来看，无论是楚人下葬时遵循的鼎制、礼器的组合关系，还是器物的造型，与中原的差别都不大。值得注意的是，九连墩楚墓出土的成组的漆木礼器，显示出周代礼乐制度不仅是青铜器，还包括了玉器和漆木器。

先秦时期的礼乐制度夏、商、周各有不同，周王室与诸侯列国也不尽相同，但"器以藏礼"，用礼乐器区别尊卑贵贱的规则始终不变。因此，礼乐器作为制度、权力和身份的符号，并不会因为春秋战国时期各国采用的形式、数量以及组合方式的局部变化而改变它的基本意义。从九连墩楚墓出土礼乐器的整体上看，楚国礼乐器虽有个别器形、器类和礼器组合的变化，但这不能改变楚国的礼乐制度仍然是周王朝礼乐制度重要组成部分的事实。例如，本次展览展出的九连墩楚墓出土的青铜鉴缶（冰鉴），是周代祭祀中的主要用器。冰鉴是装水的鉴和装酒的壶或缶之组合。缶置于鉴中，鉴与缶之间的空隙可盛冰。《周礼·天官·凌人》云："祭祀共冰鉴。"祭祀用冰鉴是因为祭祀用酒为未经蒸馏的发酵酒容易变酸，使得无法祭享，冰冻则可保持酒的清醇。九连墩楚墓之冰鉴，正是祭祀的重要酒器。以往楚墓出土的鉴缶因保存情况不佳或扰乱，是否为冰鉴组合不明，九连墩出土的鉴缶提供了难得的考古样本（图六、七）。

周代以礼乐制度体现和维系社会的等级秩序，以武力征伐镇压邦国的反叛动乱。周王室衰落之后，礼乐征伐由诸侯掌控。楚国成为统一中国南方的大国，其原因主要有两点：一是在制度层面亦夷亦夏，既用周礼，也保留蛮夷作风，赢得了广泛支持；二是尚武好战。楚康王（公元前559～前545年）曾说，五年不出兵征伐，就是忘掉先君之业[35]。春秋时期，诸侯之间的战争基本就是围绕楚国争霸中原，中原联军抗楚而展开。它包括南北战线的晋楚战争和东西战线的吴楚战争。战国时期，兼并战争集中在以楚国为中心的六国合纵抗秦。楚国军事力量也就在不断地兼并战争中得到壮大。荀子曾评论楚国的军力说："楚人鲛革，犀兕以为甲，坚如金石；宛巨铁鈦，惨如蜂虿；轻利僄速，卒如飘风。"[36]

图六、七　2002年湖北枣阳九连墩1、2号墓出土的方鉴缶、圆鉴缶
Figure 6,7. Jianfou quadrati e rotondi rivenuti nelle tombe n.1 e n.2 di Jiuliandun

[34] 高崇文：《楚国丧葬礼仪制度概述》，《楚文化研究论集》第五集，黄山书社，2003年版，第208页。

[35]《左传·襄公十八年》。

[36]《荀子·议兵》。

图八　2002年湖北枣阳九连墩1号车马坑发掘现场

Figura 8. la fossa n.1 dei carri e cavalli delle tombe di Jiuliandun

楚国争霸中原的战争从楚文王十一年（公元前679年，齐桓公称霸）到楚康王十一年（公元前549年，宋国的向戎召集诸侯弭兵大会），其中宋楚泓之战（公元前638年），晋楚城濮之战（公元前632年）、邲之战（公元前597年）和鄢陵之战（公元前575年）这四次重大战争奠定了楚国的霸主地位。中原列国以晋为首组成联军。楚或联秦，或联齐，双方基本是势均力敌。战场在郑、卫、许、陈、蔡、宋、江、蓼、六、舒等国进行，即今天河南的中部、东部，山东西南和安徽、江苏的北部。从楚共王六年（公元前585年）吴国兴起，到楚怀王（公元前328～前299年）二十三年（公元前306年）楚灭越[37]，楚国的军事中心渐转向长江下游和淮河流域。这时的楚境东接齐鲁，西邻强秦，战线漫长。在公元前278年秦将白起攻克楚人首都郢之后，楚郢都迁到安徽寿县。新的秦楚边境无险可言，楚境内河流上游的浍河、惠济河－涡河，贾鲁河、汝河－颍河已在秦境，季节干燥时可步涉。秦灭楚之战开始之后，楚军被秦军追击引起平原上的大逃窜。公元前223年楚都寿春旋被攻克，楚亡。

从纯军事角度看，周代的作战主要以车战为主，楚人也不例外。在九连墩楚墓发掘清理了1、2号车马坑分别出土33辆车、72匹马和7辆车、16匹马，创下中国考古发掘的车马坑出土车马之最。孙子曾言："车甲之奉，日费千金"。从九连墩楚国战车的装备来看，车战耗费不赀。墓主下葬年代接近秦人破郢的公元前278年，已是战国晚期，由此可知车战大致贯穿楚国争霸的整个时期。由此可见在战国晚期，楚国仍维持庞大车甲对其经济有巨大的破坏作用（图八）。

春秋战国时期，战争总的趋势是车战逐渐被步战、野战代替，步兵的作用日益突出。楚国是较早使用独立步兵的国家。楚共王二十一年（公元前570年），楚军进入吴越地区作战，楚将邓廖就率领组甲300、被练3000为前锋。文献所称"组甲"、"被练"是步兵，但具体形制不详。从考古材料来看，楚国甲兵大致是以皮革为甲，髹漆后再以丝麻编联制成。楚高级贵族墓中都发现有甲胄。九连墩1号墓一次清理出28副甲，为历年楚墓出土之最。经整理研究，它们有7种类型，还包括有秦式甲[38]。本次展出的就是其中一种。此外，楚墓出土大量的短兵器如剑、匕首和射远武器弓、弩等，这些是步兵的最佳装备。九连墩1号墓一次出土28副甲、28把青铜剑，正好一甲一剑。楚人最先发明了弩，它是用于近身肉搏和突袭的利器，目前发现完整的弩都出土于楚墓。九连墩1号墓一次出土两件漆绘弩，亦反映出墓主对新型

[37] 楚灭越时间尚有公元前334、307、306、305、250年等多说，《史记》取公元前333年。

[38] 王先福：《九连墩1号楚墓人甲的复原与初步认识》，《楚文化研究论集》第五集，黄山书社，2003年版，第484页。

图九、十　2002年湖北枣阳九连墩1号墓出土弩及弩上的田猎图
Figura 9,10. Balestra e la scena di caccia ivi dipinta, dalla tomba n.1 di Jiuliandun

弩兵的重视（图九、十）。

　　春秋战国时期是中国传统文化的奠基时代。这个时期约相当于Karl Jaspers（1883～1969年）所说的"轴心时期"（the Axial Period, from 800 to 200 BCE），世界各主要文明都酝酿文化上的突破[39]。尽管出现礼坏乐崩、诸侯混战，但敬天崇祖、敬畏神明、追求社稷和一己之福的仪式并没有消失，只是"礼乐征伐自诸侯出"。战争频繁也促进技术的发展，青铜铸造技术都达到了青铜时代的最高分。观念的更新也导致思想上的百花齐放，出现儒家、道家等各种思想流派。在制度和精神层面上，混乱所带来的文化融合又开启了秦汉大一统之门。

四　结　语

　　中国对上天的崇拜，发生在新石器时代，商人的"天"是具有人格神的"帝"，周代的"天"是终极神明，并被赋予了道德意义，如孟子所说："天不言，以行与事示之而已矣。"[40]祭祀先人也由按功德变成按血统[41]。简单讲，"天"已不是绝对的神，"祖"却具有部落英雄的神圣性。这在人神相隔的"绝地天通"的情况下，敬天崇祖必然会引导民众远离淫祀，使社会理性发展。

　　夏、商、周三代是中国的青铜时代，礼乐制度是当时社会关系和意识的体现。礼乐器的器形、器类、组合和使用方式会因观念的不同发生变化，当礼器代表贵族身份和秩序不变时，社会的风尚的变化也会影响礼器中的某类器物、某种纹样的变化，形成时代风格。如商代青铜礼器以酒器为中心，强调的是人与神的沟通；周代青铜礼器以食器为优先，反映的是贵族的现实身份。周人敬天崇祖，因为天命、祖先、神明既是宗法制度的权力来源所在，也是社会生活的意义所在。礼器在彰显身份之时，也体现着人与天、人与神的关系。周初提出的天命观，开始未必有周密的制度设计，但在"天命"的制约下，统治者有所忌惮，被统治者有所期待，知识分子也有道德的批判武器，社会稳定有序。尽管春秋战国时期出现礼坏乐崩局面，天命与德行仍然居于中国人政治伦理的中心，它不仅为秦汉时期恢复秩序，最终建立大一统的王朝奠定了基础，也成为整个中国古代社会政治伦理的核心。

[39] Karl Jaspers, *The Origins and Goal of History*, Yale University Press, 1953.

[40]《孟子·万章》。

[41]《礼记·祭法》："有虞氏禘黄帝而郊喾，祖颛顼而宗尧。夏后氏亦禘黄帝而郊鲧，祖颛顼而宗禹。殷人禘喾而郊冥，祖契而宗汤。周人禘喾而郊稷，祖文王而宗武王。"

L'ORDINE SOTTO IL "MANDATO CELESTE"
——le caratteristiche del sistema della dinastia Zhou

Hubei Provincial Museum   *Wang Jichao*

L'età del Bronzo in Cina comprende le Tre Dinastie della Pianura Centrale: Xia (XXI-XVI secolo a.C.), Shang (XVI-XI secolo a.C.) e Zhou (1046-221 a.C.). Nonostante i primi bronzi rinvenuti sul territorio cinese risalgano al Tardo Neolitico, nella Pianura Centrale l'età del Bronzo si avviò solo nella fase finale della dinastia Xia, come dimostrato dalla scoperta di 104 bronzi di 18 tipologie differenti nel sito del terzo periodo di Erlitou, nello Henan. Tra gli oggetti riportati ivi alla luce troviamo calici tripodali *jue* e recipienti per bevande alcoliche del tipo *jia*. Nel primo e medio periodo della dinastia Shang, i bronzi erano ancora per lo più attrezzi da lavoro. La serie di recipienti per bevande alcoliche di tipo *jue, gu, jia* e dei contenitori per alimenti del tipo *ding* e *gui*, riservati alla classe aristocratica, comparvero solo nella fase finale della dinastia Shang. Dalla tomba di Fu Hao, nel sito di Yinxu, sono stati rinvenuti 468 bronzi, 210 dei quali erano recipienti. Questi costituiscono un gruppo organico di oggetti di ottima fattura, arricchiti con complesse decorazioni, la maggior parte dei quali avevano più uno scopo rituale che non d'uso quotidiano, il che dimostra la loro natura di simboli dello status nobiliare del possessore. Dal punto di vista culturale, le dinastie Xia, Shang e Zhou non si discostano molto l'una dall'altra, come afferma Confucio, infatti: "Yin (Shang) è stata favorita dai riti Xia, come Zhou dai riti Shang". È dunque evidente che il sistema rituale si sia trasmesso da dinastia a dinastia. In questo processo, nonostante i cambiamenti occorsi durante le Tre Dinastie, i bronzi continuarono ad essere un simbolo di status sociale. Questa caratteristica rende del tutto diversa l'età del Bronzo cinese da quella europea, la quale, invece, secondo quanto affermato da Christian Jürgensen Thomsen (1788 -1865), "forgiò armi e attrezzi da taglio in rame o in bronzo."

Affidandoci alle parole di Confucio, possiamo quindi asserire che il sistema della dinastia Zhou deriva da quello delle dinastie Xia e Shang, ma con delle importanti modifiche dovute all'introduzione della nozione di "Cielo" (*Tian*)[divinità suprema dei Zhou, che andò a sostituire quella degli Shang, *Shangdi*] e a cambiamenti in relazione al culto degli antenati. Partendo dal sistema rituale degli Xia e degli Shang, i Zhou assegnarono un valore fondamentale al concetto di "Mandato celeste" (*Tianming*) [il mandato che il Cielo concedeva ai sovrani Zhou, legittimandone il potere], da cui dipendeva l'intero sistema politico, etico e sociale. L'introduzione del "Mandato celeste" come concetto arbitrario da cui far dipendere un'attività dinastica è un'innovazione dei Zhou e tale nozione costituisce il nucleo del sistema politico di tutte le dinastie successive. Ovviamente i sacrifici al Cielo e il culto degli antenati sono fenomeni inevitabili per ogni civiltà arcaica, come scritto infatti nel testo "Memorie sui Riti": "Le diecimila cose si originano dal Cielo, l'uomo si origina dagli antenati". Tuttavia, i Zhou furono gli unici ad attribuire al "Cielo" e agli "antenati" un significato non solo ontologico, ma anche di detentori del potere supremo, arbitri della giustizia finale e depositari della virtù.

Segue una breve presentazione del concetto di "mandato celeste", caratteristica politica peculiare della dinastia Zhou.

1. "Il mandato celeste è mutevole e favorisce solo i virtuosi"

L'ascesa dei Zhou, di cognome "Ji", attivi nei bacini dei fiumi Weishui e Jinshui, fu influenzata sia dalla cultura Shang sia dalle culture Siwa e Xindian dell'area del Gansu e del Qinghai. Di fronte alla potente dinastia Shang, la tribù Zhou si dimostrò sempre in posizione di debolezza, e il trionfo finale sugli Shang non si deve alla forza militare, ma all'astuzia del re Wu (1046-1043 a.C.). Di conseguenza, dopo la fondazione della dinastia, benché i Zhou avessero legittimamente ereditato le regole di successione dinastica, il sistema di investitura dei nobili e la scrittura, dalla precedente dinastia Shang, non riuscirono ad esercitare un pieno controllo sul territorio. I Zhou erano consapevoli che per dominare una civiltà superiore alla loro occorreva un metodo molto convincente che potesse far presa su tutti, per cui svilupparono il concetto del "Mandato celeste", che vincola il potere alla virtù, e stabilirono il sistema feudale, basato sulla corte imperiale, "assegnando terre ai consanguinei in cambio della loro protezione". Il concetto del "Mandato celeste" e il feudalesimo sono due elementi di grande innovazione introdotti dalla dinastia Zhou. In particolare modo lo sviluppo del "Mandato celeste" divenne in seguito il nucleo fondamentale del sistema politico delle dinastie successive, esercitando un'enorme influenza sui posteri.

Il "Mandato celeste" rappresenta la volontà del Cielo. Gli Shang non conoscevano la nozione di "mandato celeste ", credevano negli sciamani, in grado di comunicare con gli spiriti. Nel testo "Memorie sui riti" sta scritto: "I re Shang, rispettosi del sacro e degli spiriti, guidarono il popolo alla loro venerazione, per cui dagli spiriti nacquero i riti". Questa peculiarità si rispecchia anche nei bronzi. K. C. King afferma che le figure di animali rappresentate sui bronzi erano di supporto allo sciamano per comunicare con gli spiriti del cielo e della terra, e che il re Shang era il capo sciamano. Ciò dimostra anche che la capacità di comunicare con gli spiriti era la prova della legittimità del potere da parte della casata reale. È possibile per cui sostenere che la dinastia Shang non fosse del tutto scevra da implicazioni spirituali. Naturalmente, dal punto di vista degli Shang, non è che in assoluto non esistesse affatto un "Cielo" dotato di volontà, visto che, per esempio, secondo loro, i "quattro venti" (quattro fenomeni meteorologici) ne erano i messaggeri. Gli Shang però ricorrevano al concetto di "*Dì*" (essere supremo), privo di giudizio morale, per indicare quello che poi i Zhou avrebbero indicato come il "Cielo", una forza che, come gli spiriti, soltanto gli sciamani potevano evocare.

Dopo la vittoria dei Zhou, gli Shang non scomparvero del tutto, così come le tribù barbare ai confini non furono completamente sottomesse. In tali circostanze, senza rinunciare alla venerazione degli spiriti, i Zhou, per legittimare il loro potere, si servirono del concetto del "mandato celeste", un mandato che veniva concesso personalmente dal "Cielo" al sovrano designato e che era assegnato su base morale. I sovrani si definirono "figli del Cielo" (*Tianzi*), per cui, rovesciando gli Shang, avevano semplicemente agito in vece del Cielo. Nel "Il Classico dei documenti: Il grande Annuncio" si legge: "Il Cielo volle la fine del re Ning e l'ascesa di noi Zhou", l'ascesa dei Zhou è dunque benedetta dal Cielo". Nel capitolo "Annuncio al principe Kang" viene poi spiegato che: "È per volontà del Cielo che il re Wen ha rovesciato gli Shang, dominando sul loro territorio e sulla loro gente". Nel 1963 a Baoji, nello Shaanxi, è stato rinvenuto un recipiente in bronzo del tipo *zun* chiamato "Hezun", del periodo del re Cheng dei Zhou (1042-1021 a.C.), il cui testo inciso spiega che nel quarto mese del suo quinto anno di regno, il re Cheng stabilì la capitale a Chengzhou (Luoyang), dove offrì un sacrificio al re Wu. Nel corso della cerimonia, il re Cheng annunciò a un membro della stessa casata chiamato "He" che suo padre in vita aveva servito prima il re Wen, il quale ricevette il "Mandato celeste", e poi il re Wu, che, dopo aver sconfitto gli Shang, dominò il "Paese di Mezzo" (*Zhongguo*), e governò il suo popolo. He realizzò il contenitore per commemorare l'evento. L'iscrizione mette in relazione il fatto di aver ricevuto il "mandato celeste" con il fatto di aver esteso il proprio "dominio al Paese di Mezzo", attribuendo il trionfo dei Zhou alla protezione celeste. Nella decisiva battaglia di Muye, le truppe Zhou sconfissero un avversario mille volte più forte. In tale contesto, la perdita della virtù da parte degli Shang e la ricezione del "Mandato celeste" dei Zhou sembra una spiegazione convincente. Da allora, nella società tradizionale cinese il "Mandato celeste" e la "virtù" diventarono la prova determinante della legittimità di un regime dinastico, per cui qualsiasi cambiamento politico e sociale venne ad esso attribuito." (Vedi a la pagina 20, Figura I)

La dinastia Zhou era fondata su un potere di tipo terreno, quindi i suoi re non avevano alcuna autorità sacra. La tradizione politica cui si rifanno i Zhou non può essere individuata né nel potere sciamanico degli Shang, in quanto la funzione degli spiriti dai Zhou fu fortemente limitata, né nel governo teocratico del medioevo europeo, visto che le forze religiose nel sistema dei Zhou non svolgevano alcun ruolo, né tanto meno in quella di un governo democratico, visto che all'epoca non esisteva affatto la nozione di elezione. Per quanto riguarda le due questioni fondamentali sulla legittimità della dinastia (la giustificazione al potere politico e il consenso del popolo), i Zhou avanzarono come soluzione il proponimento di due concetti, quello del "Mandato celeste" e quello della "virtù" (*de*). Come già affermato nel titolo del presente paragrafo, "il Mandato celeste è mutevole e favorisce solo i virtuosi" ; ciò significa che il Cielo concede il potere di governare soltanto ai sovrani virtuosi. Ecco spiegato allora perché gli Shang furono sostituiti dai Zhou; ciò accadde per il malgoverno del sovrano e il mancato consenso del popolo. La funzione del "Mandato celeste" è quello di avvertire i governanti che per mantenere il proprio potere non è sufficiente credere negli spiriti, al contrario, solo integrando "Mandato celeste" e consenso popolare il regime può durare in eterno. Questo è anche il motivo della successiva affermazione di Confucio, il quale sosteneva che bisognasse valorizzare la virtù del Cielo, tenendosi rispettosamente lontano dagli spiriti.

I Zhou ereditarono il sistema rituale degli Shang, senza rinunciare a offrire sacrifici agli spiriti. Visto che il "Mandato celeste" era diventato una delle fonti di legittimità del potere, l'obiettivo delle cerimonie sacrificali consisteva nel pregare il Cielo di proteggere il potere e la ricchezza della dinastia. Tale fine emerge chiaramente nella poesia "Le mie offerte", scritta dal re Wu, che dopo avere sconfitto il re Zhou, ultimo imperatore della dinastia Shang, offrì un sacrificio al Cielo nel tempio ancestrale per ottenerne la protezione.

Ho portato le mie offerte, un toro e un montone, per ottenere la protezione del Cielo. Seguo i riti del re Wen, e ogni angolo del regno è calmo. Grande re Wen, accetta le mie offerte! Giorno e notte riverisco la volontà del Cielo, per ottenere la sua protezione. (dal "Classico delle poesie , Odi sacrificali dei Zhou, Odi nei templi, Le mie offerte")

Prima della nascita della moderna democrazia, i modelli di legittimazione della sovranità erano due: il diritto divino e il sistema di elezione democratica dell'antica Grecia. Il modello del "Mandato celeste" costituisce il fondamento politico non solo della dinastia Zhou, ma anche di tutte le dinastie cinesi che le succederanno. Inoltre, la "virtù", una parte fondamentale del concetto di "Mandato celeste", implica il diritto del popolo di rovesciare un governo dispotico. Di conseguenza, l'alternarsi delle dinastie, l'instaurazione del sistema rituale e il concetto confuciano "il popolo al primo posto, lo Stato al secondo, il re all'ultimo", trovarono tutti giustificazione nel "Mandato celeste". Va tuttavia notato che interpretare il "Mandato celeste" e la "virtù" rimaneva prerogativa nelle mani dei sovrani, i quali ricorsero a un'ampia varietà di cerimonie rituali e di sacrifici per giustificare e diffondere ovunque il proprio diritto a governare grazie al "Mandato celeste". L'avvento del concetto di "Mandato celeste" è l' evento più significativo della civiltà cinese. Esso non solo legittimò l'ascesa dei Zhou ai danni degli Shang, ma in seguito ispirò anche la filosofia politica confuciana e fissò il vincolo del consenso popolare per l'autorità politica delle dinastie successive.

La dinastia Zhou si suddivide in dinastia dei Zhou Occidentali (1046-771 a.C.) e dinastia dei Zhou Orientali (770-221 a.C.), con capitale rispettivamente a Zongzhou, l'attuale Xi'an, nello Shaanxi, e Chengzhou, ossia l'attuale Luoyang, nello Henan. La dinastia dei Zhou Orientali si suddivide a sua volta in due periodi: Primavere e Autunni (770-476 a.C.) e Stati Combattenti (475-212 a.C.). In generale, i Zhou Orientali conobbero un notevole sviluppo in ambito politico, militare, filosofico e culturale rispetto ai Zhou Occidentali, senza però in alcun modo andare a modificare il tradizionale rispetto del Mandato celeste e la concezione fondamentale basata sull'importanza dei sacrifici, dei riti e delle guerre, che costituiscono le responsabilità primaria dell'impero. In particolare, sulla base del "mandato celeste", i Zhou Occidentali stabilirono un sistema di tipo patriarcale e una gerarchia feudale, mentre i Zhou Orientali furono testimoni delle guerre tra Stati rivali in lotta per l'egemonia. Nel periodo delle Primavere e Autunni, gli Stati di Qi, Chu, Jin e Qin plasmarono a proprio piacimento il "Mandato celeste", in modo da favorire il loro potere ed esercitare il loro comando; nel successivo periodo degli Stati Combattenti, con la decadenza della dinastia Zhou, "l'acquisizione del diritto di offrire sacrifici e di dichiarare guerra da parte dei singoli nobili" divenne un dato di fatto.

2. "Le prerogative fondamentali dello Stato sono i sacrifici rituali e le guerre"

Per esercitare un controllo capillare sulla Pianura Centrale e sulle zone di confine, la dinastia Shang suddivise il proprio territorio in "dominio interno" (*neifu*) [che comprendeva l'area della capitale] e "dominio esterno" (*waifu*) [che comprendeva le città protette da mura nelle zone periferiche], e istituì diverse cariche nobiliari, come quella di *huo, bo* e *zi* [connesse all'amministrazione di questi territori: con i titoli *huo* e *bo* si indicano i vari signori delle città dotate di mura, mentre con il titolo di *zi* si indicavano i "figli" del re (dando alla parola "figlio" un'ampia connotazione), i quali si occupavano dell'amministrazione del "dominio interno"]. Il "dominio" (*fu*) rappresentava un sistema che regolava i tributi, i titoli nobiliari (*jue*) indicavano lo status sociale di appartenenza. I funzionari che operavano all'interno o nelle zone limitrofe alla capitale erano i "funzionari del dominio interno", che si dividevano in alti funzionari che operavano al di fuori della corte reale e funzionari dalle più alte competenze che si occupavano degli affari interni alla corte. I "funzionari del dominio esterno" operavano nelle zone periferiche, e si dividevano in *hou, bo, nan, dian* etc. Per i domini che distavano dalla capitale più di 250 *li* [unità di misura che corrisponde a ca. 500 m] c'era una divisione delle cariche in cinque classi, che a seconda la distanza crescente dalla capitale si chiamano *hou, dian, nan, wei* e *bangfu* (o *cai*). I Zhou ereditarono questo sistema dagli Shang, ma vi apportarono delle modifiche: conservarono la distinzione tra "dominio interno" e "dominio estreno" per conferire le varie cariche, ma spostarono la carica esterna di *cai* tra le cariche interne, conferendola agli alti funzionari (Ministri). I Zhou non intaccarono invece le altre quattro cariche esterne, ossia *Hou, Dian, Nan e Wei,* che vennero attribuite ai capi dei vari lignaggi che governavano sui territori feudali (*guo*) in cui era stato suddiviso il regno. L'imperatore Zhou regnava su tutti costoro, visitava i territori (*guo*) ogni cinque anni, ed era sia il capo supremo dei "funzionari interni" sia il "sovrano comune" (*gongwang*) di tutti i signori feudali.

I Zhou ereditarono anche il sistema politico degli Shang, con alcune modifiche. Secondo il grande studioso cinese Wang Guowei, la maggiore differenza fra i sistemi politici delle dinastie Shang e Zhou è che il primo non si basa sulla virtù, come invece il secondo. Per garantire che la dinastia fosse "virtuosa", i Zhou effettuarono tre importanti cambiamenti nel sistema politico Shang. Wang Guowei afferma: "Il sistema dei Zhou è molto diverso da quello Shang, prima di tutto per il diritto di primogenitura, da cui nacquero successivamente il sistema patriarcale, quello dei costumi funerari ed il sistema feudale e gerarchico; in secondo luogo per il sistema rituale e, infine, per il divieto di matrimonio tra persone con lo stesso cognome. Tutto ciò spiega la solidità del potere dei Zhou, basato sulla virtù e che riunisce, nella sua totalità, il sovrano, i nobili, i funzionari, gli eruditi e i sudditi, formando un insieme virtuoso. Questo è il significato dell'operato del duca Zhou". Il fulcro di questi cambiamenti è la fondazione di un sistema patriarcale che stabilisce la gerarchia nobiliare tramite la consanguineità, così da risolvere i problemi legati alla successione.

2.1 La successione al potere basata sul sistema patriarcale detto *zongfa* come garanzia per la pace interna

Il sistema patriarcale detto *zongfa* è un sistema che regola la successione al potere sia dei re che dei signori feudali [e di tutte le altre cariche] fondato sul privilegio riservato ai figli delle prime mogli (e non quelli delle concubine). L'età e la virtù non influenzano minimamente il sistema di successione. Solo il primogenito della prima moglie poteva succedere alla carica nobiliare del padre. La successione dinastica è, dunque, riservata al primogenito della prima moglie del sovrano. Gli altri figli diventavano nobili, e i loro figli funzionari. Secondo i rapporti di consanguineità, il primogenito che succede al trono fonda il ramo principale, e i suoi fratelli i rami secondari. Nel territorio a lui assegnato, il primogenito del ramo secondario, che eredita il titolo, rappresenta il ramo principale rispetto ai fratelli, che diventano funzionari di secondo livello. La regola viene applicata a tutti i livelli nobiliari, da cui prende forma una struttura sociale gerarchizzata la gerarchia sociale "imperatore - nobili - funzionari - signori - sudditi". Il sistema di investitura feudale sviluppatosi dal diritto di successione è il sistema patriarcale. Il ramo principale si tramanda di generazione in generazione, secolo dopo secolo.

Nella società patriarcale, il grado di consanguineità con il sovrano condiziona la gerarchia dei nobili, mentre nel sistema feudale le terre sono suddivise tra famiglie con lo stesso cognome: gli zii paterni hanno lo stesso cognome, quelli materni no, in altre parole "i parenti nobili formano un recinto intorno al re". I nobili regnano nei territori loro assegnati, secondo la struttura vigente nella corte imperiale. Il feudalesimo cinese è quindi un sistema politico che deriva dal sistema di consanguineità patriarcale. Teoricamente, nella società patriarcale tutti i nobili, dal re ai signori di più basso livello, appartengono a un'unica famiglia, che esclude chi è privo dello stesso cognome. Quindi sotto i Zhou si formò un rigido sistema gerarchico, che favorì un ambiente politico unitario, proprio come si legge nel "Classico delle poesie": "Tutto sotto il cielo appartiene al re, e tutti i funzionari sono suoi vassalli".

2.2 Il sistema feudale come garanzia dell'ordine e del controllo del regno

Il sovrano Zhou assegnò ai familiari con lo stesso cognome (Ji) gli Stati di Jin, Huang, Cai e Wei, ai parenti con diverso cognome lo Stato di Qi (cognome Jiang) e lo Stato di Chu (cognome Mi), e alle tribù sottomesse lo Stato di Song (cognome Zi) e lo Stato di Qi (cognome Si). La maggior parte dei nobili assegnatari portava il cognome Ji: tra i 71 Stati concessi dal "Duca di Zhou" (Ji Dan), ben 53 andarono a nobili di cognome Ji. I titoli nobiliari, secondo il grado di consanguineità, erano *Gong* (Duca), *Hou* (Marchese), *Bo* (Conte), *Zi* (Visconte) e *Nan* (Barone). Gli Stati affidati a nobili con cognome diverso erano tutti di dimensioni circoscritte, come lo Stato di Chu affidato al visconte Mi, di soli 50 chilometri quadrati, al fine di assicurare il controllo assoluto da parte dell'autorità centrale. La gerarchia fondata sulla consanguineità (*zongfa*) era finalizzata a scongiurare gli scontri per il potere fra i nobili, così da mantenere la stabilità della dinastia.

A partire dal XX secolo, sono stati scoperti un gran numero di siti archeologici di principati del primo periodo dei Zhou Occidentali. I reperti rinvenuti nella necropoli dello Stato di Guo, nel territorio di Sanmenxia, a Shangcunling, nello Henan, dal sito della capitale dello Stato di Lu e dalle sepolture dei nobili a Qufu, nello Shandong, dal sito della capitale dello Stato di Yan a Liulihe, a Fangshan, Beijing, e dalle tombe dei marchesi di Jin a Tianma e Qucun, nello Shanxi, a Quwo dimostrano l'applicazione del sistema feudale da parte della dinastia. Il sito più rappresentativo fra tutti è la necropoli dei marchesi di Jin, nello Shanxi, con lo stesso cognome dell'imperatore Zhou. Dal 1992-1994 sono emerse a Quwo, nello Shanxi, 17 tombe appartenenti ai marchesi di Jin e alllle loro consorti, e nel 2000 altre 19, che interessano sei generazioni dello Stato di Jin. Il primo marchese di Jin, Shuyu, era fratello del Re Cheng dei Zhou. Dalle tombe è emerso il set di campane, le cui iscrizioni ricordano l'ispezione dell'imperatore Zhou negli Stati orientali e meridionali, a dimostrazione dell'interattività dei rapporti fra la dinastia e i signori locali (Figure 1, 2).

Nel 2011 a Yejiashan, a Suizhou, nello Hubei, sono state rinvenute 63 tombe dello Stato di Zeng del periodo dei Re Cheng e Kang dei Zhou Occidentali. Le iscrizioni sui bronzi ivi rinvenuti riguardano più di 16 clan di cognome diverso dai Zhou, il che mette in dubbio che i sovrani di Zeng portassero lo stesso cognome della casa reale Zhou. Inoltre, il contenitore quadrato in bronzo del marchese E (recipiente in bronzo del tipo *fangyi* presente in mostra) è stato rinvenuto nel 2007 nella tomba del marchese a Yangzishan, a Suizhou, a soli 20 km di distanza dalle tombe di Yejiashan. La scoperta di una quantità così massiccia di bronzi appartenenti a gruppi di diverso cognome nella zona di Hanyang (medio corso del Fiume Hanshui), nel sud del regno, dimostra ancora una volta la storicità di un dominio basato sull'attribuzione di terre ai feudatari in base al rapporto di consanguineità. (Figure 3, 4).

Dal sistema patriarcale e da quello feudale emerge che, oltre all'investitura del "Mandato celeste", per i Zhou il potere del sovrano, dei principi e di tutti nobili dipendeva largamente dai rapporti di consanguineità. In mancanza di investitura per diritto divino e di un sistema elettivo, per giustificare al mondo la legittimità del proprio potere e la correttezza del proprio governo, era necessario offrire dei sacrifici in onore degli antenati, del Cielo, degli spiriti e delle divinità. Così, in epoca Zhou, si formò un complesso sistema di riti e di musica per garantire la stabilità della dinastia e il mantenimento del sistema valoriale di riferimento. Tutte le azioni dei nobili erano regolate da riti, ad esempio i riti "propizi" in onore di antenati, spiriti e divinità, i riti "tragici" per funerali e calamità, i riti "d'onore" per le riunioni di corte, i riti "gioiosi" per le celebrazioni festive, e i riti "militari" per le guerre, ecc. Allo stesso modo, gli oggetti sacrificali di bronzo e gli strumenti musicali usati nei sacrifici divennero simboli di nobiltà. Secondo il disegno politico dei Zhou, sotto il potere feudale del sovrano, i nobili di ogni grado e livello rispettavano il sistema rituale ottenendo in cambio un potere speciale e sottostavano al dovere di difendere la dinastia e di versare dei tributi. Contro quegli stati e quelle tribù che minacciavano la dinastia Zhou e il loro sistema rituale si usava la forza militare, così da garantire l'inattaccabilità del potere dinastico e del sistema feudale. È così infatti che Confucio descrive questa condizione: "L'ordine sotto il cielo: i riti e le guerre provengono dal figlio del Cielo". La peculiarità della società dei Zhou stava proprio nel fatto che: "Le grandi responsabilità dello Stato sono i sacrifici e le guerre".

Così come il potere dei nobili Zhou era giustificato dal "Mandato celeste" e dall'investitura ottenuta dagli antenati, anche il sistema dei riti e della musica si basava sul rispetto della volontà celeste e sul culto degli antenati. All'interno del complesso sistema rituale, i nobili dei vari livelli avevano i loro titoli, e mantenevano il loro status grazie al sistema patriarcale. Gli oggetti rituali in bronzo, tra cui spiccano i contenitori in bronzo del tipo d*ing* e il set di campane del tipo *bianzhong* rappresentavano tale sistema e simboleggiavano la carica ricoperta da ciascun nobile. I nobili di diverso grado usavano un numero diverso di bronzi (il sovrano 9 *ding*, i principi 7, i ministri 5 e i funzionari comuni 3), seconda una rigida regolamentazione disciplinata dal sistema rituale. Così come accadeva per i contenitori di tipo *ding,* anche per il *bianzhong*, a seconda del rango cui si apparteneva, variava il numero delle campane e il modo in cui potevano essere disposte: Il re poteva disporle su quattro lati, i principi su tre, i ministri su due, e i funzionari comuni solo uno solo. Il *bianzhong* in bronzo rinvenuto nella tomba n.2 a Leigudui, a Suizhou, dell'epoca degli Stati Combattenti, ed esposto in mostra, corrisponde al livello del principe. Visto che i bronzi erano il simbolo del sistema rituale e rappresentavano lo status nobiliare, Confucio afferma che "solo la fama e gli oggetti rituali non si possono donare, perché la fama è autorevolezza, e l'autorevolezza, insieme ai riti e alla musica, viene espressa dagli oggetti rituali". Per ostentare la loro ricchezza e il loro status sociale ogni nobile tentava di procurarsi meravigliosi e raffinati oggetti in bronzo, usati nei sacrifici offerti al Cielo e per il culto degli antenati. Si tratta di una caratteristica unica della società cinese, che al mondo non ritroviamo in nessun'altra civiltà del bronzo. (Figura 5).

3. Il sistema rituale e le guerre di conquista intraprese dai signori feudali

La dinastia dei Zhou Orientali si suddivide in periodo della "Primavere e Autunni" (*Chunqiu*) e degli "Stati Combattenti" (*Zhanguo*). Il termine "Primavera e Autunni" (*Chunqiu*) deriva dal titolo degli annali del regno di Lu, "Chunqiu" (Gli Annali delle Primavere e Autunni), che registrano gli accadimenti occorsi dal primo anno del regno Yingong al 16° anno di regno Aigong (722-479 a.C.). La dinastia dei Zhou Orientali ebbe inizio nel 770 a.C., l'anno in cui il re Zhouping trasferì la capitale ad Oriente, ed esattamente a Luoyang, che divenne la "capitale orientale" del regno. Riguardo la fine della dinastia, esistono due versioni: secondo la prima versione ciò avvenne nel 43° anno di regno del re Zhoujing (477 a.C.), quando tre clan familiari dello Stato di Jin sterminarono il clan Zhi; secondo la seconda versione, invece, la fine della dinastia occorse il 44° anno del regno del re Zhoujing (476 a.C.), quando i tre clan familiari dello Stato di Jin lo separarono nei tre regni diversi, di Han, Zhao e Wei. Gli "Annali delle Primavere e Autunni" ("Chunqiu") raccontano la storia di tutto quest'arco temporale. Il periodo degli Stati Combattenti si inaugura il primo anno di regno del re Zhouyuan (475 a.C.), ossia all'inizio delle "Tavola cronologica numero 6", una sezione all'interno delle "Memorie di uno storico" di Sima Qian [l'opera storiografica più importante della Cina antica], e termina nel 221 a.C., quando lo Stato dei Qin unificò la Cina.

A partire dai Zhou Orientali, il sistema stabilito dai Zhou Occidentali, fondato su una società di tipo patriarcale, attivò una serie di cambiamenti di grande portata, quali: 1. l'accelerazione del processo di integrazione tra l'area della Pianure Centrali e le zone circostanti, così da costituire un gruppo etnico omogeneo; 2. l'ampliamento del territorio; 3. lo sviluppo economico e il mutamento del sistema di pensiero; 4., il crescente entusiasmo per l'unificazione territoriale. Tra i cambiamenti più notevoli, spiccano l'ascesa dei signori feudali e il declino del potere della dinastia reale Zhou, il che portò al crollo del sistema rituale, come afferma Confucio "Senza legge sotto il cielo, il sistema rituale e le guerre di conquista passarono in mano ai principi". Il periodo delle Primavere e Autunni si può suddividere in due fasi, considerando come spartiacque "l'Assemblea del cessate il fuoco" [Conferenza di pace del regno di Song] convocata dai vari regni nell'anno 546 a.C. Prima di tale data, le guerre tra gli Stati miravano principalmente alla conquista della supremazia territoriale, i 5 Stati egemoni comparvero infatti in questa fase; dopo il 546, durante la seconda fase, invece si assiste principalmente al mutamento dell'organizzazione interna degli Stati, da cui, per esempio, il fiorire delle Cento scuole di pensiero. Nel periodo degli Stati Combattenti, dalle lotte per il potere emersero 7 Stati: Qin, Qi, Yan, Han, Zhao, Wei e Chu. Le guerre del periodo delle Primavere e Autunni si trasformarono via via in guerre fra Stati sempre più potenti, aventi come scopo l'unificazione imperiale, in queste lotte spiccarono gli Stati di Qin e Chu. Rispetto a Qin, che unificò la Cina, la storia di Chu è meno conosciuta dal pubblico occidentale. Molti reperti di Chu, esposti nella mostra, oltre a presentare la civiltà stessa, riflettono anche le caratteristiche tipiche della società cinese al tempo delle Primavere e Autunni e degli Stati Combattenti.

I Chu, originari del monte Jing, battezzarono il loro Stato "Chu", definendolo uno "Stato tra monti e foreste". Il grande poeta di Chu, Qu Yuan (340?-278 a.C.) sosteneva di essere un discendente di Zhuanxu, nipote dell'Imperatore Giallo. Dalle analisi effettuate sulle ossa umane rinvenute nelle tombe dei nobili Chu, risulta che questi non fossero in realtà originari della zona del fiume Jianghan, ma provenissero, piuttosto, dalle pianure centrali del nord. La famiglia dominante possedeva il cognome "Mi". Tra la fine della dinastia Shang e l'inizio dei Zhou, il capo di Chu, Yuxiong, condusse il clan a stabilirsi a Danyang (l'area tra l'attuale Xichuan nello Henan e Danjiang nello Hubei), e sostenne i Zhou nella guerra contro gli Shang, occupando come testimoniato dalle documentazioni scritte. Al tempo del re Zhoucheng (1042-1021 a.C.), il capo dei Chu, Xiongze, venne nominato visconte, occupando un ruolo importante alla corte Zhou. Al tempo del re Zhouzhao (997-995 a.C.), i Chu entrarono in guerra contro i regni a sud dei Zhou, il re Zhouzhao perse la vita durante campagna punitiva proprio in questa zona, nei pressi del fiume Hanshui. In seguito il sovrano di Chu, Xiongqu, cercò una sua indipendenza, affrancandosi dai Zhou. Per quanto riguarda il sistema rituale, i Chu apportarono delle innovazioni ai riti dei Zhou. A partire dal periodo delle Primavere e degli Autunni, i Chu si rafforzarono militarmente, diventando uno dei cinque Stati egemoni. Non riconobbero più il potere dinastico dei Zhou, spingendosi persino ad inviare delle truppe sulle rive del Fiume Giallo per sfidare il loro dominio. Secondo i documenti storici, i Chu conquistarono più di 60 piccoli stati, un primato fra i 7 Stati egemoni. Nel periodo degli Stati Combattenti, Chu diventò una potenza con "un territorio di cinquemila 'li', un milione di soldati, mille carri da guerra, diecimila cavalli ed una scorta di cereali capace di durare dieci anni", il che successivamente servì ai Qin durante il processo di unificazione territoriale. Gli oggetti sacrificali e le armi rinvenute nelle tombe dei Chu, esposte nella mostra, pur essendo abbastanza comuni per l'epoca, servono ad esprimere le caratteristiche sociali tipiche del periodo delle Primavere e Autunni e degli Stati Combattenti e gli aspetti peculiari della civiltà dello Stato di Chu.

La civiltà Chu è un ramo della cultura delle civiltà delle pianure centrali, tuttavia, in seguito al lungo stanziamento nella zona di Hanjiang, il suo sistema rituale e, in particolare, quello dei tripodi vennero influenzati dalla cultura "barbara". Ciò si evince per esempio dalla forma leggermente diversa che questi tripodi hanno rispetto a quelli in bronzo delle pianure centrali. Il numero dei tripodi usati dai nobili di livello più basso diventa un numero pari, anche se l'utilizzo di oggetti sacrificali di bronzo come simbolo di nobiltà è lo stesso. A giudicare dai bronzi rinvenuti nelle tombe Chu di Jiuliandun, a Zaoyang, il sistema dei tripodi funerari e degli oggetti musicali, così come la loro forma, non differiscono molto da quello delle pianure centrali. Va notato però che i gruppi di oggetti sacrificali in legno laccato, rinvenuti nelle tombe di Jiuliandun, rivelano che il sistema rituale di epoca Zhou comprendeva non solo bronzi, ma anche giade e oggetti di lacca.

Le dinastie Xia, Shang, Zhou, in epoca pre-Qin, presentavano dei sistemi rituali diversi, e differenze esistevano anche tra la corte Zhou e i vari principati, anche se l'utilizzo degli oggetti rituali per distinguere lo status nobiliare era lo stesso. Quindi, sebbene nei periodi delle Primavere e degli Autunni e degli Stati Combattenti siano state riscontrate delle differenze, anche se non sostanziali, tra gli oggetti rituali, riguardanti la loro forma, quantità e composizione, il significato fondamentale, come simbolo del sistema gerarchico, del potere dinastico e dello status sociale, non cambiò mai. Gli oggetti sacrificali rinvenuti nelle tombe di Jiuliandun presentano delle variazioni di forma, tipologia e composizione, il che tuttavia non va in contrasto con il fatto che il sistema rituale di Chu fu un'importante componente del sistema rituale della dinastia Zhou. Ad esempio, il *Jianfou* di bronzo esposto alla mostra, rinvenuto nelle tombe di Jiuliandun, è un importante recipiente sacrificale di epoca Zhou che riunisce il contenitore per acqua *Jian* e il contenitore per liquore *Fou*. Il *Fou* veniva posto all'interno del *Jian*, e, negli spazi vuoti, tra di loro, veniva messo del ghiaccio. Nei "Riti dei Zhou" si legge: "Nei sacrifici si usa il *Jianfou*". Questo perché, al tempo, le bevande alcoliche non distillate, usate nei sacrifici, diventavano facilmente acide e, quindi, inutilizzabili. Il raffreddamento con il ghiaccio così, per mantenere bassa la temperatura, si rendeva necessario. In precedenza, a causa del cattivo stato di conservazione degli oggetti al momento della scoperta, non era chiaro se il *Jian* e il *Fou* costituissero un unico insieme, ad oggi la scoperta di Jiuliandun offre una preziosa testimonianza archeologica (Figure 6, 7).

In epoca Zhou il sistema rituale garantiva l'ordine gerarchico, mentre la forza militare serviva a reprimere le rivolte degli Stati. Dopo il declino della dinastia dei Zhou, il sistema rituale e le guerre passarono in mano ai signori feudali. Chu riuscì ad estendere il proprio territorio ed unificare il sud della Cina per due ragioni: in primo luogo fu in grado di combinare il sistema gerarchico delle pianure centrali con quello barbaro, guadagnandosi così un ampio sostegno, e, in secondo luogo, fu molto bellicoso. Il re Chukang (540-529 a.C.) sostenne che cinque anni senza una guerra di conquista significava dimenticare le tradizioni e i meriti dei sovrani precedenti. All'inizio, durante il periodo delle Primavere e Autunni, le guerre si concentrarono contro Chu, portando all'alleanza degli Stati della pianure centrali, e alla formazione di due assi bellici: quello nord - sud, ossia la guerra tra Jin e Chu, e quello est - ovest, Wu contro Chu. In seguito, durante il periodo degli Stati Combattenti, le guerre di conquista si concentrarono nella lotta contro i sei Stati, in particolare la disputa di Chu contro Qin. Lo Stato di Chu consolidò sempre più la sua forza militare. Xunzi così commentò la forza militare di Chu: "I Chu usano pelle di squalo e di rinoceronte per le corazze, dure come metallo e pietra; hanno delle enormi alabarde, combattono in modo crudele, e si muovono veloci come il vento."

Le guerre per l'egemonia delle pianure centrali lanciate da Chu durarono per il periodo che va dall'11° anno di regno di Chuwen (679 a.C., in cui il sovrano di Qi, Huangong, fu egemone) all'11° anno del re Chukang (546 a.C., quando il ministro Xiangrong dello Stato di Song convocò l' "Assemblea del cessate il fuoco" tra i vari Stati). In questo periodo le quattro guerre di Hong tra Song e Chu (638 a.C.), di Chengpu tra Chu e Jin (632 a.C.), di Bi (597 a.C.) e di Yanling (575 a.C.) portarono all'egemonia di Chu. Le truppe Jin erano a capo delle forze alleate delle pianure centrali. Se Chu si fosse alleato con Qin o con Qi, i due contendenti avrebbero avuto forze militari pressoché pari. Le guerre avvennero negli Stati di Zheng, Wei, Xu, Chen, Cai, Song, Jiang, Liao, Liu, Shu ed altri, nel centro dell'attuale provincia dello Henan, nel sud-ovest dell'attuale provincia dello Shandong e nel nord delle attuali province di Anhui e Jiangsu. Dall'ascesa dello Stato di Wu nel 6° anno del regno di Chugong (584 a.C.) al 23° anno di regno di Chuhuai (306 a.C.), in cui Chu eliminò Yue, il centro militare di Chu si trasferì gradualmente verso il corso inferiore del Fiume Azzurro e nel bacino del Fiume Huaihe. Al tempo, il territorio di Chu confinava ad est con Qi e ad ovest con il forte stato di Qin, quindi il fronte di guerra era estremamente esteso. Nell'anno 278 a.C., dopo la caduta della capitale Ying dei Chu nelle mani del generale Baiqi di Qin, la capitale fu trasferita nell'attuale distretto di Shou, nell'Anhui. I confini tra Qin e Chu non presentavano ostacoli naturali, i corsi superiori dei fiumi Hui, Huiji, Wo, Jialu, Ru e Ying, che attraversavano il territorio di Chu, erano tutti nel territorio di Qin, e nella stagione secca potevano essere attraversati a piedi. Quando Qin iniziò la guerra per eliminare definitivamente Chu, l'inseguimento delle truppe Chu da parte dei Qin mise in fuga la popolazione locale. Nell'anno 223 a.C., la capitale Shouchun dei Chu fu conquistata, e Chu scomparve dalla scena.

Dal punto di vista puramente militare, le guerre dell'epoca Zhou furono per lo più battaglie in cui venivano impiegati carri da guerra, e i Chu non fecero eccezione. Durante gli scavi delle tombe Chu a Jiuliandun, nelle fosse n.1 e n.2 sono emersi rispettivamente 33 carri con 72 cavalli e 7 carri con 16 cavalli, un record per quanto riguarda gli scavi in Cina. Lo stratega Sunzi disse: "Il costo giornaliero dei carri da guerra è enorme". A giudicare dai carri e dagli equipaggiamenti di Chu di Jiuliandun, queste battaglie erano estremamente costose. Le tombe rinvenute sono da collocarsi al nel periodo della caduta della capitale Ying sotto i Qin nell'anno 278 a.C., nel tardo periodo degli Stati Combattenti. Emerge, dunque, che le battaglie in cui venivano impiegati carri da guerra, caratterizzarono tutto il periodo storico in cui i Chu tentarono di imporre la loro egemonia. È ovvio che nel tardo periodo degli Stati Combattenti il mantenimento di consistenti truppe su carro procurò dei gravi danni all'economia di Chu (Figura 8).

Durante i periodi delle Primavere e Autunni e degli Stati Combattenti, nelle battaglie, incentrate precedentemente sull'uso dei carri da guerra, acquisirono sempre più importanza la fanteria e la guerriglia. Chu fu uno dei primi paesi ad usare una fanteria indipendente. Nel 21° anno di regno di Chugong (570 a.C.), le truppe Chu entrarono nelle zone di Wu e di Yue per sferrare il loro attacco. Il generale Dengliao ebbe come avanguardia 300 *Zujia* e 3 mila *Pilian*, due tipi di fanti di cui oggi non si hanno notizie precise. I ritrovamenti archeologici dimostrano che i soldati di Chu usavano corazze di cuoio laccate tenute insieme da fili di lana e di seta. Da tutte le tombe di nobili Chu di alto livello sono emerse delle corazze. Nella tomba n.1 di Jiuliandun ne sono state rinvenute 28, il numero massimo per quanto riguarda le tombe Chu. Dopo accurate ricerche, queste corazze sono state suddivise in 7 categorie, compresa una corazza del tipo usato dai Qin. Nella mostra compare una di queste corazze. Inoltre dalle tombe Chu sono emerse molte armi corte come spade, coltelli, archi e balestre, che costituivano l'equipaggiamento della fanteria. Dalla tomba n.1 di Jiuliandun sono emerse 28 coppie di corazze e spade di bronzo. I Chu inventarono per primi la balestra, un'arma molto efficace nei combattimenti a corto raggio e per attacchi improvvisi. Tutte le balestre complete finora scoperte provengono da tombe Chu. Sempre dalla tomba n.1 sono emerse due balestre decorate con motivi colorati laccati, a dimostrazione dell'importanza che rivestiva questo tipo di arma per il defunto (Figura IX, X).

Il periodo delle Primavere e Autunni e degli Stati Combattenti è l'epoca in cui fiorisce la cultura tradizionale cinese, e corrisponde al periodo definito da Karl Jaspers (1883-1969) "periodo assiale" (800-200 a.C.), in cui tutte le principali civiltà del mondo realizzarono dei progressi nella formazione delle proprie culture. Nonostante il crollo del sistema rituale e le guerre tra i principati, le cerimonie relative al culto del Cielo e degli antenati, il rispetto per le divinità e la ricerca della stabilità dello Stato e della sua ricchezza non vennero mai meno. La peculiarità di questa era fu che il potere decisionale passò in mano ai nobili che si fronteggiavano. Le frequenti guerre promossero inoltre lo sviluppo della tecnica, in particolare quella della fusione del bronzo, che raggiunse in questo tempo il massimo livello. Il disordine politico e il rinnovamento sociale permisero una maggiore integrazione culturale e il fiorire delle Cento Scuole, tra cui quella Confuciana e quella Taoista, punto di partenza fondamentale per l'unificazione operata dai Qin, prima, e dagli Han, dopo.

4. Conclusione

Il culto del Cielo (*Tian*) è attestato in Cina già dall'epoca neolitica. Durante la dinastia degli Shang, il Cielo era la personificazione della divinità suprema "Di" o "Shangdi" [lett. Che sta in alto]. In epoca Zhou, il Cielo diventò la divinità massima[divenendo l'esatto equivalente di "Di"], e alla sua azione venne conferito un valore etico-morale. Come afferma Mencio: "Il Cielo non parla, ma comunica con atti e fatti". Il culto degli antenati e il sistema rituale di tipo sacrificale venne gradualmente meno per lasciare spazio a sistema fondato invece sulla "virtù" (*de*) e sui rapporti di parentela e consanguineità. Il Cielo non rappresentava più l'unica divinità da venerare, ma era affiancato dall'Antenato supremo della stirpe reale (*zu*), circonfuso di un'aurea divina in quanto eroe fondatore del clan regale e dunque dell'intera dinastia. In questo modo, con la separazione tra l'uomo e il divino, tra il culto del Cielo e il culto degli antenati, il popolo non aveva nulla da temere e si poteva dare avvio a uno sviluppo razionale della società.

Le epoche Xia, Shang e Zhou corrispondono all'età del Bronzo della civiltà cinese e il sistema rituale era un'espressione dei rapporti e dei concetti sociali del tempo. La forma, la tipologia, la composizione e le modalità d'uso degli oggetti sacrificali variarono a seconda dei cambiamenti nella concezione religiosa. Nonostante gli oggetti sacrificali mantenessero immutata la loro funzione di simbolo di status sociale elevato, i cambiamenti sociali potevano, comunque, portare a delle modificazioni per quel che riguardava la loro decorazione, andando così a delineare i tratti caratteristici dello stile delle varie epoche. Ad esempio, in epoca Shang, gli oggetti rituali in bronzo erano essenzialmente recipienti per bevande alcoliche, che servivano a far raggiungere allo sciamano quello stato di trance capace di attivare una comunicazione con il divino. In epoca Zhou, invece, divennero di primaria rilevanza i contenitori per alimenti, che riflettevano l'elevato status sociale del possessore. I Zhou veneravano il Cielo e gli antenati, perché il "mandato celeste", gli antenati e le divinità erano la fonte del loro potere, determinato attraverso il sistema patriarcale del *zongfa,* e perché queste tre entità concorrevano assieme a dare un significato e una struttura alla vita sociale. Gli oggetti rituali, oltre a essere simboli di uno status elevato, riflettevano anche i rapporti tra l'uomo e il Cielo, e tra l'uomo e le divinità. Probabilmente i Zhou avanzarono l'idea dell'esistenza di un "mandato celeste" senza un'accurata pianificazione del complesso sistema che da questo concetto sarebbe poi derivato. Tuttavia, sotto il vincolo di questo mandato, i governanti erano attenti e timorosi, i sudditi avevano grandi speranze e aspettative, i pensatori si dotarono di un'arma di critica morale molto efficace, e la società si manteneva così stabile e ordinata. Nonostante il crollo del sistema rituale, al tempo delle Primavere e Autunni e degli Stati Combattenti, le nozioni di "mandato celeste" e di "virtù" rimasero al centro dell'etica e dell'azione politica. Ciò non figurò solo come la premessa per il ripristino dell'ordine durante le epoche Qin e Han e come la base solida su cui costruire le successive grandi dinastie, ma diventò anche il fulcro di tutta l'etica politica della Cina antica.

I 前 言
INTRODUZIONE

　　新石器时代晚期至秦统一（约公元前3500～前221年）之间3000多年的历史，是中华文明的肇始时期。在这段历史中，中华文明经历了邦国－王国－帝国的发展过程，并为其后2000余年的发展奠定了基础。

　　借助于考古学研究，如此漫长的历史被还原得更加丰富与生动。如今，我们面对着一座座的城址与宫殿遗址，想象着当年的富庶与繁华；端详着一件件精致的手工制品，惊叹于工匠们的高超工艺；注目一面面造型夸张的面具，感受着来自远古的神秘气息；甚至于尝试敲击一件件乐器，竟然可以聆听到穿越2500余年的美妙乐声。

　　城市与宫殿在各处兴建，青铜器被大量制造和使用，文字体系逐渐形成并留下大量文献，这些灿烂的文明之光辉，映着这段令人瞩目的历史。

　　我们通过代表着时代工艺水平的青铜器、玉石器、金器、漆器等遗物，展示出早期中国政治、经济、文化、军事等多方面的社会风貌。

　　这就是中国。我们将讲述这个东方"大两河流域"文明的早期历史，一段充满了传奇的3000年史诗。当你留心于此段历史，你会发现当日的辉煌与精彩与今日相比毫不逊色。

I primi 3000 anni di storia della Cina (ca. 3500—221 a.C.) comprendono un arco temporale che si estende dal Tardo Neolitico sino all'unificazione dell'Impero ad opera della dinastia Qin. Durante questo lasso di tempo, la civiltà cinese è passata progressivamente attraverso diverse forme di organizzazione statale, dalle "Entità proto-statali" (*bangguo*) ai "Regni regionali" (*wangguo*) per poi giungere all' "Impero" (*huangguo*) e ha gettato le basi per lo sviluppo dei 2000 anni di storia successivi.

Grazie ai risultati ottenuti dalla ricerca archeologica, si è riusciti a ricostruire le origini di questa storia millenaria, arricchendola di nuovi elementi e rendendola più viva. Oggi, quando siamo di fronte ai resti delle città antiche e alle rovine dei suoi palazzi, immaginiamo l'abbondanza delle risorse e la prosperità di quell'epoca; quando ne ammiriamo i manufatti raffinati, restiamo affascinati dall'abilità dei suoi artigiani; quando ne fissiamo le maschere dalle forme stravaganti, avvertiamo quel gusto misterioso che solo la remota antichità fa assaporare; e quando ne proviamo a suonare gli strumenti, percepiamo la bellezza di quelle melodie che riecheggiano da oltre 2500 anni.

Durante questa fase storica, ovunque furono edificati città e palazzi, fu prodotta una incredibile quantità di bronzi, e si andò gradualmente costituendo il sistema di scrittura dei caratteri cinesi, che trova attestazione in un gran numero di documenti storici. I riflessi di questa grandiosa civiltà si riverberano su tutto il periodo storico ed attirarono l'attenzione del mondo.

Attraverso i reperti archeologici rinvenuti, bronzi, giade, ori e lacche, che testimoniano l'abilità artigianale dell'epoca, possiamo mostrare quelle che erano le caratteristiche della società della Cina arcaica, da diversi punti di vista (politico, economico, culturale e militare).

Questa è la Cina. Vi racconteremo le fasi iniziali della storia della sua civiltà che si sviluppò nei bacini di due grandi fiumi d'Oriente, [il Fiume Giallo e il Fiume Azzurro]. Si tratta di una storia epica, lunga 3000 anni e piena di eventi sorprendenti. Guardando con attenzione questa fase storica, scopriremo che lo splendore e la magnificenza di quest'epoca così antica non hanno nulla da invidiare all'era moderna.

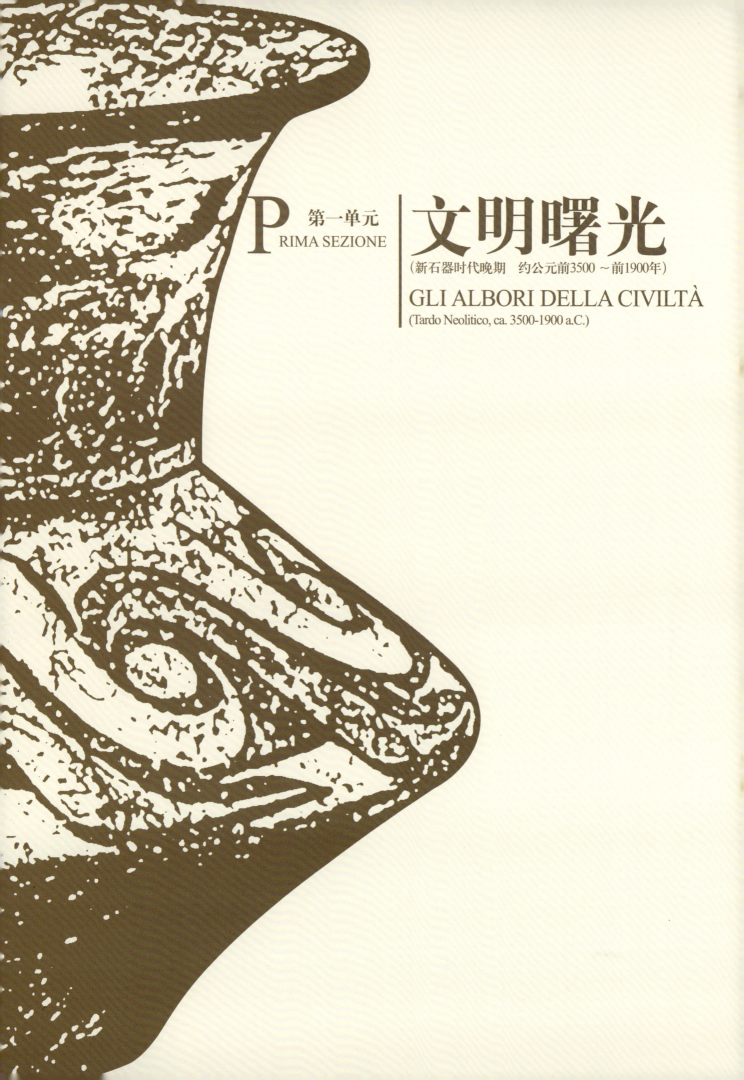

第一单元
P RIMA SEZIONE

文明曙光
（新石器时代晚期　约公元前3500～前1900年）

GLI ALBORI DELLA CIVILTÀ
(Tardo Neolitico, ca. 3500-1900 a.C.)

U一片神奇的土地
NA TERRA FERTILE E MISTERIOSA

今日之中华文明犹如一条汇聚百川的江河，波澜壮阔，蔚为壮观。公元前3500～前1900年时的众多区域性文明，犹如中华文明这条江河的上游，成为今日中国的重要源头。

东亚大陆是一片神奇的土地。这里拥有广袤的冲积平原和丰沛水源，拥有高峻绵延的山脉和广阔森林植被，拥有丰富的矿产资源和生物多样性。这里丰富的自然资源为早期中华文明的发展提供了基础。在这片土地上，中华文明发展成为东亚文明的主体，并在世界文明中举足轻重。

公元前3500～前1900年正处于中国新石器时代的末期，在黄河和长江流域等地，相继出现了众多的聚落群和大型聚落。以这些聚落群和大型聚落为代表，构成了几个具有特色的区域性文明。

La civiltà cinese odierna è come un fiume impetuoso, magnifico, nel quale sono confluiti mille corsi d'acqua. Le diverse culture locali emerse dal 3500 al 1900 a.C. possono essere viste come gli affluenti a monte di quel fiume che è la civiltà cinese, e che hanno costituito la fonte principale da cui è scaturita la Cina di oggi.

L'Asia Orientale è una terra piena di mistero, percorsa da ampie pianure alluvionali e ricchi bacini fluviali, da imponenti e lunghe catene montuose, ricca di risorse minerarie e caratterizzata da una gran varietà di flora e fauna. Quest'abbondanza di risorse naturali ha costituito il fondamento su cui la civiltà cinese ha potuto svilupparsi e progredire. Da queste regioni, la Cina è diventata un faro per tutte le civiltà dell'Asia Orientale, nonché una delle civiltà più importanti al mondo.

Tra l'anno 3500 e il 1900 a.C., durante l'ultimo periodo del Neolitico cinese, nei bacini del Fiume Azzurro e del Fiume Giallo, fecero la loro apparizione gruppi di villaggi e grandi insediamenti, che diedero vita a culture locali dai caratteri fortemente distintivi.

彩绘陶盆

新石器时代陶寺文化（公元前2500～前1900年）

高19.3、口径46.5厘米

1978年山西省临汾市襄汾县陶寺遗址出土

中国社会科学院考古研究所藏

Ciotola in terracotta dipinta

Neolitico, cultura Taosi (2500- 1900 a.C.)
altezza 19,3 cm, diametro 46,5 cm
Sito archeologico di Taosi, distretto di Xiangfen,
città di Linfen, provincia dello Shanxi, 1978
Istituto di Archeologia dell'Accademia Cinese di
Scienze Sociali

微侈口，平沿，腹下斜收成小平底。肩部着黑色陶衣，施白、红彩构成几何图案。

Bocca molto ampia, orlo everso, pancia obliqua
che va a declinare verso una base stretta e piatta.
La spalla ha un rivestimento sottile di colore nero,
e motivi geometrici dipinti in bianco e rosso.

彩绘陶壶

新石器时代陶寺文化（公元前2500～前1900年）

高19.5、口径17.7厘米

1980年山西省临汾市襄汾县陶寺遗址出土

中国社会科学院考古研究所藏

Vaso in terracotta dipinta

Neolitico, cultura Taosi (2500- 1900 a.C.)
altezza 19,5 cm, diametro 17,7 cm
Sito archeologico di Taosi, distretto di
Xiangfen, città di Linfen, provincia dello
Shanxi, 1980
Istituto di Archeologia dell'Accademia
Cinese di Scienze Sociali

泥质褐陶，外施黑色陶衣。侈口翻沿，高领，广肩，肩部以下磨光，黑陶衣为地，用红、黄彩相间绘出圆点勾卷纹，颈大部有红色窄条和黄色条带各一周。

Terracotta bruna con rivestimento esterno di
colore nero. Bocca larga e orlo everso, collo
alto, spalla ampia, la spalla è stata ricoperta
con un sottile rivestimento di colore nero
e sopra dipinta con decorazioni a spirale di
colore rosso e giallo, sulla parte inferiore del
collo una sottile striscia rossa e una gialla
corrono lungo tutta la sua circonferenza.

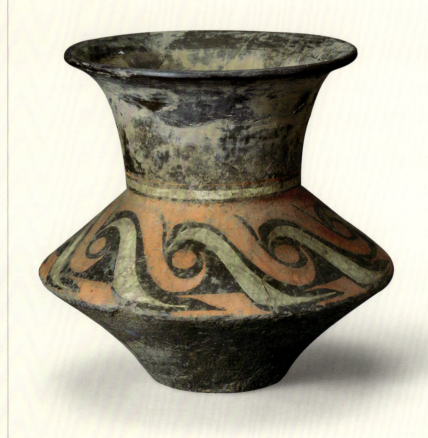

彩绘陶盆
新石器时代陶寺文化（公元前2500
～前1900年）
高20.9、口径41厘米
1981年山西省临汾市襄汾县陶寺遗
址出土
中国社会科学院考古研究所藏

Ciotola in terracotta dipinta
Neolitico, cultura Taosi (2500- 1900 a.C.)
altezza 20,9 cm, diametro 41 cm
Sito archeologico di Taosi, distretto di
Xiangfen, città di Linfen, provincia dello
Shanxi, 1981
Istituto di Archeologia dell'Accademia
Cinese di Scienze Sociali

侈 口，平沿，腹下斜收成小平
底。腹部施彩绘。

Bocca larga e orlo everso, pancia obliqua
che va a declinare verso una base stretta e
piatta, corpo dipinto.

彩绘陶瓶
新石器时代陶寺文化（公元前2500～前1900年）
高26.8、口径12.8、底径5.6厘米
1980年山西省临汾市襄汾县陶寺遗址出土
中国社会科学院考古研究所藏

Vaso in terracotta dipinto
Neolitico, cultura Taosi (2500- 1900 a.C.)
altezza 26,8 cm, diametro 12,8 cm, diametro di fondo 5,6 cm
Sito archeologico di Taosi, distretto di Xiangfen, città di
Linfen, provincia dello Shanxi, 1980
Istituto di Archeologia dell'Accademia Cinese di Scienze
Sociali

泥 质褐陶，着黑陶衣，侈口翻沿，高领，折
肩，肩以下斜收成小平底。颈、肩和上腹
施红彩为底色，用白彩勾画图案，或红、白彩相
互映托形成图案。颈上部和肩部图案作张开大口
的动物头部形象，颈中部图案已残损不辨，上腹
图案近似回纹或云雷纹。

Terracotta bruna con sottile rivestimento esterno di colore
nero, bocca larga e orlo everso, collo alto, spalla espansa,
e che va poi restringendosi verso il fondo piatto. Il collo, la
spalla e la parte superiore della pancia sono dipinte con un
colore rosso, che fa da fondo, e su cui con il colore bianco
si definiscono i motivi decorativi. Sulla parte superiore del
collo e sulla spalla, immagini di teste di animali con le fauci
spalancate; sulla parte centrale del collo i motivi decorativi
non sono più riconoscibili a causa di forti danneggiamenti del
vaso; sulla parte superiore della pancia motivi simili a spirali
rettangolari o a venature di tipo *yun-lei* (lett. "nuvole e tuoni").

玉琮

新石器时代陶寺文化（公元前2500～前
1900年）
高2.7、直径7.5厘米
1978年山西省临汾市襄汾县陶寺遗址出土
中国社会科学院考古研究所藏

Oggetto rituale in giada del tipo *Cong*
Neolitico, cultura Taosi (2500- 1900 a.C.)
altezza 2,7 cm, diametro 7,5 cm
Sito archeologico di Taosi, distretto di Xiangfen,
città di Linfen, provincia dello Shanxi,1978.
Istituto di Archeologia dell'Accademia Cinese di
Scienze Sociali

玉琮外呈八面形，内为圆形，是良渚
文化代表性器物，为古代人们用
于祭祀神祇的一种法器。至新石器中晚
期，玉琮在江浙一带的良渚文化、广东
石峡文化、山西陶寺文化中大量出现。

Sezione esterna ottagonale e sezione interna
circolare. Il *cong* è un manufatto in giada
rappresentativo della cultura Liangzhu, e usato
come strumento musicale dagli antichi nelle
cerimonie sacrificali di offerta alle divinità. Nel
medio e tardo Neolitico, apparve una gran quantità
di *cong* nelle culture Liangzhu (prov. Zhejiang e
Jiangsu), Shixia (prov. Guangdong) e Taosi (prov.
Shanxi).

人面纹玉簪
新石器时代龙山文化（公元前2600～前2300年）
长10.46厘米
1989年山东省临朐市西朱封大墓出土
中国社会科学院考古研究所藏

Spilla per capelli in giada con decorazione a volti umani
Neolitico, Cultura Longshan (2600-2300 a.C.)
lunghezza 10,46 cm
Tomba di grandi dimensioni nel sito di Xizhufeng, Linqu, prov. Shandong, 1989
Istituto di Archeologia dell'Accademia Cinese di Scienze

乳白色，呈半透明状。透雕的一侧浮雕出一人面，在相对的另外一侧，与簪的杆连接处也有一个人面浮雕，且与位于簪杆中部的第三个浮雕人面像成轴对称。通体雕刻精美，磨制精致，经过抛光。

Colore avorio e aspetto traslucido. Decorata con due volti umani in rilievo ai due lati sull'estremità, e un terzo è inciso lungo la spilla.

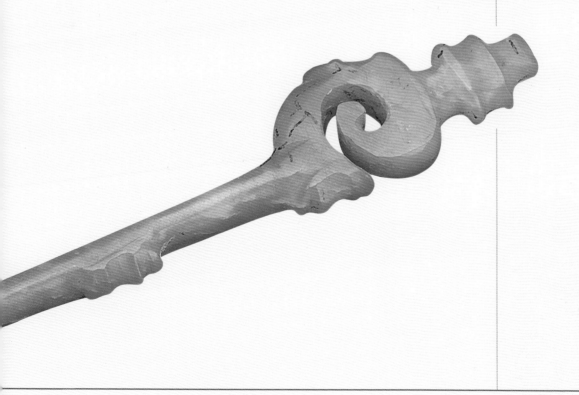

黑陶杯

新石器时代龙山文化（公元前2600
～前2300年）
高9.2、口径5.8、底径5.7厘米
1989年山东省临朐市西朱封大墓出土
中国社会科学院考古研究所藏

Tazza in terracotta nera
Neolitico, cultura Longshan (2600-2300 a.C.)
altezza 9,2 cm, diametro della bocca 5,8cm,
diametro del fondo 5, 7cm
Tomba di grandi dimensioni nel sito di
Xizhufeng, Linqu, prov. Shandong,1989
Istituto di Archeologia dell'Accademia
Cinese di Scienze Sociali

细 泥质，黑灰色。微侈口，内凹
底。器表有三组凹弦纹，每组
两条。经过仔细磨光，器表仅残留有
少量磨光时形成的纤细凹弦纹。底部
有涡纹，中心处经过简单磨光。内部
有大量细密平行的轮纹和明显的螺旋
式拉坯指印痕迹，底上有螺旋轮纹。
耳一侧边经过切割，痕迹明显，另一
侧边圆弧。器经修补完整。

Terracotta fatta di sabbie finissime di colore
nero. Motivo decorativo composto di sei strisce
incise, raggruppate due a due, che corrono
lungo tutto tutta la circonferenza. Tracce di
incisioni molto sottili. Diversi motivi decorativi
incisi all'interno dell'oggetto.

陶寺遗址
Il sito archeologico di Taosi

陶寺遗址位于中国北部山西省的襄汾县，是黄河中游地区以龙山文化陶寺类型为主的遗址，总面积约300万平方米。遗址内发现有房址、墓葬、陶窑、水井等遗迹和大批陶、石、铜、木等各种质料的遗物。据放射性碳素断代并经校正，其年代约当公元前2500～前1900年。有许多专家学者提出，陶寺遗址就是帝尧都城所在，是最早的"中国"。

Il sito archeologico di Taosi si trova nella Cina del nord, nel distretto di Xiangfen, nella provincia dello Shanxi. Con una superficie complessiva di circa 3 milioni di m², rappresenta il più importante sito della cultura Longshan sviluppatasi nel medio corso del Fiume Giallo. Nel sito sono stati rinvenuti resti di abitazioni, tombe, forni, pozzi etc., e una gran quantità di altri reperti in differenti materiali, quali terracotta, pietra, bronzo, legno, etc.. Secondo la datazione al radiocarbonio, si è determinato che il sito di Taosi risale a un periodo che va dal 2500 a 1900 a.C., per cui molti studiosi hanno ipotizzato che si possa identificare come l'antica capitale dell'imperatore Yao, e quindi la capitale più antica della "Cina".

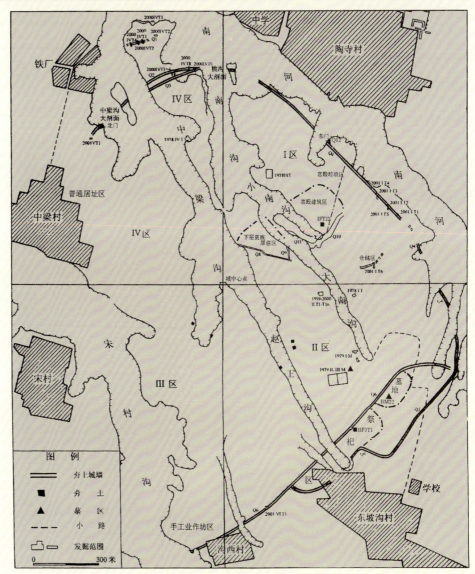

陶寺城址平面图
Pianta della antica città di Taosi

陶寺宫殿遗址
Il sito del palazzo di Taosi

陶寺墓葬遗址
Il sito delle tombe di Taosi

陶寺观象台遗址
Il sito dell'osservatorio astronomico di Taosi [e una sua ricostruzione]

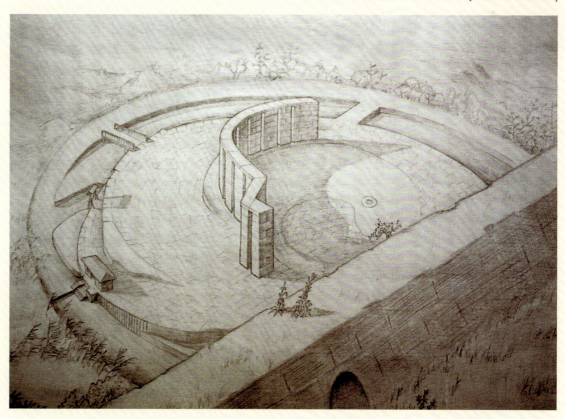

陶寺观象台复原示意图
Vista della ricostruzione dell'osservatorio astronomico di Taosi

第二单元

S ECONDA SEZIONE

王国诞生

（二里头文化至商早期　约公元前1900～前1400年）

LA NASCITA DEI PRIMI REGNI

(dal periodo di Erlitou alla fase iniziale della dinastia Shang, ca. 1900-1400 a.C.)

U一座早期的城市
NA CITTÀ ARCAICA

  自公元前19世纪中叶伊始，在东方"大两河流域"（黄河流域和长江流域）的广阔土地上，中华文明逐渐进入了王国时代。诸多的考古学证据表明，此时，王国已经诞生在东方的大河之畔。

  一座矗立在古伊洛河北岸的城市——二里头，见证着这个充满辉煌的时代。借助于考古学研究，我们可以较为清晰地了解这座城市的建造及规模。

  约公元前19世纪，二里头聚落的面积已超过100万平方米，成为邦国的都邑。一座面积达到10万余平方米的宫城成为了这座城市的新地标。这座宫城四周筑有厚达2米的城墙。城内有两组呈中轴线布局的宫殿建筑群。这座兴建于距今约3700年以前的宫城形制规整，它和它所圈围起的大型宫殿建筑群，构成整个都邑的核心。

  进入王国阶段后，中华文明出现了更为统一的文化面貌，同时，文化的交流和融合在更大的时空范围进行着。二里头文化、商、周都是以中原为腹地，不断融合周边文化特色，将文明统治的地域范围不断扩大，并推向新的高峰。

A partire dalla metà del XIX secolo a.C., nel vasto territorio occupato dai bacini dei due grandi fiumi d'Oriente [il Fiume Giallo e il Fiume Azzurro], si assistette alla graduale formazione dei primi regni (*wangguo*). Evidenze archeologiche confermano la nascita di questi regni sulle sponde di questi due grandi fiumi.

È in questo frangente storico che sulla riva nord degli antichi fiumi Luo e Yi emerge la città di Erlitou, piena testimonianza di un'epoca di grande splendore. Grazie ai risultati ottenuti dalla ricerca archeologica, possiamo farci un'idea relativamente chiara delle dimensioni e della struttura urbanistica della città.

Intorno al XIX secolo a.C., la superficie d'insediamento della cultura Erlitou superava il milione di mq, ed è per questo che la città viene riconosciuta come la prima capitale della Cina. Negli anni a seguire il sito si sviluppò ulteriormente e il centro della cultura divenne il "palazzo imperiale", che aveva un'estensione di centomila mq ed era circondato sui quattro lati da mura spesse 2 metri. All'interno di queste mura erano disposti simmetricamente, lungo un asse centrale, due complessi di edifici. La costruzione dell'intero complesso palaziale risale a circa 3.700 anni fa, e l'insieme architettonico formato dal palazzo e dagli altri edifici raggruppati intorno costituiva il centro della capitale.

Una volta che questi primi regni si costituirono, la civiltà cinese assunse caratteristiche culturali sempre più unitarie, ma al contempo, lo scambio e la fusione tra le varie culture locali ampliò i suoi orizzonti, sia temporali che spaziali. La cultura di Erlitou, la dinastia Shang e la dinastia Zhou, tutte sorte nella Pianura Centrale, svolgendo un'azione di continua integrazione con gli elementi culturali distintivi delle aree limitrofe, amplieranno incessantemente l'estensione sia temporale che spaziale della loro supremazia culturale, raggiungendo sempre nuove vette.

牌饰略微拱起，似盾牌，两侧上下各有一对可供穿缀的钮，出土时放在墓主人的胸前。牌饰正面有数百粒绿松石小片相互衔接，规整排列，铺嵌成兽面纹图案。使用者可能是二里头文化时期能够接近王室的成员，或具有专门技能的贵族成员。

Placca in bronzo intarsiata di turchesi e decorata con l'immagine di un volto animale. Ritrovata in una tomba e posizionata sul petto del defunto. Probabilmente appartenente ad una persona vicina all'ambiente della famiglia reale della cultura Erlitou o comunque a un membro della nobiltà del tempo.

嵌绿松石兽面纹铜牌饰
二里头文化（公元前1900～前1500年）
高15.7、宽9.1厘米
1984年河南省偃师市二里头遗址出土
中国社会科学院考古研究所藏

Placca in bronzo intarsiata di turchesi e decorata con l'immagine di un volto animale
Cultura Erlitou (1900-1500 a.C.)
altezza 15,7 cm, larghezza 9,1 cm
Sito archeologico di Erlitou, Yanshi, Henan, 1984
Istituto di Archeologia dell'Accademia Cinese di Scienze Sociali

附加堆纹陶鼎
二里头文化（公元前1900～前1500年）
高42.8、口径16、宽36厘米
河南省偃师市二里头遗址出土
中国社会科学院考古研究所藏

**Recipiente in terracotta di tipo *ding*
decorato con venature a corda**
Cultura Erlitou (1900-1500 a.C.)
altezza 42,8 cm, diametro 16 cm, larghezza 36 cm
Sito archeologico di Erlitou, Yanshi, Henan,.
Istituto di Archeologia dell'Accademia Cinese di
Scienze Sociali

浅灰色，器形较大，胎厚重、短颈，宽斜肩，扁圆腹，圆底。三角形足。肩部有对称的鸡冠耳。通体饰绳纹，又施粗细适度的附加堆纹构成三组图案完全相同的璎珞状花纹。

Tripode in terracotta di colore grigio chiaro con decorazioni a corda. Sulla spalla presenta simmetricamente due pomi di presa a bottone a forma di cresta di gallo.

铜爵

二里头文化（公元前1900～前1500年）
高16.5、流至尾长20.5厘米
1984年河南省偃师市二里头遗址出土
中国社会科学院考古研究所藏

Calice tripodale *jue* in bronzo
Cultura Erlitou (1900-1500 a.C.)
altezza 16,5 cm, lunghezza 20,5 cm
Sito archeologico di Erlitou, Yanshi, Henan, 1984
Istituto di Archeologia dell'Accademia Cinese di Scienze
Sociali

古代一种酒器。用于温酒和饮酒。相当于后世的酒杯。二里头文化铜爵是中国青铜文化中最早出现的青铜容器之一，也是最早的青铜酒器。二里头文化铜爵的发现，在中国古代酒文化史上具有重要意义。

Il calice *jue* è un antico recipiente in bronzo usato per riscaldare e per bere bevande alcoliche, equivalente al bicchiere odierno. I calici *jue* della cultura Erlitou sono tra i più antichi recipienti bronzei mai utilizzati in Cina, e sono in assoluto i più antichi per quel che riguarda le bevande alcoliche. La scoperta di calici *jue* nel sito di Erlitou riveste dunque un'importanza capitale per quel che riguarda la storia dell'utilizzo di bevande alcoliche nella Cina arcaica.

铜斝

商代早期（公元前1600～前1400年）
通高26.4、口径17.2厘米
1980年湖北省黄陂市盘龙城杨家湾H6出土
湖北省博物馆藏

Recipiente rituale in bronzo per bevande alcoliche del tipo *jia*
Fase iniziale della dinastia Shang (1600-1400 a.C.)
altezza 26,4 cm, diametro 17,2 cm
Tomba H6, Yangjiawan, Panlongcheng, Huangpi, Hubei, 1980
Museo Provinciale dello Hubei

古代温酒器。形状像爵，但较大。有三足、两柱、一鋬，圆口，平底，无流及尾。铜斝是与铜爵配套的酒器，专门向爵内注酒，又兼作温酒器。有的腹部分裆，形状像鬲；也有少数体方而四角圆，下有四足，带盖。主要盛行于商代和西周初期。《礼记·礼器》云："尊者献以爵，卑者献以散（斝）"，明确了铜斝在酒器中的地位列于铜爵之后。

Il *jia* è un antico recipiente in bronzo tripodale, usato per scaldare bevande alcoliche. Molto diffuso sotto la dinastia Shang e nella fase iniziale della dinastia dei Zhou Occidentali.

铜爵
商代早期（公元前1600～前1400年）
高16.5、口径11.9、底径8.2厘米
1980年湖北省黄陂市盘龙城杨家湾M11出土
湖北省博物馆藏

Calice tripodale *jue* in bronzo
Fase iniziale della dinastia Shang (1600-1400 a.C.)
altezza 16,5 cm, diametro 11,9 cm, diametro del fondo 8,2 cm
Tomba M11, Yangjiawan, Panlongcheng, Huangpi, Hubei, 1980
Museo Provinciale dello Hubei

周壁有铸痕两道，口为樱桃状，长流上扬，尖尾稍长，流口交界处立有两个三角状柱，颈与腹高大体相等，椭圆腹，圜底，三足为三棱状实足，鋬正对一足外撇。颈部饰一周饕餮纹，分三组，正面为一饕餮，两侧各饰一夔纹，饕餮由中粗云纹构成，目作鸟状，椭圆珠凸起，眉作"T"状，咧口，鼻、口均作云纹内卷，角尾作云纹上卷，夔纹由两列云纹构成。

La bocca si allarga verso l'alto e termina da un lato con un labbro appuntito non molto allungato e dall'altro con un lungo becco aperto, da cui sporgono due piccoli manici a sezione triangolare. Innestato su tre piedi a punta divergenti verso il basso. Sul collo motivo decorativo del *taotie*, tra motivi *kui* (motivi zoomorfi).

铜觚
商代早期（公元前1600～前1400年）
高16.5、口径11.9、底径8.2厘米
1980年湖北省黄陂市盘龙城杨家湾M4出土
湖北省博物馆藏

Calice in bronzo *gu*
Prima fase della dinastia Shang (1600-1400 a.C.)
altezza 16,5 cm, diametro11,9 cm, diametro di fondo 8,2 cm
Tomba M 4, Yangjiawan, Panlongcheng, Huangpi, Hubei, 1980
Museo Provinciale dello Hubei

古代饮酒器，大致相当于后世的酒杯。长身，侈口，细腰，圈足。口和底部都呈喇叭状。主要盛行于商和西周初期。商代前期的觚较商代后期和西周的粗短一些。

Il calice *gu* è un antico recipiente in bronzo usato per il consumo di bevande alcoliche, equivalente alla coppa odierna. La bocca e il piede presentano entrambe una forma "a tromba". Molto diffuso durante la dinastia Shang e nella fase iniziale della dinastia dei Zhou Occidentali.

二里头宫殿基址的建筑技术
Tecniche di costruzione delle fondamenta delle strutture palaziali di Erlitou

　　二里头人建造宫殿、宫墙等所使用的主要原料为土壤和木材，有时会为了加强坚固性使用料姜石、鹅卵石等原料作为羼入料与土壤混合使用。

　　二里头人建造宫殿的工序一般是：先整治地基，挖掉台基下面的灰土和虚土，直至原生土，形成深度可达数米的大坑。然后使用成捆的木棍作为工具，把土壤及羼入料倒入大坑中夯打压实，每层厚度仅为5～8厘米，直至与地面取平。接着继续夯打建造出高于地面的台基。最后在台基上面使用木材搭建房屋的构架，再使用木材、茅草、涂料等材料完成门窗、屋顶、地面等部分。

　　以二里头一号宫殿基址为例，该宫殿基址为一座有围墙的庭院，主殿位于庭院的北部。整个基址东西长约107米，南北宽约99米，面积约1万平方米。整个基址坐落于一整块夯土台基之上，据学者推测，夯土土方总量达2万立方米以上。仅就夯筑台基这一道工序而言，若以每人每天夯筑0.1立方米计算，需要20万个工作日。也就是说，如果每天安排1000人从事这项工作，需要200天才能完成，整个宫殿的建造时间将会更长（许宏：《最早的中国》，科学出版社，2009年版，第88～93页）。

二里头遗址卫星图
Foto satellitare del sito archeologico di Erlitou

I materiali principali che venivano utilizzati a Erlitou per la costruzione degli edifici palaziali e delle mura erano la terra e il legno. A volte per dare maggiore solidità alle strutture, si realizzava un impasto di terra, pietrisco, composti inerti e altri materiali.

Le fasi di costruzione dei palazzi erano le seguenti: innanzitutto si preparavano le fondamenta. Si realizzava uno scavo di sbancamento profondo alcuni metri eliminando il terreno di riporto fino a raggiungere lo strato di suolo consolidato; una volta livellata la fossa, si creava un solido basamento riempiendo lo scavo con strati successivi di terra mista a materiali inerti che venivano battuti e compressi ripetutamente usando tronchi legati insieme. Ogni strato era spesso 5-8 cm e se ne aggiungevano degli altri fino a raggiungere e superare il piano di campagna. Infine, su queste fondamenta si innalzava la struttura lignea dell'edificio che veniva completata servendosi di altri materiali quali legno, paglia e materiali di rivestimento (per porte, finestre, tetto e il pavimento).

A nord del palazzo n. 1 del sito di Erlitou si apriva un ampio cortile circondato da mura. L'intero palazzo orientato secondo l'asse nord-sud aveva una lunghezza di circa 107 m (E-O) e una larghezza di circa 99 m (N-S) e copriva una superficie complessiva di circa 10000 mq. Sopra le fondamenta dell'edificio era stato posto un basamento in terra battuta, il cui volume totale, secondo le ipotesi degli studiosi, era di oltre 20 mila metri cubi. Se si prendono in esame solo la battitura della terra e la costruzione delle fondamenta, se ogni persona avesse costruito 0,1 metro cubo al giorno, sarebbero stati necessari 200 mila giorni lavorativi. In altre parole, se ogni giorno, 1000 persone si fossero dedicate al lavoro, sarebbero stati necessari 200 giorni per completarlo. Per la costruzione di tutto il resto del palazzo naturalmente ci sarebbe voluto molto più tempo (Xu Hong, *Zuizao de Zhongguo* ("La Cina arcaica"), Science Press, 2009, pp. 88-93)

二里头遗址发掘现场
Zona degli scavi nel sito di Erlitou

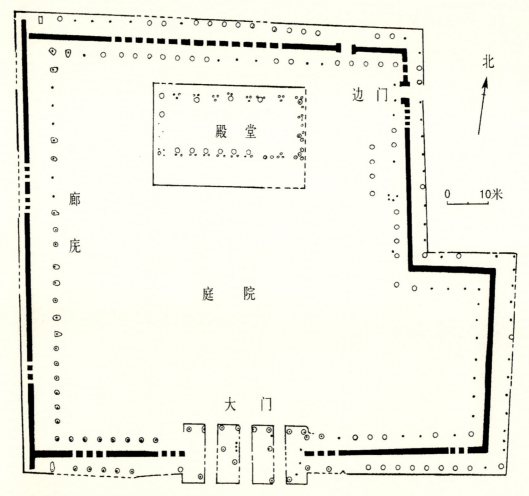

北

边 门

殿 堂

廊 庑

庭 院

大 门

0　10米

河南偃师二里头一号宫殿遗址平面示意图
Il piano del sito del palazzo I di Erlitou

二里头一号宫殿殿堂基址的地面
Il sito del palazzo I di Erlitou

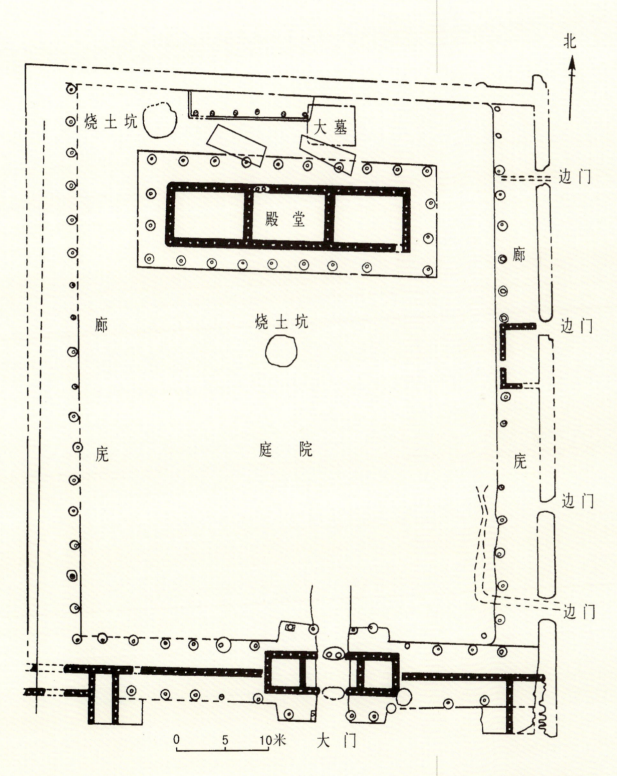

北

烧土坑

大墓

边门

殿堂

廊

边门

廊

烧土坑

庑

庭院

庑

边门

边门

0　5　10米　大门

二里头二号宫殿遗址平面示意图
Il piano del sito del palazzo II di Erlitou

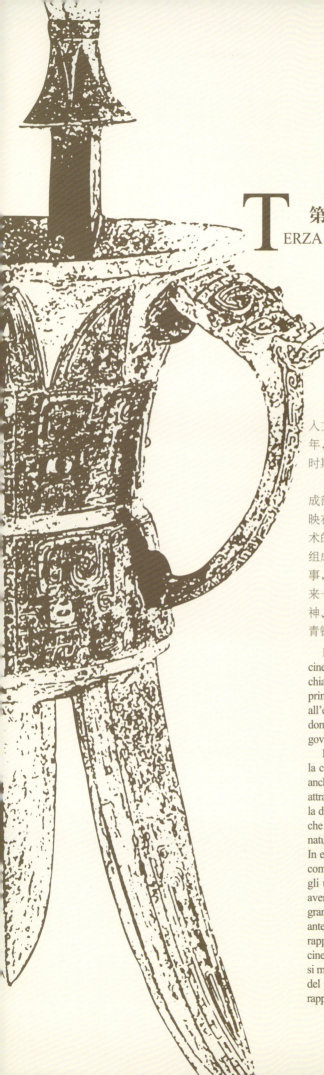

TERZA SEZIONE

第三单元

敬祖祭神

（商 公元前1600～前1046年）

IL CULTO DEGLI ANTENATI E I SACRIFICI OFFERTI ALLE DIVINITÀ

(Dinastia Shang 1600-1046 a.C.)

王朝的建立是中华文明起源历程上的一座里程碑，标志着中国正式步入文明时代。商朝又称"殷"，是中国历史上的第二个朝代，延续了600年，是中国第一个有直接的同时期文字记载的王朝。商朝处于奴隶制鼎盛时期，奴隶主贵族是统治阶级，并形成了庞大的官僚统治机构和军队。

祭祀是人跟神灵或祖先交流的传统方式，是社会意识形态的重要组成部分，具体表现就是用礼物向神灵祈祷或致敬。商代的祭祀活动主要反映在两个方面：一是祭祀频繁，几乎是无日不祭；二是凡事求卜，即对巫术的绝对信仰。商代祭祀的特点是具有一定垄断性，只有商王和高等贵族组成的特定阶层，才有主持祭祀的权利。祭祀的名目十分繁多。"国之大事，在祀与戎"，从夏商周早期王朝流传下来的崇祖祭天的传统，几千年来一直是中国宗教信仰和实践的主要内容。甲骨、青铜器被赋予了沟通人神、象征权力与地位的特殊内涵。青铜礼器与政治权力紧密结合，是中国青铜文明在世界文明史上独一无二的特点。

La nascita delle dinastie è stata una pietra miliare nella storia della genesi della civiltà cinese e ha segnato l'ingresso della Cina nell'era della civilizzazione. La dinastia Shang, chiamata anche "Yin", è la seconda dinastia della storia cinese, durò 600 anni, ed è la prima di cui abbiamo attestazioni scritte dirette. Durante la dinastia Shang si assiste all'emergere di un sistema di tipo schiavistico, caratterizzato dalla presenza di un'élite dominante, e si viene a costituire un vero e proprio esercito e un enorme apparato di governo burocratico.

Le cerimonie sacrificali non erano solo un modo convenzionale per permettere la comunicazione tra gli uomini e le loro divinità o i loro antenati, ma rappresentava anche una componente importante dell'ideologia sociale che mostrava concretamente, attraverso doni e preghiere, il rispetto che si provava nei confronti delle divinità. Durante la dinastia Shang le cerimonie rituali erano essenzialmente di due tipi: quelle ordinarie, che venivano officiate quotidianamente, e quelle in cui, per questioni di qualsivoglia natura, si interrogava l'oracolo, riponendo nel suo responso una fede incondizionata. In epoca Shang queste cerimonie erano appannaggio esclusivo della classe dominante, composta dal re e da un ristretto numero di aristocratici di alto che rango che erano gli unici a essere autorizzati a presiedere ai sacrifici. Le cerimonie rituali potevano avere contenuto diverso. Le divinità a cui si offrivano sacrifici erano moltissime. "I grandi accadimenti del regno erano i sacrifici e le guerre". La tradizione del culto degli antenati e del Cielo si diffuse durante le dinastie Xia, Shang e Zhou e per millenni ha rappresentato la componente fondamentale delle credenze e delle pratiche religiose cinesi. Le ossa oracolari e i bronzi non erano solo gli strumenti attraverso i quali l'uomo si metteva in comunicazione con la divinità, ma anche l'emblema del potere e il simbolo del proprio status sociale. La stretta connessione che legava i bronzi al potere politico rappresenta una caratteristica della civiltà del bronzo cinese unica al mondo.

L 一个王后的墓葬
A TOMBA DI UNA REGINA

河南安阳的妇好墓是殷墟保存最完整的商代王室墓葬。墓主人妇好地位尊贵，是第二十三代商王武丁的王后，也是一位巾帼不让须眉的女英雄。她不仅能征善战、辅佐商王，还承担祭司主持祭祀活动。妇好去世后，墓葬中随葬了彰显身份的珍贵物品1928件，其中青铜礼器210件。礼器中有铭文的190件，铸有"妇好"或单一的"好"铭文的礼器是一组比较完整的礼器群，应为妇好生前主持祭祀时所用的一套礼器；铸"司母辛"铭文的礼器应为子辈为其所制的祭器；其他铭文的礼器则为贵族或方国贡献给这位王后的祭器。

妇好墓带领我们走进了殷商盛世的历史之门，也为我们完整呈现了商人的礼制及对祖先的崇敬。

La tomba di Fu Hao ad Anyang (prov. Henan) è la meglio conservata tra le tombe appartenenti alla famiglia reale degli Shang rinvenute nel sito di Yinxu. Fu Hao, la nobildonna sepolta nella tomba, era la consorte di Wu Ding, ventitreesimo re della dinastia Shang. Oltre che regina, Fu Hao fu anche un'eroina dalle straordinarie capacità, che nulla aveva da invidiare agli uomini del tempo. Fu Hao, infatti, non solo era molto abile in battaglia e assisteva il re nell'attività di governo, ma aveva anche l'autorità di presenziare e officiare i riti. Alla sua morte, all'interno della sua tomba furono seppelliti una gran quantità di oggetti preziosi che denotassero il suo status sociale; il suo corredo funerario si compone di 1928 pezzi, fra cui 210 bronzi rituali; su 190 di questi bronzi sono stati incisi i due caratteri che compongono il suo nome '妇好' (Fu Hao) o solo il secondo di essi '好' (Hao), andando così a costituire un corredo pressocché completo di bronzi rituali, che dovevano essere quelli da lei stessa utilizzati durante i riti. Un altro gruppo di bronzi rituali reca l'iscrizione "Si Mu Xin"("司母辛": nome postumo di Fu Hao), offerti alla regina da suoi discendenti; i restanti bronzi che recano iscrizioni sono oggetti sacrificali donati alla regina da nobili o da stati vassalli.

La tomba di Fu Hao ci testimonia il periodo più fiorente della fase Yinxu della dinastia Shang, fornendoci un quadro completo del sistema rituale e del rispetto verso gli antenati che caratterizza l'intera dinastia.

提梁铜鸮卣
商代晚期（公元前1250～前1046年）
通高28.4、口径17.4厘米
1980年河南省安阳市大司空村出土
中国社会科学院考古研究所藏

**Recipiente in bronzo del tipo *you*
a forma di gufo con manico**
Ultima fase della dinastia Shang (1250-1046
a. C.)
altezza 28,4 cm, diametro 17,4 cm
Villaggio Dasikong, Anyang, Henan, 1980
Istituto di Archeologia dell'Accademia
Cinese di Scienze Sociali

古代盛酒器。古文献和铜器铭文常有"秬鬯一卣"之说。秬鬯（黑黍酿制）是古代祭祀时用的一种香酒，卣是专门盛这种香酒的酒器，是盛酒器中重要的一类。鸮是猫头鹰一类的鸟，鸮卣主要盛行于商代和西周，一般说，商代多椭圆形或方形，西周多圆形。

Lo *you* era un antico recipiente utilizzato per contenere bevande alcoliche, ed esattamente per contenere il *juchang*, una bevanda alcolica dal sapore molto aromatico ottenuta tramite la fermentazione del *Panicum miliaceum* miscelato con erbe aromatiche, e che veniva usata durante i sacrifici. Il tipo *xiaoyou* (*you* a forma di gufo) era molto diffuso durante le dinastie Shang e dei Zhou Occidentali; durante la dinastia Shang, aveva solitamente una forma ovale o quadrata, mentre durante i Zhou Occidentali era più frequente la forma rotonda.

铜觚

商代晚期（公元前1250～前1046年）
高25.7、口径14.2、圈足径8.4厘米，重1千克
1976年河南省安阳市小屯村北殷墟妇好墓出土
中国社会科学院考古研究所藏

Calice in bronzo _gu_
Fase finale della dinastia Shang (1250-1046 a. C.)
altezza 25,7 cm, diametro 14,2 cm, diametro del fondo
8,4 cm, peso 1,kg
Tomba di Fu Hao del sito di Yinxu, villaggio Xiaotun,
Anyang, Henan, 1976
Istituto di Archeologia dell'Accademia Cinese di Scienze
Sociali

喇叭形口，颈、腹较细，平底，圈足的底座较矮，圈足上端两侧有十字形镂孔，腹、足各有扉棱四条。腹部有编织物痕迹。圈足内壁有铭"妇好"。

Calice a base circolare. Corpo tubolare con apertura a forma di tromba, base piatta. Sia la pancia che il piede sono divisi da accentuate sporgenze che dividono il corpo in quattro comparti decorati. Sulla pancia tracce di decorazioni a intreccio. Sulla parete interna del piede sono incisi i due caratteri "Fu Hao".

铜圆斝

商代晚期（公元前1250～前1046
年）

通高48.4、足高18.5、口径22.3
厘米，重6.8千克

1976年河南省安阳市小屯村北殷
墟妇好墓出土

中国社会科学院考古研究所藏

**Recipiente rituale in bronzo per
bevande alcoliche del tipo *jia***
Fase finale della dinastia Shang (1250-
1046 a. C.)
altezza 48,4 cm, altezza dei piedi 18,5
cm, diametro 22,3 cm, peso 6,8 kg
Tomba di Fu Hao, sito di Yinxu,
villaggio Xiaotun, Anyang, Henan, 1976
Istituto di Archeologia dell'Accademia
Cinese di Scienze Sociali

侈口，伞形顶立柱，腹分
上下两段，略呈筒形，
底稍外鼓。下腹稍大，体稍
高。口下饰三角形纹，腹上
下段各饰饕餮纹三组，在饕
餮的两侧各有一条倒夔，饕
餮的眼两侧有上竖的身尾。
柱顶饰圆涡纹，柱表有三角
形纹六个和云纹一周，足饰
饕餮蕉叶纹。

Orlo everso, con pilastrini sovrastanti
a forma di ombrello. La pancia è
divisa in due sezioni , ed è decorata
con il motivo del *taotie*.

铜圆鼎

商代晚期（公元前1250～前1046年）
通高29.4、耳高5.6、足高10.5、口径25.3厘
米，重8千克
1976年河南省安阳市小屯村北殷墟妇好墓出土
中国社会科学院考古研究所藏

Recipiente in bronzo del tipo *ding*
Fase finale della dinastia Shang (1250-1046 a. C.)
altezza 29,4 cm, altezza delle anse 5,6 cm, altezza dei
piedi 10,5 cm, diametro 25,3 cm, peso 8 kg
Tomba di Fu Hao, sito di Yinxu, villaggio Xiaotun,
Anyang, Henan, 1976
Istituto di Archeologia dell'Accademia Cinese di
Scienze Sociali

直耳，方唇，圆腹圆底，圆柱形实心
足，腹有扉棱六条。腹饰饕餮纹与夔
纹各三组，两者相互间隔。夔纹与鼎足相对
应，每组两夔，头相对，钩喙，一角，长尾
上卷，形状较异。腹下部饰蝉纹18个。足上
端饰云纹一周，接三角形纹三个。口下内壁
有铭"妇好"，一侧有粗麻布残迹。

Pancia rotonda e base arrotondata, poggiante su tre
piedi solidi a forma cilindrica ed a fondo piatto. Le
anse verticali si innestano direttamente sull'orlo everso.
Sulla pancia motivo del *taotie*. Sulla parete interna del
contenitore, proprio al di sotto della bocca, sono incisi i
due caratteri "Fu Hao".

妇好墓发掘现场
Lavori di scavo presso la tomba di Fu Hao

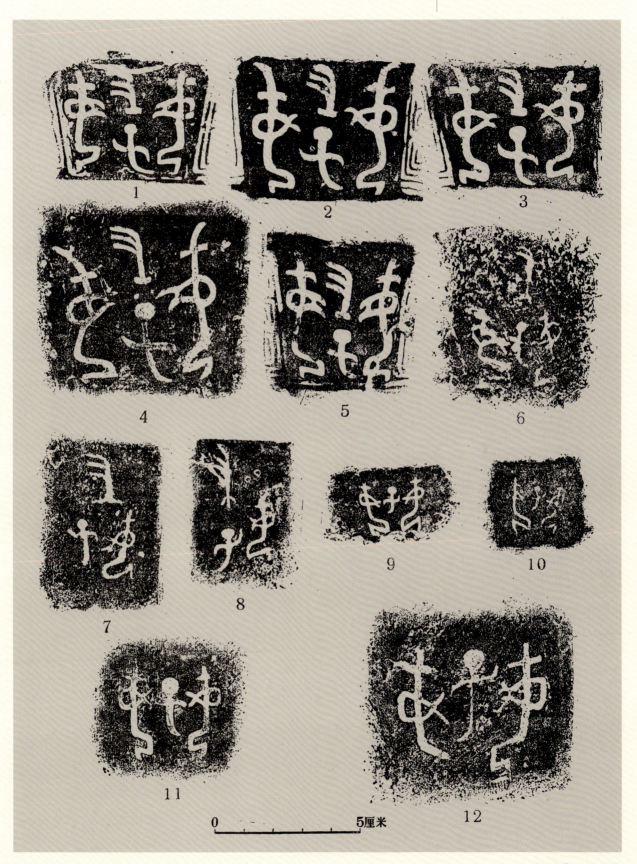

"妇好"铭文拓片
Calchi da iscrizioni su bronzi rituali che riportano
varie versioni di scrittura dei due caratteri "Fu Hao"

"亚其"铜爵
商代晚期（公元前1250～前1046年）
通高23.1、足高11.5、流至尾长18厘米，重1千克
1976年河南省安阳市小屯村北殷墟妇好墓出土
中国社会科学院考古研究所藏

Calice tripodale del tipo *jue "Ya Qi"*
Fase finale della dinastia Shang (1250-1046 a. C.)
altezza 23,1 cm, altezza dei piedi 11,5 cm, lunghezza 18 cm,
peso 1 kg
Tomba di Fu Hao, sito di Yinxu, villaggio Xiaotun, Anyang,
Henan, 1976
Istituto di Archeologia dell'Accademia Cinese di Scienze
Sociali

窄 流尖尾，菌形顶立柱，粗腹平底，半圆形
带状鋬，三棱形锥尖实心足，腹有扉棱
三条。口下、鋬侧附有大片丝织品。鋬内有铭
"亚其"。

Tre piedi a forma di prisma triangolare con punte affilate.
Incisione dei due caratteri "Ya Qi" nella parte interna.

玉牛

商代晚期（公元前1250～前1046年）
高2.5、长6.2、宽2.9厘米
1976年河南省安阳市小屯村北殷墟妇好墓
出土
中国社会科学院考古研究所藏

Bue in giada
Fase finale della dinastia Shang (1250-1046 a. C.)
altezza 2,5 cm, lunghezza 6,2 cm, larghezza 2,9 cm
Tomba di Fu Hao, sito di Yinxu, villaggio Xiaotun,
Anyang, Henan, 1976
Istituto di Archeologia dell'Accademia Cinese di
Scienze Sociali

浅绿色，圆雕。作跪卧状。昂首张口，双角后伏，前肢后屈，后肢极短，雕出偶蹄，尾下垂。下颌上有上下对穿的小孔，可佩戴。背似饰兽面纹，身饰变形云纹。

Scultura in giada di colore verde chiaro. Il bue è rappresentato inginocchiato; la testa è protesa verso l'alto, la bocca è aperta e la coda penzolante. Sul dorso dell'animale motivi decorativi zoomorfi e sul corpo motivi a nuvola (*yunwen*).

玉螳螂

商代晚期（公元前1250～前1046年）
高2、长6.8厘米
1976年河南省安阳市小屯村北殷墟妇好墓
出土
中国社会科学院考古研究所藏

Mantide in giada
Fase finale della dinastia Shang (1250-1046 a. C.)
altezza 2 cm, lunghezza 6,8 cm
Tomba di Fu Hao, sito di Yinxu, villaggio Xiaotun,
Anyang, Henan, 1976
Istituto di Archeologia dell'Accademia Cinese di
Scienze Sociali

浅绿色，有褐斑，圆雕。身较细长，头向右歪，尖嘴微张，圆眼突起，双翼并拢，两刀足前屈。足下有小槽，两足间有小孔。

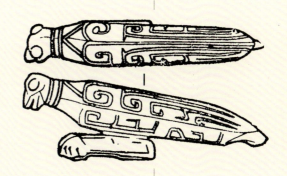

Scultura in giada di colore verde chiaro con venature brune. Corpo lungo, testa rivolta verso destra, bocca appuntita e lievemente aperta. Occhi rotondi, grandi e sporgenti e due ali chiuse.

龙形玉玦

商代晚期（公元前1250～前1046年）
直径5.1、孔径1.2、厚0.5厘米
1976年河南省安阳市小屯村北殷墟妇好墓出土
中国社会科学院考古研究所藏

Ornamento in giada ad anello del tipo *jue* a forma di drago
Fase finale della dinastia Shang (1250-1046 a. C.)
diametro 5,1 cm, diametro del foro 1,2 cm, spessore 0,5 cm
Tomba di Fu Hao, sito di Yinxu, villaggio Xiaotun, Anyang, Henan, 1976
Istituto di Archeologia dell'Accademia Cinese di Scienze Sociali

古代佩身玉器的一种，环形，有缺口。新石器时代、西周晚期和春秋的墓葬中常有发现。后世常用以赠人表示决断、决绝。此件玉玦呈淡绿色，玉质较好。圆形，中间有小缺口，两面均雕蟠龙纹，龙的头、尾衔接，张口露齿，方形目，尾尖外卷，身、尾饰云纹。颈上有小孔。

Lo *jue* è un antico ornamento in giada, a forma di anello aperto con foro centrale. Rinvenuto maggiormente nelle tombe risalenti al Neolitico o all'ultima fase della dinastia dei Zhou Occidentali e nel periodo delle Primavere e Autunni. Questo manufatto è di colore verde chiaro e la qualità della giada è piuttosto buona. Forma rotonda con foro centrale aperto. Disegni di "drago a spirale" (*panlong*) intagliato sui entrambi i lati.

玉熊

商代晚期（公元前1250～前1046年）
高4、宽3.5厘米
1976年河南省安阳市小屯村北殷墟妇好墓出土
中国社会科学院考古研究所藏

Orso in giada
Fase finale della dinastia Shang (1250-1046 a. C.)
altezza 4 cm, larghezza 3,5 cm
Tomba di Fu Hao, sito di Yinxu, villaggio Xiaotun, Anyang, Henan, 1976
Istituto di Archeologia dell'Accademia Cinese di Scienze Sociali

前身褐色，背浅绿色，圆雕。前肢抱膝，作蹲坐状。头微抬，面呈三角形，张口露舌，大眼小耳。背饰云纹。颈上有上下穿通的小孔，臀下有圆孔，孔径1厘米，深1.6厘米，孔内有红漆痕迹。

Scultura in giada di colore bruno, tranne sulla schiena dove presenta un colore verde chiaro. Seduto accovacciato, con il corpo in posizione frontale, e con le zampe anteriori piegate ad altezza delle ginocchia. Testa lievemente alzata, bocca aperta a mostrare parte della lingua, occhi grandi e orecchie piccole. Motivi a nuvola (*yunwen*) sulla schiena. Sopra il collo un piccolo forellino; sotto le natiche, un foro circolare con un diametro di 1 cm e una profondità di 1,6 cm. Tracce di lacca all'interno del foro.

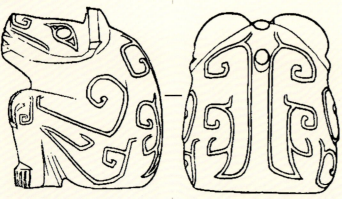

玉梳

商代晚期（公元前1250～前1046年）
高10.4、宽5.1、厚0.3厘米
1976年河南省安阳市小屯村北殷墟妇好墓出土
中国社会科学院考古研究所藏

Pettine in giada
Fase finale della dinastia Shang (1250-1046 a. C.)
altezza 10,4 cm, larghezza 5,1 cm, spessore 0,3 cm
Tomba di Fu Hao, sito di Yinxu, villaggio Xiaotun,
Anyang, Henan, 1976
Istituto di Archeologia dell'Accademia Cinese di
Scienze Sociali

淡褐色。梳背上雕双鹦鹉，头相对，钩
喙短冠，短尾微翘，作站立状。梳面
近扇面形，有扁宽的梳齿15枚，中有三枚残
缺。梳背中部有圆孔，稍下有平行阴线三
条。两面均抛光。

Colore bruno chiaro. Due pappagalli intagliati sulla
parte superiore del pettine, con le due teste speculari,
becco a gancio e cresta corta, e raffigurati in posizione
eretta. Il pettine ha 15 denti, di cui tre spezzati e una
forma a ventaglio. Entrambi i lati sono levigati.

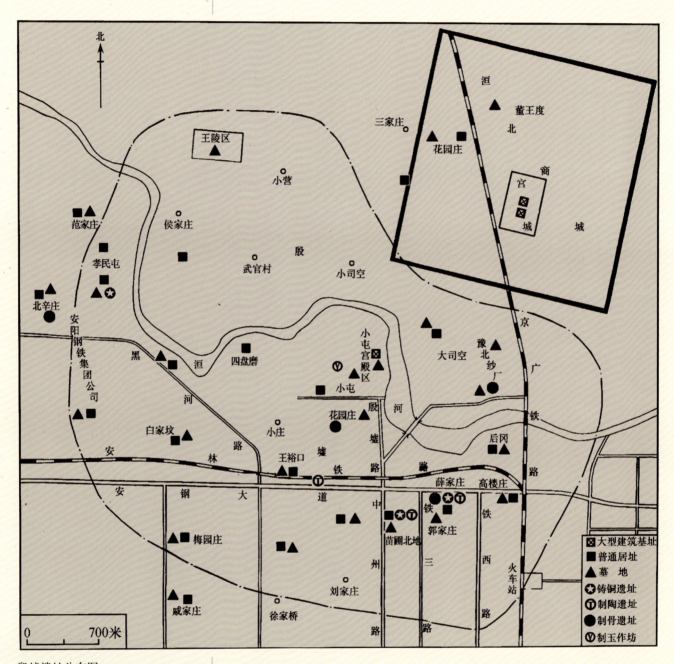

北

王陵区

三家庄

董王度
北
商

洹
宫
城
城

小营

花园庄

范家庄

侯家庄

孝民屯

殷

武官村

小司空

北辛庄

安阳钢铁集团公司

小屯宫殿区

大司空

豫北纱厂

黑

洹

四盘磨

河

小屯

白家坟

花园庄

殷墟路

后冈

小庄

王裕口

铁道

薛家庄   高楼庄

铁路

安   钢   大

中

铁西路

梅园庄

苗圃北地

郭家庄

火车站

州

刘家庄

戚家庄

三

徐家桥

路

0   700米

⊠	大型建筑基址
■	普通居址
▲	墓　地
✪	铸铜遗址
Ⓣ	制陶遗址
●	制骨遗址
Ⓥ	制玉作坊

殷墟遗址分布图
Mappa del sito di Yinxu

U一个宗教神权的方国
N REGNO RETTO DAL POTERE SACERDOTALE

商王朝"邦畿千里，维民所上，肇域四海"，商文明对其周邻的方国文明产生过重要作用与影响。位于中国西南的古蜀国与商王朝并不直接接壤，作为一个远离商王朝的方国，在商代已有自身的特点且具有与商文明媲美的高度发达的青铜文明。

"三星堆遗址"和"金沙遗址"的出土文物，向世人展示了发达的古蜀文明。遗址中祭祀坑的出土物，既不属于日常生活用器，也不属于一般性的祭祀用品，而是仅适用于大型宗庙内使用的偶像陈设、礼仪用品和祭祀用品。古蜀先民将祭祀文化推向了顶峰，大量出土的象牙、青铜人像、玉璋等祭器，反映了古蜀文明中祖先与神明的地位以及古蜀先民对神灵的敬畏。

La dinastia Shang "estese per lunghe distanze le sue frontiere, conquistando vasti territori da abitare, e iniziando a detenere il dominio sul paese intero". La sua civiltà svolse un ruolo decisivo ed esercitò un'influenza importante sui paesi limitrofi. L'antico regno di Shu, nel sud-ovest della Cina, sebbene non confinasse con il regno degli Shang, ne fu fortemente influenzato. Continuò però a mantenere le sue già ben delineate caratteristiche, possedendo infatti un tale livello di lavorazione del bronzo da poter rivaleggiare con quello della dinastia Shang.

I reperti archeologici rinvenuti nei siti di "Sanxingdui" e "Jinsha" hanno mostrato al mondo l'elevato livello di sviluppo raggiunto da quest'antica civiltà. I manufatti rinvenuti nelle fosse sacrificali di questi due siti non sono solo strumenti della vita quotidiana, o oggetti sacrificali di uso comune, ma anche idoli ornamentali e oggetti cerimoniali e sacrificali utilizzati solo nei grandi templi ancestrali. L'antica civiltà del regno di Shu portò al culmine la cultura delle offerte scarificali alle divinità. La grande quantità di oggetti sacrificali rinvenuti, quali tavolette in giada di tipo *zhang*, statue in bronzo, zanne di elefante etc., non solo dimostrano l'importanza che era riservata agli antenati e alle divinità nella cultura di quest'antico regno, ma anche il profondo rispetto del suo popolo nei confronti delle divinità stesse.

平顶铜人头像

商（公元前1600～前1046年）
高45.9、宽21.2厘米
1986年四川省广汉市三星堆遗址二
号祭祀坑出土
三星堆博物馆藏

**Scultura in bronzo a forma di
testa maschile**
Dinastia Shang (1600-1046 a.C)
altezza 45,9 cm, larghezza 21,2 cm
Fossa sacrificale II del sito di Sanxingdui,
Guanghan, Sichuan, 1986
Museo di Sanxingdui

平顶，方颐，粗眉，立眼，蒜头鼻，阔口，大耳，耳垂穿孔，颈较粗，前后呈倒三角形。发辫垂于脑后，上端扎束。头像颈部呈现倒三角形，推测应另有铜质或其他材质的身躯或木桩与之结合使用。人头像很可能就是古蜀国统治集团的高级成员之造像。

Parte superiore della testa piatta, mento squadrato, sopracciglia grosse, occhi chiusi, naso grosso 'a bulbo', bocca larga e orecchie grandi. Il collo si presenta a forma di triangolo rovesciato, e si pensa che venisse inserito su sostegni in bronzo o altri materiali oppure su aste lignee. Probabile ritratto di un componente di alto rango del clan dominante dell'antico regno di Shu.

戴金面罩青铜人头像
商（公元前1600~前1046年）
高48.1、头长径17.6、头短径15厘米，重6.07千克
四川省广汉市三星堆遗址二号祭祀坑出土
三星堆博物馆藏

Sculutura di testa bronzea con maschera d'oro
Dinastia Shang(1600-1046 a.C.)
altezza 48,1 cm, diametro verticale 17,6 cm, diametro
orrizontale 15 cm, peso 6,07 kg
Fossa sacrificale II del sito di Sanxingdui, Guanghan, Sichuan,
Museo di Sanxingdui

圆头顶，方颐，粗眉，立眼，蒜头鼻，阔口，长耳，耳垂下有一圆穿孔。粗颈，前颈较短，呈圆弧形；后颈长，呈倒三角形。头像面部覆金面罩上齐额，下包颐，双眉及双目镂空，右额及颐部残缺。

Testa rotonda, guance quadrate, sopracciglia grosse, occhie verticali, naso bulboso, bocca larga, orecchi lunghi con lobi bucati. Il collo anteriere corto e quel posteriore a forma di triangolo rovesciato. Coperta dalla maschera in alto dalla fronte in basso alle guance, parti incavati dove ci sono le sopracciglia e degli orecchi. Mancano la destra della fronte e una parte di guance.

平顶铜人头像
商（公元前1600～前1046年）
高39.1、宽18.9厘米
1986年四川省广汉市三星堆遗址二
号祭祀坑出土
三星堆博物馆藏

**Scultura in bronzo a forma di testa
maschile**
Dinastia Shang (1600-1046 a.C)
altezza 39,1 cm, larghezza 18,9 cm
Fossa sacrificale II del sito archeologico di
Sanxingdui, Guanghan, Sichuan, 1986
Museo di Sanxingdui

铜人面具

商（公元前1600～前1046年）
高26.6、宽40.2、厚0.4厘米
1986年四川省广汉市三星堆遗址二
号祭祀坑出土
三星堆博物馆藏

**Maschera in bronzo raffigurante un
volto umano**

Dinastia Shang (1600-1046 a.C)
altezza 26,6 cm, larghezza 40,2 cm, spessore
0,4 cm
Fossa sacrificale II del sito di Sanxingdui,
Guanghan, Sichuan, 1986
Museo di Sanxingdui

面具呈"U"形，宽颐广额，棱角分明，眼、眉、鼻、颧骨皆突出于面部，粗长眉作扬起状。面具的两侧上下及额部正中多有方形穿孔，系将其上下串挂在木柱上，作为古蜀人的图腾柱长期陈置、供人膜拜之用。三星堆铜面具的功能用途，当主要是作为吁请神灵降临、祭祀祈祷的对象，一般来说，应是陈置在宗庙某一单元空间中或装配在宗庙中的某种专设物件上供人膜拜的神器。大型青铜人面具共出土20余件，绝大部分出自二号坑。一次性出土如此多的铜人面具目前在中国考古发现中尚属首次。

Forma a "U", mento ampio e fronte ancora più larga, le spigolature sono molto accentuate. Sulle estremità della statua, sia nella parte superiore che in quella inferiore, e sulla fronte sono presenti diversi fori di forma quadrata, probabilmente utilizzati per appendere la maschera su un palo e in modo da poterla utilizzare come totem da esporre lungamente per richiamare alla preghiera gli oranti . La funzione principale di queste maschere era di richiamare l'attenzione delle divinità nel momento delle offerte sacrificali. A Sanxingdui, sono state scoperte più di 20 maschere in bronzo di questo tipo, la maggior parte delle quali nella fossa II.

铜兽面

商（公元前1600～前1046年）

高20.8、宽26.4、厚0.2厘米

1986年四川省广汉市三星堆遗址二号祭祀坑出土

三星堆博物馆藏

Maschera in bronzo raffigurante un essere animale

Dinastia Shang (1600-1046 a.C)

altezza 20,8 cm, larghezza 26,4 cm, spessore 0,2 cm

Fossa di sacrificio II del sito di Sanxingdui, Guanghan, Sichuan, 1986

Museo di Sanxingdui

器形为薄片状，兽面呈一对夔龙向两面展
开状，卷角，龙尾上卷。方颐，长眉直
达龙尾端，大眼，长直鼻，阔口，露齿，夔
龙形双耳。头顶卷角下及下颌两侧各有一小
圆孔，颌下有一对相向的夔龙承托兽面。

Lamina sottile a forma di draghi del tipo *kuilong*. Viso
quadrato, sopracciglia lunghe, occhi grandi, naso dritto e
lungo, bocca larga, denti sporgenti, orecchie a forma di
kuilong.

铜人头像
商（公元前1600～前1046年）
高45.6、宽22、头长径16、短径
12.5厘米
1986年四川省广汉市三星堆遗址一
号祭祀坑出土
三星堆博物馆藏

Scultura in bronzo a forma di testa maschile
Dinastia Shang (1600-1046 a.C)
altezza 45,6 cm, larghezza 22 cm, diametro
verticale 16 cm, diametro orizzontale 12,5 cm
Fossa sacrificale I del sito di Sanxingdui,
Guanghan, Sichuan, 1986
Museo di Sanxingdui

头 戴双角形头盔，面部戴方形面
罩，头盔下有头套将颈部蒙
住，仅露后脑。后脑部有一插发簪
的凹痕，长方形脸，斜直眉，橄榄
核状立眼，鼻梁棱直，高鼻尖，阔
口，闭唇，嘴角下勾，表情威严。

Testa ricoperta da un una specie di corona
con due corna. Maschera di forma quadrata.
Sotto la corona, un copricapo lungo che
arriva fino al collo; rimane scoperta solo la
parte superiore della testa, in cui compaiono
tracce di forcine incise. Viso rettangolare,
sopracciglia oblique, occhi a forma di
"nocciolo d'oliva", setto nasale piatto, bocca
larga, labbra chiuse, espressione seria.

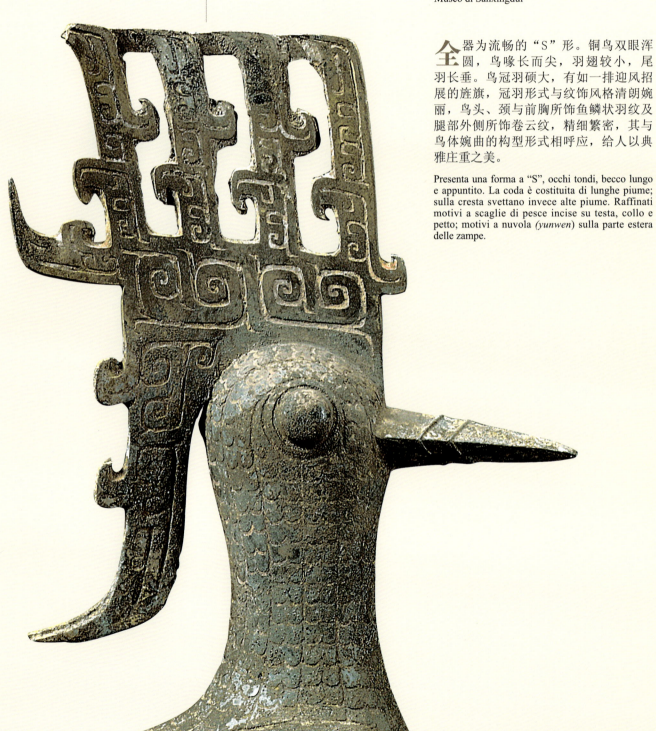

铜鸟饰
商（公元前1600～前1046年）
高34、宽19.2厘米
1986年四川省广汉市三星堆遗址二号祭祀坑出土
三星堆博物馆藏

Ornamento in bronzo a forma d'uccello
Dinastia Shang (1600-1046 a.C)
altezza 34 cm, larghezza 19,2 cm
Fossa sacrificale II del sito di Sanxingdui, Guanghan, Sichuan, 1986
Museo di Sanxingdui

全器为流畅的"S"形。铜鸟双眼浑圆，鸟喙长而尖，羽翅较小，尾羽长垂。鸟冠羽硕大，有如一排迎风招展的旌旗，冠羽形式与纹饰风格清朗婉丽，鸟头、颈与前胸所饰鱼鳞状羽纹及腿部外侧所饰卷云纹，精细繁密，其与鸟体婉曲的构型形式相呼应，给人以典雅庄重之美。

Presenta una forma a "S", occhi tondi, becco lungo e appuntito. La coda è costituita di lunghe piume; sulla cresta svettano invece alte piume. Raffinati motivi a scaglie di pesce incise su testa, collo e petto; motivi a nuvola (*yunwen*) sulla parte estera delle zampe.

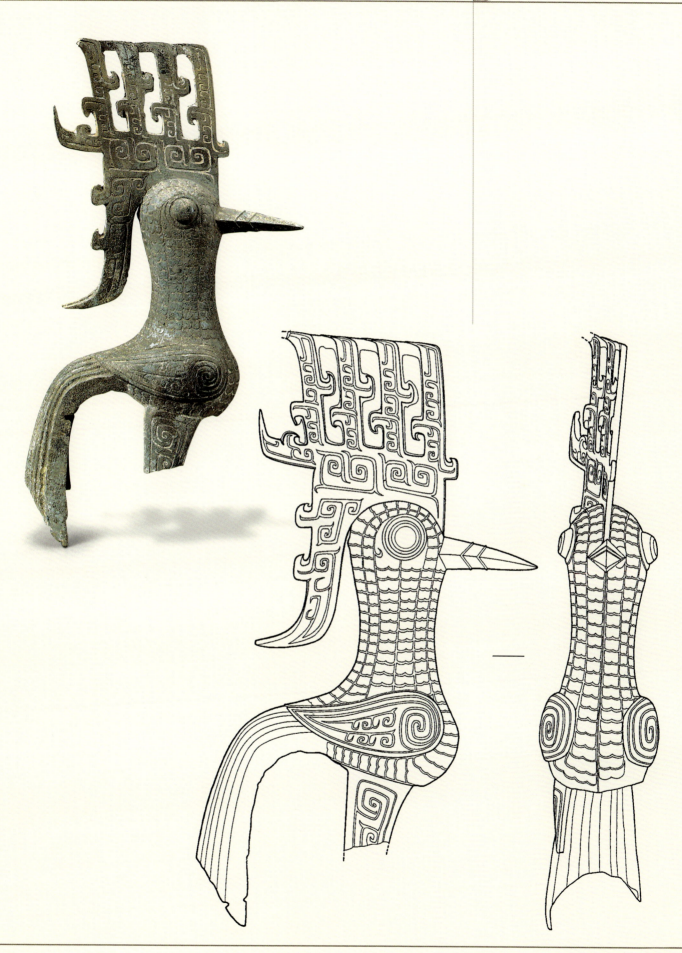

铜扇贝形挂饰

商（公元前1600～前1046年）
高8.7、宽8.8、厚0.1厘米
1986年四川省广汉市三星堆遗址二
号祭祀坑出土
三星堆博物馆藏

Pendente in bronzo a forma di conchiglia

Dinastia Shang (1600-1046 a.C)
altezza 8,7 cm, larghezza 8,8 cm, spessore
0,1 cm
Fossa sacrificale II del sito di Sanxingdui,
Guanghan, Sichuan, 1986
Museo di Sanxingdui

挂 饰呈扇贝形，器形隆起，前高后低，背部有放射状脊棱，前端有一圆形钮，环钮两侧有新月形凸起，如甲虫的触角。两侧有翼，下端翼尖向外伸展。三星堆二号祭祀坑共出土扇贝形挂饰48件，其构型很可能是从某种昆虫的外部形态上得到了启发，甚或就是以这种抽象形式表现了某种昆虫的形态。铜挂饰与铜铃一样，可能多是青铜神树上悬挂的装饰物。

Pendente a forma di conchiglia con ai lati due lunghe sporgenze a forma ali. Dalla fossa sacrificale II, sono emersi 48 pendenti di questo tipo, la cui forma potrebbe essere l'evoluzione di quella di un qualche originario insetto (poi modificata e stilizzata). Insieme ai campanelli decorativi (e altri pendenti in bronzo), veniva appeso agli alberi sacri in bronzo con funzione ornamentale.

金箔璋形饰

商（公元前1600～前1046年）
长9.2、宽1.6厘米
1986年四川省广汉市三星堆遗址二
号祭祀坑出土
三星堆博物馆藏

Ornamento a forma *di zhang* (tavoletta) in lamina d'oro

Dinastia Shang(1600-1046 a.C)
lunghezza 9,2 cm, larghezza 1,6 cm
Fossa sacrificale II del sito di Sanxingdui,
Guanghan, Sichuan, 1986
Museo di Sanxingdui

器 身作长条形，两侧直，射前部由后向前渐宽出，前端有叉形刃。邸部呈钝角形，角端有一小圆穿。三星堆两个祭祀坑共出土金箔璋形饰12件，分大小两型。金箔璋形饰同金箔鱼形饰一样，应是附着在其他器物上饰品，其形仿玉牙璋，可能还含有某种祭祀的意味。

Ornamento che presenta una forma stretta e allungata. Nelle due grandi fosse sacrificali di Sanxingdui, sono stati scoperti 12 ornamenti di questo tipo, di piccole e grandi dimensioni. Probabilmente erano decorazioni apposte su altri oggetti, e avevano forse un qualche significato sacrificale.

金箔鱼形饰

商（公元前1600~前1046年）
长22.8、宽1.9厘米
1986年四川省广汉市三星堆遗址二号祭祀坑出土
三星堆博物馆藏

Ornamento a foglia d'oro a forma di pesce
Dinastia Shang (1600-1046 a.C)
lunghezza 22,8 cm, larghezza 1,9 cm
Fossa sacrifiacle II, sito di Sanxingdui, Guanghan, Sichuan, 1986
Museo di Sanxingdui

金箔饰件系用纯金皮捶锻成金箔后再剪切成形的，表面平整，极薄，表明当时的锻打工艺已十分成熟。三星堆两个祭祀坑共出土金箔鱼形饰19件，分大小两型。大号金箔鱼形饰共有五件，器身细长，既似鱼形又像柳叶；小型的金箔鱼形饰形制与大号接近，长度略小，有的表面无纹饰，鱼形饰上端均有一圆穿孔，应是作为系挂之用。可以推测，这些小型金箔饰件应是附着在其他器物上饰品。在二号坑出土的一棵小神树的树枝上包裹有金箔，这些金箔饰件也许就是神树上的挂饰。

Ornamento a foglia d'oro molto leggera e sottile, ottenuta dalla lavorazione di un unico originario pezzo. Nelle due grandi fosse sacrificali di Sanxingdui furono ritrovati 19 ornamenti di questo tipo, 5 di grandi dimensione e 14 di dimensioni ridotte. Questi ornamenti in lamina d'oro sono solitamente pendenti dell'albero sacro. Si pensa fossero collegati ad altri monili.

玉管
商（公元前1600～前1046年）
直径0.7～1.1、长3.3～6.2厘米
1986年四川省广汉市三星堆遗址二
号祭祀坑出土
三星堆博物馆藏

Tubicini (*guan*) in giada
Dinastia Shang (1600-1046 a.C)
diametro 0,7-1,1 cm, lunghezza 3,3-6,2 cm
Fossa sacrificale II, sito di Sanxingdui,
Guanghan, Sichuan, 1986
Museo di Sanxingdui

共10个，玉管呈直筒形，每个玉管都采用桯钻法钻孔，孔壁很直，打磨光滑，表现出高超的制玉技术。玉管颜色为墨绿色，光亮可鉴，应是佩戴于颈部的装饰品，同项链的功用一致。三星堆两个祭祀坑共出土了玉串珠、玉串管等饰品10件，展现了古代蜀人的佩玉习俗和审美情趣，富有浓郁的生活气息。作为珍贵的装饰品，在祭祀活动中玉饰也通常会被作为祭品奉献给神灵。二号坑的玉管、玉珠等饰品在出土时均装在铜罍里，大概就是作祭品之用。

Il *guan* è composto da 10 pezzi tubolari di giada traslucida, ognuno dei quali con una lunghezza che varia dai 3,3 ai 6,2 cm. I tubicini di colore verde scuro, sono stati perforati alle estremità usando un punteruolo. La cavità è dritta e la superficie è liscia e traslucida. Dalle due grandi fosse sacrificali di Sanxingdui, sono state portate alla luce dieci collane di giada formate da tubicini come questi o da granuli che testimoniano l'uso di ornamenti in giada da parte degli abitanti dell'antico regno di Shu e ci danno prova del loro gusto estetico. Essendo oggetti preziosi, venivano utilizzati come doni offerti alle divinità.

玉璋
商（公元前1600～前1046年）
长34.8、射宽8.4、厚0.7厘米
1986年四川省广汉市三星堆遗址一
号祭祀坑出土
三星堆博物馆藏

Tavoletta in giada del tipo *zhang*
Dinastia Shang (1600-1046 a.C)
lunghezza 34,8 cm, larghezza 8,4 cm,
spessore 0,7 cm
Fossa sacrificale I del sito di Sanxingdui,
Guanghan, Sichuan, 1986
Museo di Sanxingdui

形似戈，射略呈长三角形，一侧外凸，另一侧内凹。射前端出叉形成锋刃。射两侧由前端向后渐收。射本部两侧各有三组齿饰。两侧齿饰之间有一直径1.1厘米的圆穿。邸部呈长方形，末端略宽。此类玉璋是蜀地特有的器形，目前仅在三星堆遗址和成都金沙遗址有出土。因器身似鱼，也称鱼形璋。有学者认为，鱼形璋是牙璋的一种变体，其形状似鱼可能与传说中的古蜀王鱼凫有关。

Forma simile all'ascia rituale del tipo *ge*. Il *zhang* è un manufatto caratteristico dell'antico regno di Shu. Fu ritrovato solo nei siti archeologici di Sanxingdui e di Jinsha, a Chengdu. Visto che il corpo di questo *zhang* è simile alla sagoma di un pesce, esso viene anche chiamato "*zhang* a forma di pesce" (*yuxing zhang*). Alcuni studiosi ritengono che quest'oggetto fosse un'evoluzione dello *ya zhang* (tavoletta dentellata), e la somiglianza con il pesce è probabilmente connessa con il re Yu Fu dell'antico regno di Shu (il primo carattere del nome, "Yu", significa infatti "pesce").

肩扛象牙纹玉璋
商晚期至西周（公元前1250～前771年）
长24.5、宽6、厚1.2厘米
2001年四川省成都市金沙遗址出土
金沙遗址博物馆藏

Tavoletta in giada del tipo zhang con decorazione a una figura umana che reca una zanna d'avorio sulle spalle
Dalla fase finale della dinastia Shang alla dinastia dei Zhou Occidentali (1250-771 a.C)
lunghezza 24,5 cm, larghezza 6 cm, spessore 1,2 cm
Sito di Jinsha, Chengdu, Sichuan, 2001
Museo del sito archeologico di Jinsha

器身两面分别刻有两组图案，每组图案由一向右侧跪坐的人像、两道折曲纹、三道直线纹组成。折曲纹分布于直线纹上下。人像高冠高鼻，方耳方颐，椭圆形眼，身著长袍，双膝着地，左手持握，肩上扛有一物。此物前尖后宽，呈柱状，极似一根完整的象牙，是研究商周时期成都地区古蜀先民玉器加工工艺和青铜文明的重要实物资料。

Sui due lati dell'oggetto è scolpito un motivo decorativo ripetuto due volte per ciascun lato. Si tratta della figura di uomo inginocchiato sul suo fianco destro e che poggia su un motivo formato da due bande continue di linee a zig-zag che delimitano nel mezzo un altro motivo costituito da tre linee dritte. L'uomo indossa un alto copricapo, ha un naso allungato, mascella e orecchie squadrate e occhi a forma ovale. Indossa, inoltre, una lunga veste. Questo oggetto riveste un importante valore storico, artistico e scientifico, ed è un esempio rappresentativo della lavorazione della giada da parte degli abitanti dell'antico regno di Shu e della civiltà che si svilupparono nella Piana di Chengdu durante le dinastie Shang e Zhou.

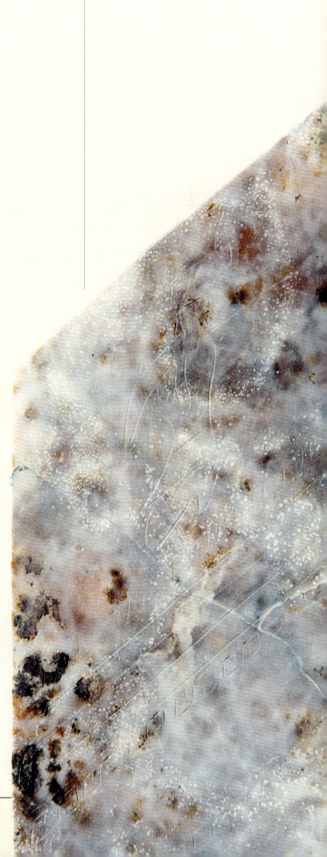

石虎
商晚期至西周（公元前1250～前771年）
高19.4、长24、宽18.25厘米
2001年四川省成都市金沙遗址出土
金沙遗址博物馆藏

Tigre in pietra
Fase finale della dinastia Shang - dinastia dei Zhou Occidentali (1250-771 a.C)
altezza 19,4 cm, lunghezza 24 cm, larghezza 18,25 cm
Sito di Jinsha, Chengdu, Sichuan, 2001
Museo del sito archeologico di Jinsha

蛇纹石，灰色。虎昂首，额头中部用重菱纹的一半装饰，脑后双耳作杏仁状且向内卷。大嘴张开呈四边形，嘴巴内涂朱砂，在喉部还残留有两个相交的管钻痕。直鼻，鼻翼两侧分别有五道阴刻线胡须。直颈，略前倾。体呈卧姿，前爪前伸，右前肢残断，后爪向前弯曲卧于地上。臀部有一圆形小孔。造型威猛狞厉，自然拙朴，是商周时期不可多得的石刻圆雕艺术精品。

Oggetto in serpentino di colore grigio. La tigre è rappresentata in posizione distesa, con la testa alzata, e la bocca aperta. Ai due lati del naso i baffi dell'animale sono rappresentati attraverso cinque piccoli segmenti incisi parallelamente, cinque per ogni lato. Un foro sulla parte posteriore. Manufatto raffinato e pieno di vigore. È un oggetto prezioso, dal grande valore artistico ed è un raro esempio di scultura in pietra dell'epoca delle dinastie Shang e Zhou.

跪坐石人像
商晚期至西周（公元前1250～前771年）
高18、宽6.8、厚8.4厘米
2001年四川省成都市金沙遗址出土
金沙遗址博物馆藏

Statuetta in pietra di uomo inginocchiato
Fase finale della dinastia Shang - dinastia dei Zhou
Occidentali (1250-771 a.C)
altezza 18 cm, larghezza 6,8 cm, spessore 8,4 cm
Sito di Jinsha, Chengdu, Sichuan, 2001
Museo del sito archeologico di Jinsha

石人、石虎出土场景
Due tigri e una statuetta
in pietra nel luogo del
ritrovamento

蛇纹石化橄榄岩，灰黑色。人像外貌为一裸体赤足的男性，呈跪坐姿态，头顶发式中分，双手置于身后。人像头大身小，体形瘦小，上身微前倾，五官雕刻粗糙草率，人体比例不协调。头顶发式、身后长辫、捆绑绳索均只具轮廓，短颈长眉由一道凸棱表现，其下未雕出眼睛，眼眶和瞳孔用朱、白两色颜料描绘。人像左脚略短于右脚，使人像摆放不平，微向左侧倾斜。推测此像可能是属于当时金沙王国的异族人物形象。人像造型简练传神，具有重要的历史、艺术价值，是研究古蜀先民社会的重要实物资料。

Statua in serpentino di colore grigio scuro. Uomo nudo e a piedi scalzi, inginocchiato, con il busto leggermente piegato in avanti. Testa grande, corpo piccolo e snello. Si pensa fosse la raffigurazione di un uomo appartenente a un'etnia diversa rispetto a quella del regno di Jinsha. La figura è modellata in maniera vivida e minimale. L'oggetto ha un importante valore storico-artistico ed è un reperto significativo per quel che riguarda lo studio della società dell'antico regno di Shu.

三星堆遗址
Il sito di Sanxingdui

　　三星堆遗址距今约4800～2600年，总面积12平方公里，是目前四川境内发现面积最广，延续时间最长，文化内涵最为丰富的古城、古国、古蜀文化遗址。几代考古学者在这片土地上探索、发掘，使这支已经淹没数千年的古代文化被正式发现，并取得丰硕的考古成果。1986年7～9月发掘的两座大型商代祭祀坑，出土了金、铜、玉、石、陶、贝、骨等珍贵文物近千件，在世界考古学界引起了轰动。三星堆遗址的发现，将古蜀历史的渊源从春秋战国时期向前推进了约2000年，最有力地证明了中华文明起源的多元一体性。

一号祭祀坑
Fossa sacrificale n. 1

青铜神树
Albero sacro in bronzo

Il sito archeologico di Sanxingdui, che risale a un periodo compreso tra 4800 e 2600 anni fa, occupa una superficie totale di 12 kmq. Ad oggi è il sito il più esteso della provincia dello Sichuan, il più studiato nel tempo, e dalle connotazioni culturali più ricche e abbondanti, sia per quel che riguarda l'antica città, che l'antica civiltà Shu. Il lavoro di diverse generazioni di archeologi ha permesso di portare alla luce un patrimonio culturale antichissimo, rimasto sepolto per migliaia di anni e di ottenere risultati sorprendenti. Dalle due grandi fosse sacrificali, portate alla luce tra il luglio e il settembre del 1986, sono stati recuperati quasi mille oggetti preziosi, fra cui ori, bronzi, giade, pietre, ceramiche, conchiglie e ossa. Questa scoperta ha avuto risonanza mondiale nell'ambiente dell'archeologia. Il sito archeologico di Sanxingdui ci riporta alle origini storiche dell'antico regno di Shu, che non risalgono come si credeva al periodo delle Primavere e Autunni e degli Stati Combattenti (quindi a circa 2000 anni fa), testimoniando in maniera eloquente il carattere eterogeneo delle origini della civiltà cinese.

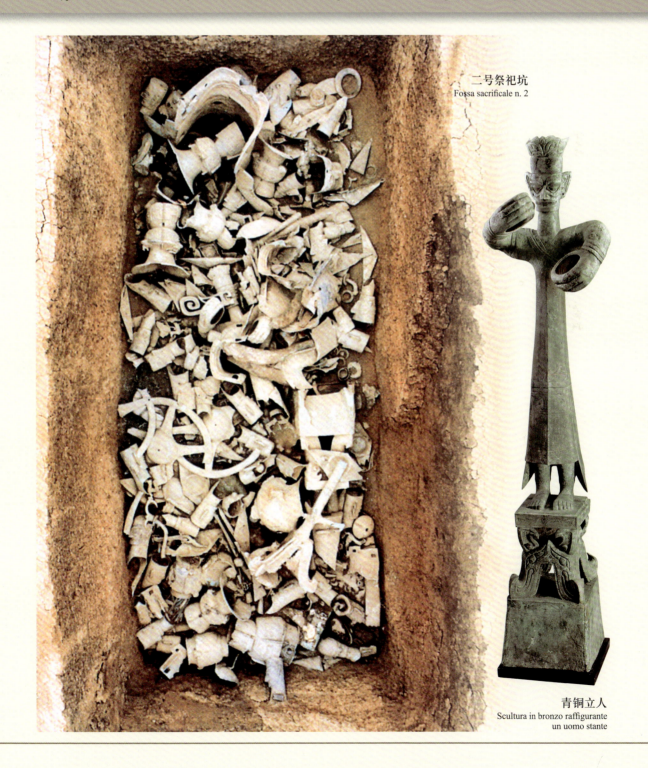

二号祭祀坑
Fossa sacrificale n. 2

青铜立人
Scultura in bronzo raffigurante
un uomo stante

金沙遗址
Il sito di Jinsha

　　成都金沙遗址，分布范围约5平方公里，是公元前12世纪～前7世纪（距今约3200～2900年）长江上游古代文明中心——古蜀王国的都邑。

　　金沙遗址已发现的重要遗迹有大型建筑基址、祭祀区、一般居住址、大型墓地等，出土金器、铜器、玉器、石器、象牙器、漆器等珍贵文物万余件，还有数以万计的陶片、数以吨计的象牙以及数以千计的野猪獠牙和鹿角，堪称世界范围内出土金器、玉器最丰富，象牙最密集的遗址。金沙遗址主体文化遗存是三星堆文明衰落后在成都平原兴起的又一个政治、经济、文化中心，是古蜀国在商代晚期至西周时期的都邑所在，也是中国先秦时期最重要的遗址之一。

太阳神鸟金饰
Ornamento in oro
inciso con i sacri
uccelli del sole

黄忠村大型建筑基址发掘场景
Le fondamenta di una grande struttura
palaziale a Hungzhongcun

Il sito di Jinsha, a Chengdu, ha un'estensione di circa 5 kmq e fu il centro delle antiche civiltà dell'alto corso del fiume Azzurro dal XII al VII secolo a.C., emergendo come la capitale dell'antico regno di Shu.

I resti più importanti emersi dal sito di Jinsha sono le fondamenta di grandi edifici, di aree sacrificali, di zone residenziali e di grandi tombe. Negli scavi furono rinvenuti oltre 5000 oggetti preziosi, in oro, bronzo, giada, pietra, avorio e lacca, a cui si devono aggiungere decine di migliaia di pezzi in terracotta, diverse tonnellate di zanne di elefante, migliaia di zanne di cinghiale e corna di cervo, acquisendo il primato mondiale del sito con la maggior quantità di ori e giade mai rinvenute e con la più alta concentrazione di avorio. Il sito di Jinsha testimonia che, a seguito del declino della civiltà di Sanxingdui, nella Piana di Chengdu emerse un importante centro politico, economico e culturale, che rappresò la capitale dell'antico regno di Shu, in quell'arco di tempo che va dalla fase finale della dinastia Shang alla dinastia dei Zhou Occidentali. Il sito di Jinsha è anche uno dei siti archeologico più importanti dell'epoca pre-Qin.

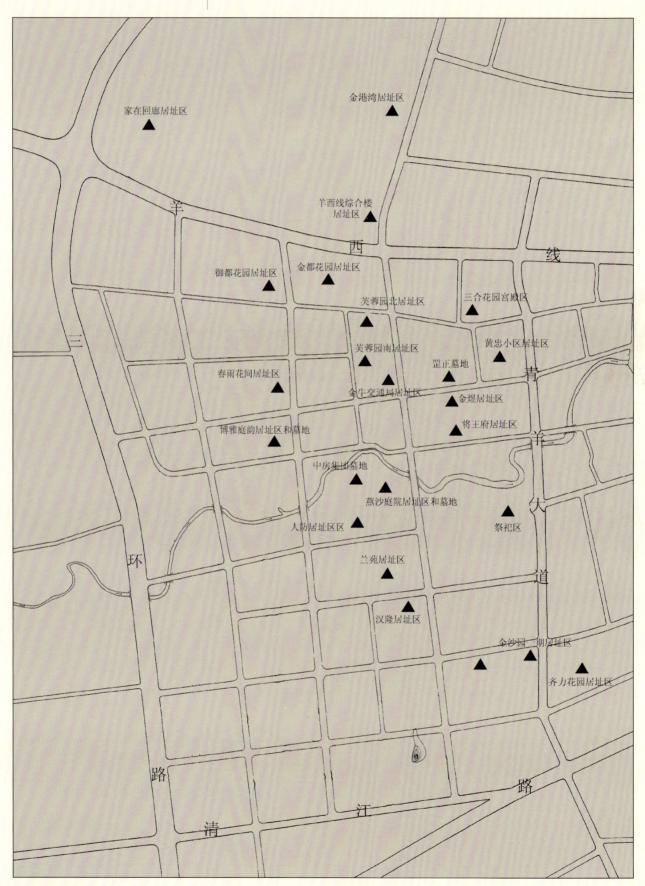

金沙遗址发掘地点分布图

Mappa degli scavi nel sito di Jinsha

古蜀大社推测复原图
Ricostruzione dell'edificio
Dashe dell'antico regno di
Shu

祭祀区柱洞遗址
Le fondamenta di parte
dell'area sacrificale con i
fori lasciati dalle colonne

第四单元
QUARTA SEZIONE

礼乐兴邦

（西周　公元前1046～前771年）

RIFORMARE IL PAESE ATTRAVERSO I RITI E LA MUSICA

(dinastia dei Zhou Occidentali, 1046-771 a.C.)

U一套完善的礼乐制度
N SISTEMA MUSICO-RITUALE PERFETTO

　　"勖哉夫子！尔所弗勖，其于尔躬有戮。"公元前11世纪中叶，在武王姬发的召令之下，由周人统领的联合部族大军从牧野向商都朝歌发起总攻，继而登上中国历史舞台的是一个延续了近800年的周朝。

　　公元前770年平王东迁洛阳之前的周代，史称西周。西周社会按血缘关系分配国家权力，建立世袭统治，使宗族组织和国家组织合而为一。从社会结构和思想统治两个方面，周人重新构建了一整套完备的理论体系——这就是礼乐制度。礼，是人际伦理道德的行为规范，用以通过血缘关系将人与人区别开来。乐，泛指包括音乐、舞蹈等在内的文艺活动，用在不同的人之间采取一种和谐而有效的方式进行沟通，它进一步规范了人世间个体存在的格局，并奠定了此后数千年来中国人实现自我认同的理论基础。

　　西周青铜器在设计、铸造乃至使用上都严格遵从礼制，风格狞厉神秘，而在中期以后逐渐摆脱了狞厉、诡秘的气氛，取而代之的是特有的沉稳、理性之风。同时，西周时代对于玉的生产之重视也超过商代，君子比德于玉，是周代以后玉器审美观念上的重要发展。平日佩玉在身，通过玉器之间碰撞的声音来节律自己的行为，死后也要携玉入葬，甚至棺椁周身都要悬挂玉饰。"至敬无文"、"大圭不琢"，这些思想直接造就了西周玉器尊礼而质朴的艺术表现。

"Impegnatevi, ufficiali e soldati! Se non lo farete, sarete uccisi tutti!" La media età del XI sec. a.C., agli ordini del re Wu [nome postumo; Ji Fa è il nome ancestrale, fondatore della dinastia dei Zhou Occidentali] le truppe dei Zhou sferrarono un attacco su larga scala partendo da Muye verso la capitale della dinastia Shang, Zhao Ge. L'esito positivo della battaglia sancisce l'atto di nascita della dinastia Zhou, che perdurerà per quasi 800 anni.

Per dinastia dei Zhou Occidentali intendiamo quel lasso temporale che va dalla conquista del re Wu fino al 770 a.C., momento in cui il re Ping dei Zhou spostò la capitale a Luoyang. Al tempo della dinastia dei Zhou Occidentali il potere sui territori del regno era assegnato in base a un sistema fondato sui legami di sangue. La trasmissione del potere avveniva per via ereditaria in modo da creare una sorta di identità tra la struttura dei clan e quella dello stato. Dal punto di vista dell'organizzazione sociale e della scelta di un'ideologia dominante, la dinastia dei Zhou Occidentali costruì un innovativo sistema teorico che si fondava principalmente sui "riti" (*li*) e sulla "musica" (*yue*). I "riti" (*li*) determinavano quelle che dovevano essere le norme di comportamento etico-morale da dover rispettare nelle relazioni umane e servivano a rimarcare le distinzioni che esistevano all'interno della società, strutturata secondo una gerarchia basata su legami di parentela e consaguineità. La "musica" (*yue*), termine generico che indicava in realtà tutte quelle attività artistico-letterarie legate alla musica e alla danza, doveva servire invece a stimolare la comunicazione tra persone diverse e creare un'armonia tra di esse. Questo sistema ha determinato la standardizzazione dei modelli di esistenza individuale nel mondo terreno e ha posto le basi teoriche per la creazione di un'identità culturale in cui il popolo cinese nei millenni a venire si è potuto riconoscere.

La produzione e l'utilizzo dei manufatti in bronzo durante la dinastia dei Zhou Occidentali rispettavano rigorosamente i precetti del sistema rituale, mostrando uno stile severo, con oggetti dalle fattezze ferine e misteriose, e che solo dopo una fase intermedia, si liberarono gradualmente da queste connotazioni per approdare a un proprio stile più equilibrato e razionale. Nel contempo, il valore della giada crebbe notevolmente rispetto a quello attribuitole durante la dinastia Shang. "La virtù del gentiluomo deve eguagliare quelle della giada"; il concetto, di fondamentale importanza, veicolato da questa famosa espressione estese negli anni successivi alla dinastia Zhou il valore estetico attribuito alla giada. All'epoca dei Zhou, ornamenti in giada venivano indossati quotidianamente, e questi, urtandosi tra loro, emettevano un suono che doveva ricordare all'uomo il ritmo armonico da tenere nel proprio modo di comportarsi. Inoltre, dopo la morte, manufatti in giada venivano collocati all'interno delle tombe, e sia l'intero corpo del defunto che i sarcofagi venivano ornati con pendenti di questo materiale. "Il rispetto non necessita della parola scritta, così come una la migliore giada non necessita di essere lucidata". Da queste parole si evidenzia l'aspetto estetico semplice, ma ossequioso che la dinastia dei Zhou Occidentale attribuì a questa pietra.

兽面纹铜鼎

西周早期（公元前1046～前922年）
通高43.3、口径33厘米
2007年湖北省随州市曾都区安居镇
羊子山M4出土
随州博物馆藏

Recipiente in bronzo del tipo *ding* con decorazione a maschera zoomorfa

Primo periodo della dinastia dei Zhou Occidentali (1046-922 a.C.)
altezza 43,3 cm, diametro 33 cm
Tomba M4 di Yangzishan, Anju, distretto Zengdu, Suizhou, Hubei, 2007
Museo di Suizhou

敛口，仰折沿，方形立耳，鼓腹下垂，三柱状蹄足内收。腹部及足根部均饰兽面纹，分别以凸起的扉棱为额鼻，形成上下接应的三组。铜鼎是从陶制的三足鼎演变而来的，最初用来烹煮食物，后主要用于祭祀和宴享，是商周时期最重要的礼器之一。

Incisione di maschere zoomorfe sulla pancia e sui piedi. Il recipiente di tipo *ding* in bronzo è un'evoluzione del *ding* tripodale in terracotta, originariamente utilizzato per la cottura dei cibi. In seguito venne impiegato durante le cerimonie e i banchetti sacrificali. È uno dei recipienti rituali più importanti prodotto durante le dinastie Shang e Zhou.

"噩侯"铜方彝
西周早期（公元前1046～前922年）
通高60.1、口长14.6、口宽13.1厘米
2007年湖北省随州市曾都区安居镇
羊子山M4出土
随州博物馆藏

**Recipiente in bronzo per bevande
alcoliche del tipo *fangyi***
Primo periodo della dinastia dei Zhou
Occidentali (1046-922 a.C.)
altezza 60,1 cm, lunghezza di apertura 14,6
cm, larghezza di apertura 13,1 cm
Tomba M4 di Yangzishan, Anju, distretto
Zengdu, Suizhou, Hubei, 2007
Museo di Suizhou

古代盛酒器。高方身，带盖，盖上有钮，盖和钮形似屋顶，主要盛行于商末西周，春秋前期有个别留存。此器盖脊中央有一相向对吻的鸟形钮，前、后肩部正中各有一张牙卷鼻象首，两旁有对称火纹，盖顶四坡面和器腹四面均饰兽面纹。盖内有铭文一行七字："噩侯乍厥宝噂彝"。方彝这个名称是后人定的，未见于文献记载和铜器铭文。

Il *fangyi* è un antico recipiente utilizzato per contenere bevande alcoliche. Questo pezzo presenta un alto corpo ed un coperchio con presa apicale a bottone a forma di tetto. Questo tipo di recipiente era molto diffuso nella fase finale della dinastia Shang e durante la dinastia dei Zhou Occidentali. Il nome "*Yi*" deriva da un tipo di nomenclatura di epoca successiva; nei documenti o nelle iscrizioni sui bronzi, non v'è infatti alcuna attestazione di questo tipo di denominazione.

微笑的青铜器
Oggetti in bronzo sorridenti

2007年11月，在湖北随州安居羊子山西周早期的墓葬出土了四件奇特的兽面纹青铜器，这些兽面纹眼睛的表现方式状如人眼，温和而写实，同时造型上挑，似带笑意，故被称为"微笑的青铜器"。根据墓中随葬青铜器的规模以及铭文，可以认定此墓是一位西周早期噩国国君的墓葬。

Nel novembre del 2007, in una tomba risalente alla prima fase della dinastia dei Zhou Occidentali situata a Yangzishan (circoscrizione di Anju della città Suizhou nella provincia dello Hubei,) furono scoperti quattro bronzi che recavano una decorazione di volto animale dalla forma strana e bizzarra. La forma degli occhi è simile a quella umana, aggraziata e realistica, con la parte terminale esterna dell'occhio che si allunga verso l'alto, come a sorridere, ed è per questo che i bronzi furono chiamati "bronzi sorridenti". In base alla dimensione dei bronzi rinvenuti e alle iscrizioni incise, si può determinare che si trattava della tomba di un sovrano del regno di E della prima fase della dinastia dei Zhou Occidentali.

凤鸟纹扉棱铜镈
西周（公元前1046～前771年）
通高29.1、铣间16.5厘米
1995年湖北省随州市曾都区三里岗
镇毛家冲村出土
随州博物馆藏

Bo in bronzo con decorazione a fenici e uccelli
Zhou Occidentali (1046-771 a.C.)
altezza 29,1 cm, apertura 16,5 cm
Villaggio Maojiachong, Sanligang, Zengdu,
Suizhou, Hubei, 1995
Museo di Suizhou

古代乐器。形似钟而口缘平，器形巨大，有钮可悬挂，以槌叩之而鸣，从钟发展的。此器腔两面纹饰相同，为一兽面纹，鼻部突出为扉棱，兽面周缘填以云雷纹，上下饰以圆涡纹带。两侧铣棱上有对称钩形扉棱，棱顶端各有一高冠卧式凤鸟。

Il *Bo* è un antico strumento musicale, con forma simile a quella delle campane (*zhong*). Decorazione a maschere zoomorfe su entrambi i lati.

鸟形铜杖首
西周（公元前1046~前771年）
高6.8、长12.8厘米
2006年湖北省随州市曾都区安居镇
征集
随州博物馆藏

Testa di bastone a forma d'uccello
Zhou Occidentali (1046-771 a.C.)
altezza 6,8 cm, lunghezza 12,8 cm
Anju, Zengdu, Suizhou, Hubei, 2006
Museo di Suizhou

鸟形，呈立姿状。长喙，双目圆睁，神态专注，长尾上翘，足部有一圆銎，以安装杖杆。鸟身羽纹刻划细腻，栩栩如生。

Oggetto avimorfo, in posizione stante, con lungo becco, occhi rotondi, aperti ed espressivi, lunga coda sollevata. Le piume sono incise attraverso un raffinato decoro.

瓦纹管流铜匜
西周晚期（公元前877～前771年）
通高15.8、流至尾长28.1厘米
1979年湖北省随州市曾都区安居镇
桃花坡村M1出土
随州博物馆藏

**Yi in bronzo con beccuccio e
decorazione a lunghe linee parallele
separate da scanalature**
Ultimo periodo della dinastia dei Zhou
Occidentali (877-771 a.C.)
altezza 15,8 cm, lunghezza 28,1 cm
Tomba M1 del villaggio Taohuapo, Anju,
Zengdu, Suizhou, Hubei, 1979
Museo di Suizhou

古代一种盥洗器。《左传》有"奉匜沃
盥"的话。沃的意思是浇水，盥的意思
是洗手洗脸，说明匜是古代盥洗时浇水的用
具。此器似瓢形，兽首管状流，尾部有一龙
首鋬，底接四个扁体兽形足。口沿饰一周重
环纹，腹饰瓦纹，四扁足外饰云纹。

Si tratta di uno strumento utilizzato durante le abluzioni
per versare l'acqua. Quattro piedi zoomorfi. Motivi
decorativi a nuvola (*yunwen*).

龙纹玉饰

西周（公元前1046～前771年）
长6.6、宽2.9、厚0.5厘米
1984年陕西省西安市长安区张家坡
M157出土
中国社会科学院考古研究所藏

Ornamento in giada a forma di drago
Zhou Occidentali (1046-771 a.C.)
lunghezza 6,6 cm, larghezza 2,9 cm, spessore 0,5 cm
M157 di Zhangjiapo, Chang'an, Xi'an, Shaanxi, 1984
Istituto di Archeologia dell'Accademia Cinese di Scienze Sociali

透 闪石软玉，青白色。为一透雕的龙形玉饰。中央为一蟠龙，卷鼻，头后有角，中有尖棱，圆睛，张口吐舌，舌向后卷，龙身曲体成圆形，与嘴部相接，两侧为龙尾形的透雕装饰。两面花纹相同。

Nefrite di colore chiaro. Al centro intagliata la forma di un drago, con una protuberanza che fuoriesce al di sopra della testa, un occhio tondo, la bocca spalancata e la lingua all'infuori che si arrotola. Ai due lati, motivi decorativi simmetrici.

蹲坐玉人像

西周（公元前1046～前771年）
高6.3、宽1.5、厚0.3厘米
1984年陕西省西安市长安区张家坡
M163出土
中国社会科学院考古研究所藏

Figura umana accovacciata (in giada)
Zhou Occidentali (1046-771 a.C.)
altezza 6,3 cm, larghezza 1,5 cm, spessore 0,3 cm
Tomba M163 di Zhangjiapo, Chang'an, Xi'an, Shaanxi, 1984
Istituto di Archeologia dell'Accademia Cinese di Scienze Sociali

透 闪石软玉，褐色。为一透雕的侧视蹲坐人像。上部为一侧视头像，细眉圆睛。大鼻，张口，云纹状耳，头顶有高髻，后有垂发。中部为一龙头，口朝下，卷鼻，三角眼，张口露齿。下部为屈体，臀部下蹲，腿脚弯屈，尻后有尾，末端有一短榫。

Nefrite di colore bruno. Figura umana rappresentata di profilo. Nella parte superiore, volto umano con sopracciglia sottili, occhi rotondi, naso grande, bocca aperta, orecchie incise con motivi decorativi a nuvola, acconciatura alta. Nella parte centrale, una testa di drago, bocca aperta e fauci in evidenza. In basso corpo della figura, in posizione accovacciata.

长尾鸟形玉棺饰

西周（公元前1046～前771年）
长9.3、宽2.4、厚0.4厘米
1985年陕西省西安市长安区张家坡M170出土
中国社会科学院考古研究所藏

Ornamento in giada a forma d'uccello dalla lunga coda

Zhou Occidentali (1046-771 a.C.)
lungezza 9,3 cm, larghezza 2,4 cm, spessore 0,4 cm
Tomba M170 di Zhangjiapo, Chang'an, Xi'an,
Shaanxi, 1985
Istituto di Archeologia dell'Accademia Cinese di
Scienze Sociali

透闪石软玉，碧绿色，嘴部有白斑。宽喙，圆睛，头后有一钩状飘绶，扬翅，伏爪，长尾迤逦，腹下有一鳍，两面刻纹相同。胸部有一穿孔。

Nefrite di colore verde scuro, venature bianche nella zona del becco. Occhi rotondi, becco largo, ali aperte, zampe ripiegate. Intaglio a forma di pinna nella parte inferiore dell'addome. Entrambi i lati presentano lo stesso tipo di decorazione incisa.

短尾鸟形玉棺饰

西周（公元前1046～前771年）
长4.9、宽4、厚0.3厘米
1985年陕西省西安市长安区张家坡M170出土
中国社会科学院考古研究所藏

Ornamento in giada a forma d'uccello a coda corta

Zhou Occidentali (1046-771 a.C.)
lunghezza 4,9 cm, larghezza 4 cm, spessore 0,3 cm
Tomba M170 di Zhangjiapo, Chang'an, Xi'an,
Shaanxi, 1985
Istituto di Archeologia dell'Accademia Cinese di
Scienze Sociali

透闪石软玉，绿色，嘴部有白斑。宽喙，圆睛，头后有飘绶，翅上扬，伏爪，分尾宽而短，腹下有一鳍，两面刻纹相同。胸部有一穿孔。

Nefrite di colore verde, venature bianche nella zona del becco. Becco molto ampio, occhi rotondi, ali alzate, zampe ripiegate. Intaglio a forma di pinna nella parte inferiore dell'addome. Entrambi i lati presentano lo stesso tipo di decorazione incisa.

玉鹿
西周（公元前1046～前771年）
身高4.1、体长2.7、厚0.4厘米
1983年陕西省西安市长安区张家坡M
44出土
中国社会科学院考古研究所藏

Cervo in giada
Zhou Occidentali (1046-771 a.C.)
altezza 4,1 cm, lunghezza 2,7 cm, spessore
0,4 cm
Tomab M44 di Zhangjiapo, Chang'an,
Xi'an, Shaanxi, 1983
Istituto di Archeologia dell'Accademia
Cinese di Scienze Sociali

透 闪石软玉，深绿色。作回首伫
立状，尖嘴，有耳，头上有四
叉鹿角。通体无刻纹，神态生动。

Nefrite di colore verde scuro. Figura di un
cervo rappresentato in piedi con la testa
rivolta all'indietro. Il muso ha forma a
punta e sulla testa del cervo è presente un
corno quadripartito. Assenti le decorazioni.
Raffigurazione espressiva e dinamica.

玉猪
西周（公元前1046～前771年）
高4.1、长4.5、厚0.9厘米
1986年陕西省西安市长安区张家坡
M390出土
中国社会科学院考古研究所藏

Maiale in giada
Zhou Occidentali (1046-771 a.C.)
altezza 4,1 cm, lunghezza 4,5 cm, spessore
0,9 cm
Tomba M390 di Zhangjiapo, Chang'an,
Xi'an, Shaanxi, 1986
Istituto di Archeologia dell'Accademia
Cinese di Scienze Sociali

透 闪石软玉，褐色。此器为圆雕，作
站立状。阔鼻有双鼻孔，小眼，大
耳，脊背上刻鬃毛，四足偶蹄，尻后长
尾，背上对穿一小孔。

Nefrite di colore bruno. Maiale rappresentato in
posizione eretta. Muso grande con due narici, occhi
piccoli e orecchie grandi. Intaglio a bassorilievo di
setole sul dorso.

张家坡西周墓地概况
Breve descrizione delle tombe di Zhangjiapo della dinastia Zhou occidentale

陕西长安区沣西马王镇一带是西周丰京遗址所在，而张家坡的西周墓地则是丰京遗址的主要内涵之一。墓地东西长约1000米，坐落在一条高岗上。

在已经发掘的墓葬中，最重要的为井叔家族墓地。它包括一座双墓道大墓、三座单墓道大墓和若干较大的竖穴墓和马坑、车马坑等。其中大墓的主人为几个不同世代的井叔，这几座墓同时也是张家坡西周墓葬中已发现的规模最大者。第157号墓的等级最高，推测为这一支井叔的高祖。而第170号为该家族墓地最后建造的一座墓葬。

Il sito di Fengjing della dinasita dei Zhou Occidentali si trova a Mawangzhen (Fengxi , Chang'an, Shaanxi). La necropoli di Zhangjiapo costituisce il nucleo principale di questo sito. La necropoli si estende da ovest a est per circa un chilometro ed è collocata sulla sommità di un alto monte.

Tra le tombe già scavate, il nucleo più importante è quello delle tombe appartenenti al clan familiare dei Jingshu. Queste sono costituite da una grande tomba con due corridoi funerari, tre tombe di notevoli dimensioni a singolo accesso, alcuni tombe a pozzo piuttosto grandi e fosse dove venivano seppelliti i cavalli e i carri. Nella tombe grandi erano sepolti più componenti dello stesso clan familiare, quello dei Jinshu, e rappresentano le più imponenti tra le tombe rinvenute a Zhangjiapo e risalenti alla dinastia dei Zhou Occidentali. La tomba M157 si trova nel punto più alto e si pensa dunque e che sia quella del primo antenato del clan. L'ultima edificata è invece la tomba M170.

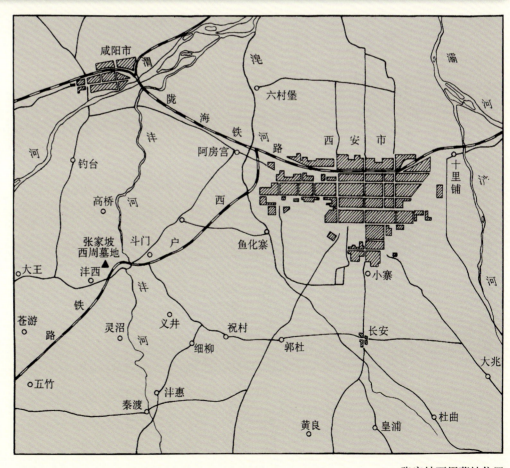

张家坡西周墓地位置
Posizione geografica delle tombe di Zhangjiapo (dinastia dei Zhou Occidentali)

M157发掘现场
Tomba M157

M170发掘现场
Tomba M170

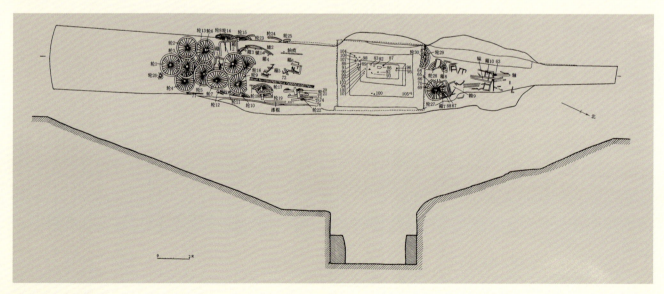

M157平、剖面图
La pianta in sezione della tomba M157

0   50厘米

M170内棺上的彩绘图案
Motivo decorativo presente sul
sarcofago della tomba M170

Q

第五单元
UINTA SEZIONE

群雄争霸

（春秋战国　公元前770～前221年）

LOTTE TRA REGNI PER L'EGEMONIA

(Periodi delle Primavere e Autunni e degli Stati Combattenti 770-221 a.C.)

L' 一个统一的中国即将形成
IMMINENTE NASCITA DI UNA CINA UNIFICATA

公元前770年，周平王迁都洛阳，从此周王室式微，仅保留了共主的名义，而丧失了实际控制天下的能力。一时间群雄四起，诸侯争霸，这个充满动荡的时期，就是东周——它又被史学家分为"春秋"与"战国"两个阶段。

这是一个人才辈出的时代。公元前551年，"至圣"孔子在鲁国诞生，他开启的儒家思想将在此后的数千年中影响中国乃至世界。摆脱了旧制度的束缚，人们在争论中重新思考与定义自我，并重新认识这个世界。道家、墨家、法家、阴阳、纵横等诸家学派争相登场，中国历史上出现了成体系的思辨思想。而"天道远、人道迩"，人自身的价值也开始被认识。在有的诸侯国家，工匠与庶人、商人已开始获得自由人的地位，而工匠手中塑造出的人之形象，也自信地以人的本来面目相示，不再抽象地躲藏在神的背后。

在此时期，原来受周王室分封并领导的诸侯国，早已不同程度地发展为具有共同语言和文化的独立国家，它们之间互设军事关卡，随时准备纵横捭阖，战争贯穿了春秋战国时期的始终。诸侯相争，目的都是夺取霸主的地位。在纵横兼并的过程中，文化交融，思想传播，这些都为未来的统一乃至中华帝国的最终形成奠定了基础。

Il declino della dinastia reale dei Zhou ebbe inizio nel 770 a.C., nel momento in cui il re Ping trasferì la capitale a Luoyang. I Zhou, pur mantenendo nominalmente il titolo regale, avevano ormai perso la capacità di controllare materialmente il territorio. Iniziarono così a emergere nuove potenze territoriali che cominciarono a contendersi il potere. Questo periodo storico di grandi lotte e sommovimenti viene definito come l'epoca dei Zhou Orientali, che gli storici suddividono in due distinte fasi: il periodo delle "Primavere e degli Autunni" e quello degli "Stati Combattenti".

Si tratta di un'epoca che vide nascere grandi pensatori. Nel 551 a.C., nel regno di Lu nacque Confucio, il "grande saggio" (*zhisheng*), il cui pensiero nei millenni a seguire avrebbe avuto una grande risonanza non solo in Cina ma in tutto il mondo. Liberandosi dai vincoli impositori del vecchio sistema, l'uomo si sentì libero di dibattere e riflettere sulla propria natura, così da dare contorni nuovi alle conoscenza del mondo. Nacquero numerose scuole filosofiche, tra cui quella taoista, la moista (Mozi, circa 470-391 a.C.), la legista, dello *yin-yang*, degli Strateghi Politici, etc., che si contendevano il primato nella speculazione filosofica. È così che andarono a delinearsi tutte le correnti di pensiero caratteristiche della storia cinese. Le leggi della natura si differenziarono da quelle dell'uomo e fu riconosciuto il valore dell'essere umano. In alcuni regni, artigiani, contadini e commercianti iniziarono a godere dello status di uomini liberi e gli artigiani crearono molti manufatti che rappresentavano l'uomo sotto varie forme, mostrando di aver acquisito una maggior confidenza e dimestichezza nel tratteggiare realisticamente la figura umana, svincolandosi dal bisogno di celarsi dietro l'idea astratta della divinità.

In questo periodo, i regni feudali, asserviti in precedenza ai Zhou, che solo in una prima fase riuscirono a mantenere una posizione di stato dominate, cominciarono a trasformarsi in stati indipendenti, con lingua e cultura proprie. Questi stati finirono con istituire frontiere sorvegliate da eserciti, stipulare rapporti diplomatici e scatenare guerre che durarono per l'intero periodo delle 'Primavere e Autunni' e degli 'Stati Combattenti'. Attraverso le continue lotte ciascuno stato mirava a imporre la propria egemonia. Nel corso delle continue annessioni conseguenti a queste lotte, si avviò un rapido processo di integrazione culturale e di ampia diffusione del pensiero filosofico. Si gettarono così le basi per l'imminente unificazione della Cina e la definitiva formazione dell'Impero.

孔子像
Ritratto di Confucio

孔子（公元前551～前479年），名丘，字仲尼，春秋时期鲁国陬邑（今中国山东曲阜南辛镇）人。春秋末期的思想家和教育家，儒家思想的创始人，被后世统治者尊为孔圣人、至圣、至圣先师、万世师表。孔子和儒家思想对中国和朝鲜半岛、日本、越南等地区都有深远的影响。

Confucio (551-479 a.C.), di nome Qiu e nome di cortesia Zhongni, nacque a Zouyi, nel regno di Lu (corrispondente all'odierna Nanxinzhen, Qufu, prov. Shandong) durante il periodo delle Primavere e Autunni. Egli non è stato solo un grande pensatore e maestro dell'ultimo periodo delle Primavere e Autunni, ma fu anche il fondatore del Confucianesimo. I sovrani delle epoche successive gli tributarono diversi appellativi, quali il "Saggio Confucio", il "Grande Saggio", il "Grande e Saggio Maestro", il "Maestro Modello di tutti i tempi" e rappresentò un modello per i posteri. Confucio e il confucianesimo hanno profondamente influenzato lo sviluppo non solo della Cina, ma anche di altri paesi dell'Asia, tra cui la Corea, il Giappone e il Vietnam.

玉璧
春秋（公元前770～前476年）
直径7.6、厚0.6厘米
1974年湖北省随州市城郊八一大队出土
随州博物馆藏

Disco in giada del tipo *bi*
Periodo delle Primavere e Autunni (770-476 a.C.)
diametro 7,6 cm, spessore 0,6 cm
Ritrovamento dell'esercito nazionale (ottavo
battaglione) nei sobborghi di Suizhou, Hubei, 1974
Museo di Suizhou

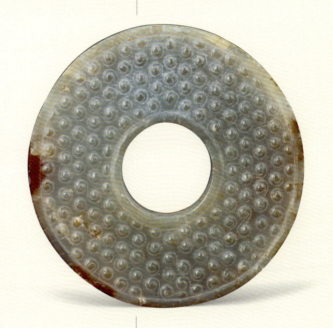

青灰色，半透明。圆形，平缘，两面均
有纹饰。好缘外侧和边缘内侧各浅刻
一周凹弦纹，其间均匀阴刻谷纹，外边缘
有两处褐色沁斑。玉璧为我国传统的玉礼
器之一，也是"六瑞"之一。《尔雅·释
器》载："肉（器体）倍好（穿孔）谓之
璧，好倍肉谓之瑗，肉好若一谓之环。"
根据中央孔径的大小把这种片状圆形玉器
分为玉璧、玉瑗、玉环三种。

Colore grigio-verde traslucido; forma rotonda,
decorazioni presenti su entrambi i lati. Decorazioni a
rilievo di spirali avvolte, due macchie brune sul bordo
esterno. Il *Bi* è un manufatto di giada antico a forma di
disco; è un oggetto rituale della tradizione cinese. In
base alla dimensione del foro centrale, c'è una diversa
classificazione e nomenclatura: possono essere del tipo
bi, yuan o huan.

铜瓠壶
春秋中期（公元前7世纪上半叶至前6世纪上半叶）
高21.5、口径4.7、腹径12.1厘米
1979年湖北省随州市义地岗季氏梁M2出土
随州博物馆藏

Recipiente in bronzo del tipo *hu*
Medio periodo delle Primavere e Autunni (prima metà del VII sec. -prima metà del VI sec. a.C.)
altezza 21,5 cm, diametro 4,7 cm, diametro addominale 12,1 cm
Tomba M2 di Ji Shiliang, Yidigang, Suizhou, Hubei, 1979
Museo di Suizhou

容 酒器。形似瓠，颈屈一侧，平底。颈与足有一索形环状单鋬。颈饰三角蕉叶纹和窃曲纹各一周，腹部满饰环带纹，地衬细雷纹，足饰一周人字形箆纹。

Lo *hu* è un recipiente utilizzato per contenere bevande alcoliche. Questo *hu* ha forma simile a una zucca (*hu*), collo che si piega verso un lato, base piatta. Completamente decorato.

鸟首形铜杯
战国（公元前475～前221年）
高7.5、口径14.3厘米
1986年湖北省荆门市包山M2出土
湖北省博物馆藏

Bicchiere a forma di testa d'uccello
Periodo degli Stati Combattenti (475-221 a.C.)
altezza 7,5 cm, diametro 14,3 cm
Tomba M2 di Baoshan, Jinmen, Hubei, 1986
Museo Provinciale dello Hubei

器俯视呈桃形，正视如立鹰。敞口，腹壁直，鹰嘴形折流，嘴内衔珠，圆底，椭圆形圈足。

Se lo si guarda dall'alto il bicchiere sembra avere forma di pesca; se lo si guarda frontalmente, invece, ha una forma d'aquila. Bocca larga. L'uccello raffigurato ha una perla nel becco. Il piede del bicchiere ha una forma ovale.

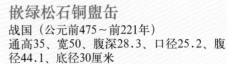

嵌绿松石铜盥缶
战国（公元前475～前221年）
通高35、宽50、腹深28.3、口径25.2、腹
径44.1、底径30厘米
1978年湖北省随州市曾侯乙墓出土
湖北省博物馆藏

**Contenitore del tipo *guanfou* in bronzo
intarsiato con turchesi**
Periodo degli Stati Combattenti (475-221 a.C.)
altezza 35 cm, larghezza 50 cm, profondità
addominale 28,3 cm, diametro 25,2 cm, diametro
addominale 44,1 cm, diametro di fondo 30 cm
Tomba di Zeng Houyi, Suizhou, Hubei, 1978
Museo Provinciale dello Hubei

古代盛水或酒的器皿。圆腹，
有盖，肩、腹间有两个兽面
形环耳，耳上各套一提链。提链由
三节组成，两端的两节是圆环，中间
一节呈相连双环形，介于两环之间
的直梗，两端为兽口衔环状。上腹
部有一周等距离分布的六个圆饼形
乳突。盖上喇叭形提手饰浅浮雕的
星点状螭纹。

Il *fou* è un antico recipiente di uso domestico
che serviva per contenere acqua o vino di
forma globulare con coperchio. Diffuso nel
periodo delle Primavere e Autunni e degli
Stati Combattenti. La sua forma ricorda
una piccola giara o un braciere. Poteva di
rado essere utilizzato anche come strumento
musicale.

铜车軎
战国中期（公元前4世纪）
通高7.1、底径6.5厘米
1981年湖北省随州市擂鼓墩M2出土
随州博物馆藏

***Wei* in bronzo per carro**
Medio periodo degli Stati Combattenti (IV
sec. a.C.)
altezza 7,1 cm, diametro del fondo 6,5 cm
Tomba M2 di Leigudun, Suizhou, Hubei,
1981
Museo di Suizhou

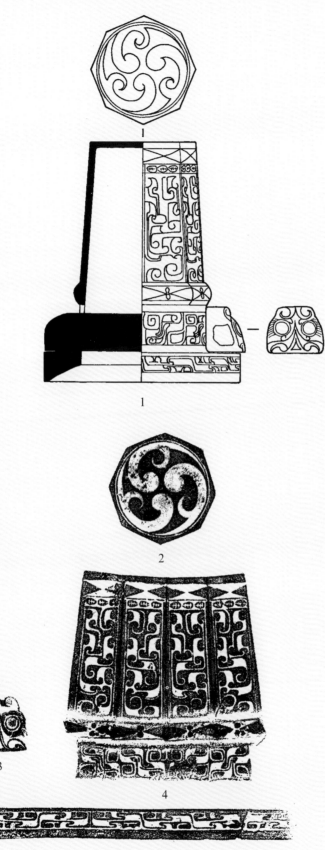

1

2

3

4

5

此器形体瘦长，器身下部有一周圆形凸箍，凸箍以上为八棱柱形，上细下粗，以下为圆柱形，底部外折呈方宽缘。圆柱底部有对称的两个长方形穿孔，用于穿辖。车軎安装于车轮轴端以固定车轴，在先秦墓葬中常以一对车軎代表一辆马车陪葬。

Il *wei* era montato alla fine dell'asse delle ruote per bloccare queste ultime all'asse stesso. Nelle tombe pre-Qin, una coppia di *wei* stava a indicare che un carro era stato seppellito insieme al defunto.

0 _____ 5厘米

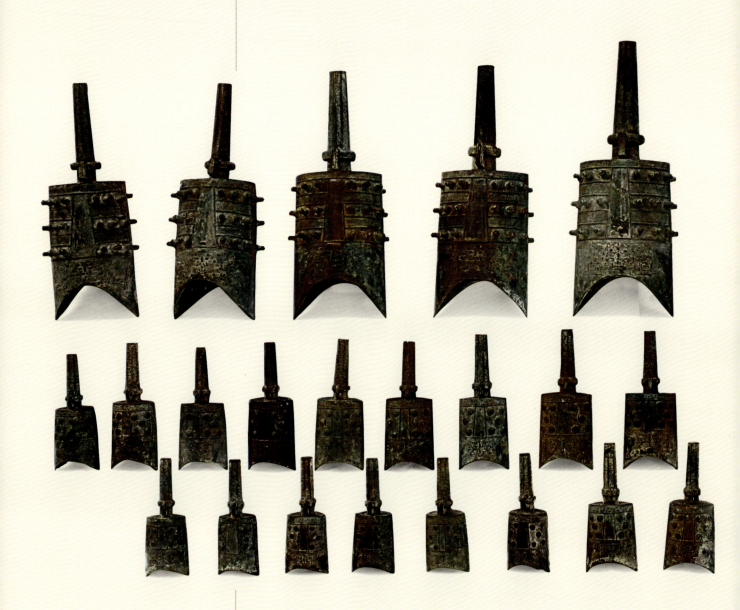

铜编钟
战国中期（公元前4世纪）
最大件通高96.7、铣间38.1，最小件通高
30、铣间11.9厘米
1981年湖北省随州市擂鼓墩M2出土
随州博物馆藏

Bianzhong (set di campane) in bronzo
Medio periodo degli Stati Combattenti (IV sec. a.C.)
Campana maggiore: altezza 96,7 cm, apertura 38,1 cm
Campana minore: altezza 30 cm, apertura 11,9 cm
Tomba M2 di Leigudun, Suizhou, Hubei, 1981
Museo di Suizhou

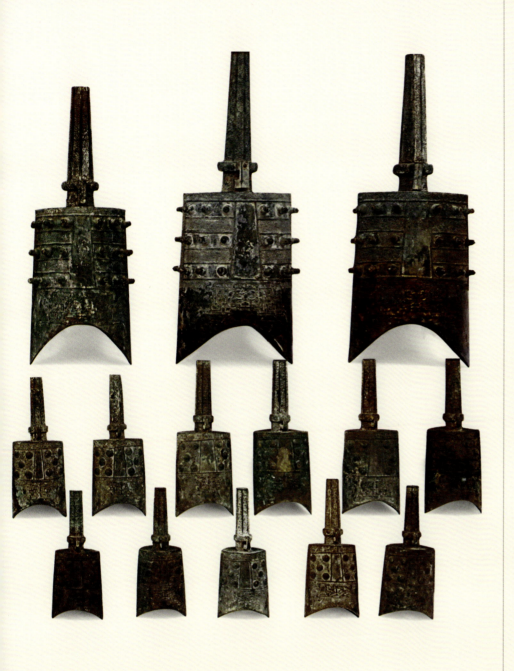

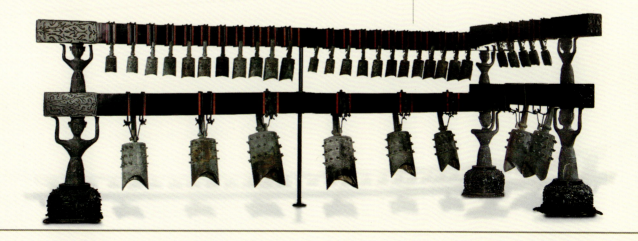

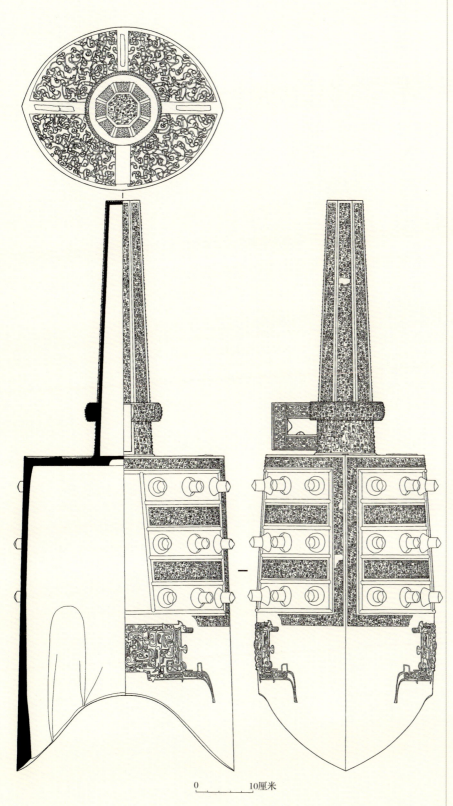

0　　　　10厘米

此套编钟共36件，皆为甬钟，形制相同，大小各异。其中大型甬钟八件，钲部两边各有三排长枚，甬、舞、篆部均饰变形蟠螭纹，正鼓部花纹有别，四件为浮雕神人操蛇图像，四件饰兽面纹。神人操蛇图像在编钟纹饰中出现为首次。小型甬钟28件，钲部两边各有五个泡形短枚，钟壁较厚，甬、舞、篆部均饰变形蟠螭纹，正鼓部饰兽面纹。经专家测试，每钟都为一钟双音，至今仍可演奏古今中外的乐曲。编钟是中国古代重要的打击乐器，由若干大小不同的钟有秩序地悬挂在木架上编成一组或几组，每个钟敲击的音高各不相同，钟身都绘有精美的图案。年代不同，编钟的形状也不尽相同，古代的编钟多用于宫廷演奏，在民间很少流传，一般逢征战、朝见或祭祀等活动时，都要演奏编钟。

Il *Bianzhong* è un importante strumento a percussione utilizzato nella Cina antica. Consiste in un insieme di campane in bronzo montate su supporti lignei e percosse con un martelletto. Nonostante con il susseguirsi delle epoche abbia assunto forme differenti, il *bianzhong* è sempre stato finemente decorato. Nell'antichità, i *bianzhong* erano solitamente utilizzati nei rituali di corte, ovvero mentre si officiavano i sacrifici, o prima di intraprendere una campagna militare, o durante visite ufficiali. Questo *bianzhong* consta di 36 campane, tutte del tipo *yong*, fra cui 8 di grandi dimensioni e 28 più piccole. A seguito di prove sperimentali, si è visto che ogni campana è polifonica e ancora perfettamente funzionante, adatta a suonare melodie sia cinesi che straniere.

兽钮铜盖鼎（附铜鼎钩、铜匕）

战国（公元前475～前221年）

通高32、足高20、耳距33.3、口径25.6、深15、盖径
26.8厘米；钩长26、匕长126厘米

2002年湖北省枣阳市九连墩M1出土

湖北省博物馆藏

Contenitore in bronzo del tipo *ding* con coperchio
e pomello a forma di animale （insieme a due
dingguo -uncini - e mestolo in bronzo）

Periodo degli Stati Combattenti (475-221 a.C.)

altezza 32 cm, altezza dei piedi 20 cm, distanza fra orecchi 33.3
cm, diametro 25.6 cm, profondità 15 cm, diametro di coperchio
26.8 cm, lunghezza del gancio 26 cm, lunghezza di *Bi* 126 cm

Tomba M1 di Jiuliandun, Zaoyang, Hubei, 2002

Museo Provinciale dello Hubei

礼器。弧盖，中部有套环钮，盖面浮雕三卧兽。口微敛，有对称方形附耳，弧腹，平底，蹄足截面六棱形。盖、器子母口扣合。盖、器饰凸弦纹一周。一鼎配一对钩。挂钩均铜质，钩与环铸接在一起，可活动转折，环面刻勾连云纹。匕为青铜质，较浅，圜底，匕柄截面六棱形，上有一穿；长柄木质，截面圆形，末端套铜镈，镈顶端有鼻钮套双环。柄上髹黑漆。

Oggetto rituale. Coperchio ricurvo, con tre sculture in rilievo di animali coricati. Corpo globulare con manici ansati simmetrici di forma quadrate. Il *ding* è corredato da una coppia di uncini e da un mestolo (*bi*) in bronzo, relativamente sottile.

凤纹铜簠

战国中晚期（公元前4～前3世纪）
通高33.4、口长33、宽23.4厘米
2002年湖北省枣阳市九连墩M1出土
湖北省博物馆藏

**Contenitore in bronzo del tipo *fu*
decorato con motivi a fenice**
Medio e ultimo periodo degli Stati
Combattenti (IV sec.-III sec.a.C.)
altezza 33,4 cm, lunghezza 33 cm, larghezza
23,4 cm
M1 di Jiuliandun, Zaoyang, Hubei, 2002
Museo Provinciale dello Hubei

盛谷物器。器、盖同形。长方形直口，腹上
部斜壁，下折内收，呈斗口状，平底，
矩形圈足。侧腹两端各有一兽首耳钮。盖底有
内折的宽缘，盖口缘两端各有相对六个兽形衔
扣。表面铸有精细的四叶菱花凤纹。

Il *fu* è un antico recipiente usato per contenere cereali. Il
corpo e il coperchio sono identici. Quattro piedi con base a
forma rettangolare. Incisioni raffinate di motivi floreali.

镶嵌勾连云纹铜敦
战国中晚期（公元前4～前3世纪）
通高26.2、口径21.2、耳距26厘米
2002年湖北省枣阳市九连墩M1出土
湖北省博物馆藏

**Contenitore per alimenti in bronzo
del tipo *dui* con motivi decorativi a
nuvola**
Medio e ultimo periodo degli Stati
Combattenti (IV sec.-III sec.a.C.)
altezza 26,2 cm, diametro 21,2 cm, distanza
fra orecchi 26 cm
Tomba M1 di Jiuliandun, Zaoyang, Hubei,
2002
Museo Provinciale dello Hubei

古代食器，从鼎演变而来。此器整体如竖立的卵形。盖、器相同，各有双环耳，三兽钮，盖缘有三个兽面衔扣，盖顶、器底饰及其余部分满饰勾连云纹。纹饰峻深，铸纹内以镶嵌物填地（现已脱落）。造型别致，装饰纹样精细繁缛。

Il *dui* è un antico recipiente usato per contenere alimenti. È un'evoluzione del recipiente del tipo *ding*. Forma ovoidale dell'oggetto. Il recipiente e il coperchio sono identici, e ciascuno presenta una copia di anse a forma di anello. Motivi decorativo a nuvola ricoprono l'intera superficie dell'oggetto.

铜人擎灯
战国中晚期（公元前4～前3世纪）
通高24.85、人高12.3、盘口径11.2
厘米
2002年湖北省枣阳市九连墩M1出土
湖北省博物馆藏

Lampada in bronzo con figura umana
Medio e ultimo periodo degli Stati
Combattenti (IV sec.-III sec.a.C.)
altezza totale 24,85 cm, altezza della statua
12,3 cm, diametro 11,2 cm
Tomba M1 di Jiuliandun, Zaoyang, Hubei,
2002
Museo Provinciale dello Hubei

铜人擎灯又称为"烛俑"，是楚国青铜制作的实
用工艺品的代表作之一。由铜人座、灯柱和
灯盘组成。铜人头挽右髻，宽额圆脸，右衽深衣，
长袍及地，右手执握灯柱，柱圆形，柱上端浮雕蟠
蜗纹组成的花瓣状柱座。灯盘平沿斜弧壁，外有凸
棱，盘中有锥状灯针，盘下为圆形盘柱。铸制精
细，造型典雅，融艺术性与实用性为一体。

La figura di uomo stante in bronzo sostiene il braccio del lume. Si
tratta di una delle migliori opere artigianali in bronzo realizzate
nello Stato di Chu. Composta dalla statua, dal braccio e dal piatto.
Di raffinata fattura e dalle forme eleganti, l'opera combina gusto
estetico e funzionalità.

龙凤蛇纹漆圆盒

战国中晚期（公元前4～前3世纪）
高20.6、口径26.1、盖径28.4厘米
2002年湖北省枣阳市九连墩M1出土
湖北省博物馆藏

Scatola laccata di forma rotonda con motivi decorativi raffiguranti draghi, fenici e serpenti
Medio e ultimo periodo degli Stati Combattenti (IV sec.-III sec.a.C.)
altezza 20,6 cm, diametro 26,1 cm, diametro di coperchio 28,4 cm
Tomba M1 di Jiuliandun, Zaoyang, Hubei, 2002
Museo Provinciale dello Hubei

整器由盖、身、足三部分组成，分别以整木挖旋、雕刻、粘接后髹漆彩绘而成。器表通体浮雕龙、凤、蛇纹，其中器盖雕有多条交错纠结的龙，器身至器足则雕有互相缠绕的八龙、八凤、八蛇。

Composta da tre parti: coperchio, corpo e piede. Legno interamente laccato. Realizzata con incisioni e applicazioni in rilievo. Figure di draghi, fenici e serpenti ricoprono l'intera superficie dell'oggetto.

漆木扁壶

战国中晚期（公元前4～前3世纪）
通高29.8、口径8、长29.6、底长19.2、厚8厘米
2002年湖北省枣阳市九连墩M1出土
湖北省博物馆藏

Fiaschetta laccata del tipo *bianhu*
Medio e ultimo periodo degli Stati Combattenti (IV sec.-III sec.a.C.)
altezza 29,8 cm, diametro 8 cm, larghezza 29,6 cm, lunghezza del fondo 19,2 cm, spessore 8 cm
Tomba M1 di Jiuliandun, Zaoyang, Hubei, 2002
Museo Provinciale dello Hubei

壶是酒器中的主要品类。出现于商代中期，通行到战国时代，延续到秦汉。此器平口铜箍，短颈，桃形扁腹，扁圈足，有盖。肩部有一对铜铺首衔环。黑漆为地，以红、黄色彩绘变形蟠虺纹。

Lo *hu* è un recipiente usato per contenere bevande alcoliche, che riveste un ruolo di prim'ordine tra i contenitori per bevande alcoliche. Creato nel medio periodo della dinastia Shang, si diffonde nel periodo degli Stati Combattenti e troverà utilizzo anche nelle dinastie Qin e Han.

剑 首向外翻卷呈圆盘形，剑身较宽，中脊起棱。素面。剑刃锋利。

Spade in bronzo, dalla lama piuttosto larga, con nervatura centrale in rilievo. Lama molto affilata.

铜剑
战国中晚期（公元前4～前3世纪）
通长47～55.5厘米
2002年湖北省枣阳市枣阳九连墩M1
出土
湖北省博物馆藏

Spade in bronzo
Medio e ultimo periodo degli Stati Combattenti (IV sec.-III sec.a.C.)
altezza 47-55,5 cm
Tomba M1 di Jiuliandun, Zaoyang, Hubei, 2002
Museo Provinciale dello Hubei

漆木剑椟

战国中晚期（公元前4～前3世纪）
残长70、宽12厘米
2002年湖北省枣阳市枣阳九连墩M1
出土
湖北省博物馆藏

Custodia per spada in legno laccato
Medio e ultimo periodo degli Stati
Combattenti (IV sec.-III sec.a.C.)
lunghezza 70 cm, larghezza 12 cm
Tomba M1 di Jiuliandun, Zaoyang, Hubei,
2002
Museo Provinciale dello Hubei

此 剑椟盖、盒均系整木做成，子母口套合，弧
盖。剑，必须插置鞘中方可随身佩饰，而收藏
时，除须插置鞘中以外，还须储藏于剑椟内。

Solitamente la spada doveva essere inserita nel fodero per essere
portata indosso. Quanto veniva riposta, oltre a essere infilata nel
fodero, doveva anche essere conservata in una custodia. La misura
del coperchio dell'oggetto corrisponde perfettamente a quella
della custodia. Oggetto in legno interamente laccato.

漆皮盾

战国中晚期（公元前4～前3世纪）
长70、宽43厘米
2002年湖北省枣阳市九连墩M1出土
湖北省博物馆藏

Scudo in cuoio laccato
Medio e ultimo periodo degli Stati Combattenti (IV
sec.-III sec.a.C.)
altezza 70 cm, larghezza 43 cm
Tomba M1 di Jiuliandun, Zaoyang, Hubei, 2002
Museo Provinciale dello Hubei

盾 是一种手持的防护兵器。古代将士
在作战时，通常左手持盾以掩蔽身
体，防卫敌人刃矢石的杀伤，右手持刀
或其他兵器击杀敌人，二者配合使用。
早期的盾都用木、皮等材料制作，表面
髹漆，形状多呈长方形或上窄下宽的梯
形，长度一般不超过三尺。

Lo scudo è uno strumento di difesa che si regge
con una mano. Generalmente i soldati tenevano lo
scudo con la mano sinistra per proteggere il corpo
e usavano la mano destra per impugnare la spada
o altre armi. Lo scudo era inizialmente di legno o
di cuoio, di forma rettangolare e trapezoidale, di
lunghezza inferiore a un metro.

漆皮甲胄

战国中晚期（公元前4～前3世纪）

甲长97、肩宽40、下摆周长170、上厚20、下厚40厘米

2002年湖北省枣阳市九连墩M1出土

湖北省博物馆藏

Armature con elmo (*jiazhou*) in cuoio laccato

Medio e ultimo periodo degli Stati Combattenti (IV sec.-III sec.a.C.)

Jia, lunghezza 97 cm, larghezza di spalla 40 cm, circonferenza del bordo 170 cm, spessore alto 20 cm, spessore basso 40 cm

Tomba M1 di Jiuliandun, Zaoyang, Hubei, 2002

Museo Provinciale dello Hubei

甲胄分为胄、身甲、袖甲、裙甲四部分。甲片系生皮胎经模具压制定型，髹深褐色漆等多道工序，再以丝带编缀成型。出土时甲胄与铜剑呈交错叠放状态，皮革和编缀的丝带多朽轶，仅存漆皮。此甲胄是经加固后重新编缀而成的。甲胄作为将士的防护性兵器，在冷兵器时代充当着极其重要的角色，类似于现代战争中的防弹服，可以较大程度地保护将士身体免遭敌方进攻性兵器的重创，进而能够增强战斗力。甲胄的出现是和原始社会末期私有制出现、战争日益频繁、进攻性武器逐渐锐利等因素紧密相关的。甲胄沿用了数千年，其间形制不断改进，制作材料亦多种多样，其防护功能逐步完善。

L'armatura del tipo *jiazhou* si compone di quattro parti: elmo, giacca, maniche e gonna, fatti di cuoio e cuciti con nastri. L'armatura rivestiva un ruolo molto importante nell'epoca dell'utilizzo delle armi bianche. Essa, infatti, aveva una funzione difensiva, rappresentando paradossalmente il miglior attacco possibile: proteggendo il soldato dagli attacchi dell'avversario e evitandogli il ferimento, ne rafforzava l'efficacia nel combattimento e lo rendeva capace di sferzare vigorosi attacchi. Nelle società primitive più tarde, la comparsa dell'armatura è strettamente legata all'intensificarsi dell'attività bellica e all'utilizzo di armi sempre più affilate. L'armatura esposta consta di quattro parti: elmo, piastra per coprire spalle e parte superiore del busto, corazza del busto e gonna. Sagomata con pelle non conciata e laccata con colore marrone scuro e nastri di seta intrecciati.

铜矛
战国中晚期（公元前4～前3世纪）
矛长17.8、銎长9.6厘米
2002年湖北省枣阳市九连墩M1出土
湖北省博物馆藏

Punta di lancia *mao* in bronzo
Medio e ultimo periodo degli Stati
Combattenti (IV sec.-III sec.a.C.)
lunghezza della punta di lancia 17,8 cm,
lunghezza della base 9,6 cm
Tomba M1 di Jiuliandun, Zaoyang, Hubei,
2002
Museo Provinciale dello Hubei

矛是中国古代一种用于直刺和扎挑的长柄格
斗兵器，是古代军队中大量装备和使用时
间最长的冷兵器之一。矛的历史久远，其最原
始的形态是用来狩猎的前端修尖的木棒。从商
代到战国时期，一直沿用青铜铸造的矛头。

La lancia *mao* è un'arma da combattimento a manico lungo
usato per colpire gli avversari a distanza. È una delle armi
bianche più diffuse e utilizzate più a lungo dagli eserciti
antichi. Vanta una lunga storia, la sua forma originaria
risale all'asta con lama in selce usate dai popoli primitivi
per cacciare. Punte di lancia in bronzo iniziano a essere
utilizzate durante la dinastia Shang e le ritroviamo fino al
periodo degli Stati Combattenti.

铜戟

战国中晚期（公元前4～前3世纪）

1：矛长14、宽4，戈长19、宽30厘米

2：矛长12.9、戈长27.2、宽10.7、镈长6.4厘米

3：矛长12.2，戈长27.3、宽9.9厘米

2002年湖北省枣阳市九连墩M1出土

湖北省博物馆藏

Lancia di tipo *ji* in bronzo

Medio e ultimo periodo degli Stati Combattenti (IV sec.-III sec.a.C.)

1: lunghezza del *mao* 14 cm, larghezza 4 cm, lunghezza del *ge* 19 cm, larghezza 30 cm

2: lunghezza del *mao* 12,9 cm, lunghezza del *ge* 27,2 cm, larghezza 10,7 cm, lunghezza dello *zun* 6,4 cm

3: lunghezza del *mao* 12,2 cm, lunghezza del *ge* 27,3 cm, larghezza 9,9 cm

Tomba M1 di Jiuliandun, Zaoyang, Hubei, 2002

Museo Provinciale dello Hubei

1

2

3

第1号矛长刺，三棱形。戈较粗大，隆脊，援略上扬，弧较长，栏侧有四穿。2号和3号矛刺尖，三棱形，短胡刃内式。援狭而上翘，胡较短，有一穿，刃内微上翘。

Lancia 1: punta di lancia del tipo *mao* (parte superiore della lancia) a lama lunga e a forma di prisma; grande *ge* ("ascia-pugnale" al centro) con lungo arco. Lance 2 e 3: punta di lancia del tipo *mao* (parte superiore della lancia) a lama lunga e a forma di prisma triangolare.

钩内铜戟

战国中晚期（公元前4～前3世纪）
矛残长11.4，戈长27.7、宽10.8，
镈长6.5厘米
2002年湖北省枣阳市九连墩M1出土
湖北省博物馆藏

Lancia del tipo *ji*
Medio e ultimo periodo degli Stati
Combattenti (IV sec.-III sec.a.C.)
lunghezza della lancia (incompleta) . 11,4
cm, lunghezza del Ge 27,7 cm, larghezza
10,8 cm, lunghezza del Zun 6,5 cm
M1 di Jiuliandun, Zaoyang, Hubei, 2002
Museo Provinciale dello Hubei

长刺短胡勾内式。刺似矛，銎
长。援狭而上翘，胡有一穿
较短，内末端有一钩形向上弯曲。

La lancia del tipo *ji* è un'arma antica del tipo
delle armi inastate che veniva maneggiata
dai soldati in battaglia.

铜双戈戟

战国中晚期（公元前4～前3世纪）
1：上长28、宽11，下长20、宽9.7，
镈长4.7厘米
2：上长30.6、宽11.3，下长21.8、宽
12，镈长4.9厘米
2002年湖北省枣阳市九连墩M1出土
湖北省博物馆藏

Lancia del tipo *ji* con doppia punta del tipo *ge*

Medio e ultimo periodo degli Stati Combattenti (IV sec.-III sec.a.C.)
1: lunghezza del *ge* in alto 28 cm, larghezza 11 cm, lunghezza del ge in basso 20 cm, larghezza 9,7 cm, lunghezza dello *zun* 4,7 cm
2: lunghezza del *ge* in basso 30,6 cm, larghezza 11,3 cm, lunghezza del ge in basso 21,8 cm, larghezza 12 cm, altezza dello *zun* 4,9 cm
Tomba M1 di Jiuliandun, Zaoyang, Hubei, 2002
Museo Provinciale dello Hubei

1

2

戈均隆脊，援略上扬，弧较长，栏侧有三穿。戟是一种我国独有的古代兵器，是戈和矛的合成体，它既有直刃又有横刃，呈"十"字或"卜"字形，因此戟具有勾、啄、刺、割等多种用途，其杀伤能力胜过戈和矛。

La lancia *ji* è un'arma antica tipicamente cinese. Essa rappresenta la sintesi tra lancia del tipo *mao* e l'ascia-pugnale del tipo *ge*, con le lame che potevano essere disposte con taglio dritto o orizzontale. Veniva utilizzato in diversi modi per agganciare il nemico, punzecchiarlo, pugnalare e tagliare di netto; la sua forza d'impatto supera quella sia del *ge* che del *mao*.

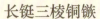

长铤三棱铜镞

战国中晚期（公元前4～前3世纪）
长13～42.5厘米
2002年湖北省枣阳市九连墩M1出土
湖北省博物馆藏

Punte di freccia da balestra (*zu*) in ferro

Medio e ultimo periodo degli Stati
Combattenti (IV sec.-III sec.a.C.)
lunghezza 13-42.5 cm
Tomba M1 di Jiuliandun, Zaoyang, Hubei,
2002
Museo Provinciale dello Hubei

铜 镞残存剑杆，其上竖行刻有浅槽。镞分为扁菱、三棱无翼、三棱有翼等三种。箭镞，多为铁制，主要有三菱形、三角形、圆锥形等，刃薄而锋利，旁有槽。古人制作箭镞非常讲究选材及各部分的尺寸、形状、比例等。实践证明"三棱式镞"制作简便，镞体坚固，镞锋锐利，穿透力强，还因镞体近似流线型，箭射出后的稳定性和准确性好，具有较强的杀伤性能。所以，到战国末年，三棱铜镞以其优势逐步取代了各式铜镞，成为箭镞的主要形制。

Lo *zu* è una punta di freccia in ferro, a forma di prisma triangolare o trapezoidale, dalla lama sottile e affilata. Estrema attenzione data alle misure, alla forma, alle proporzioni e al materiale usati nel momento della loro lavorazione. La punta di freccia (*zu*) a forma di prisma triangolare si rivelò la più efficace. Nell'ultimo periodo degli Stati Combattenti sostituì tutte le altre punte fatte in bronzo.

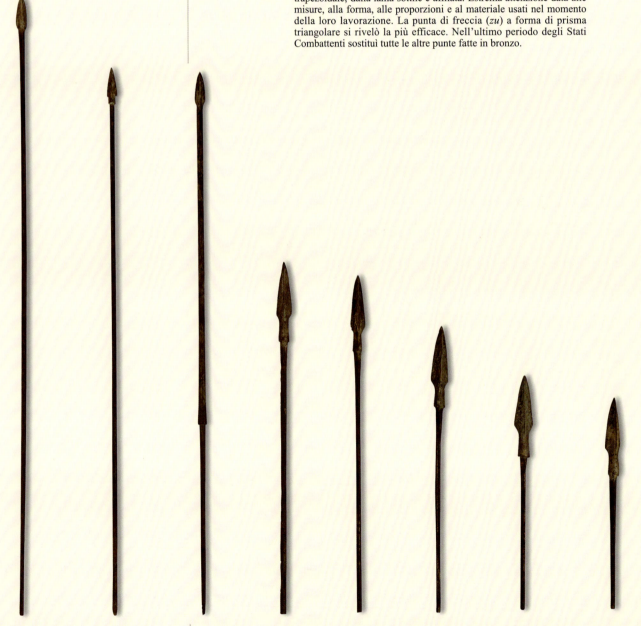

四龙纹漆木方盖豆

战国（公元前475～前221年）
通高31，口长39.4、宽35.4，座径17.6厘米
2002年湖北省枣阳市九连墩M2出土
湖北省博物馆藏

Recipiente del tipo *dou* laccato con coperchio
decorato col motivo dei quattro draghi
Periodo degli Stati Combattenti (475-221 a.C.)
altezza 31 cm, lunghezza 39,4 cm, larghezza 35,4 cm,
diametro dell base 17,6 cm
Tomba M2 di Jiuliandun, Zaoyang, Hubei, 2002
Museo Provinciale dello Hubei

盛 食器。斫木胎，由豆盘、柄、座
三部分组成，斫制榫接而成。有
盖，豆盖上雕刻有花瓣状提手，器座
绘鳞纹，座边缘绘绚纹一圈。

Il *dou* è un antico recipiente usato per contenere
cibi, composto da piatto, manico e base. Il
pomello sul coperchio è a forma di petali.
Decorazioni su tutto il corpo dell'oggetto.

铜圆缶

战国（公元前475～前221年）

通高51、口径17.8、腹径35、耳距43厘米

2002年湖北省枣阳市九连墩M2出土

湖北省博物馆藏

Recipiente in bronzo del tipo _Fou_

Periodo degli Stati Combattenti (475-221 a.C.)

altezza 51 cm, diametro 17,8 cm, diametro addominale 35 cm, distanza fra gli orecchi 43 cm

Tomba M2 di Jiuliandun, Zaoyang, Hubei, 2002

Museo Provinciale dello Hubei

缶 为酒器。此缶盖、身子母口扣合，侈口，束颈，鼓腹，圈足。盖弧，上有三环钮，器身两侧肩腹间各有一攀附龙形耳。盖钮饰云纹，器身饰牛头双身龙纹、雷纹，腹下部饰蟠螭纹、"S"纹。

Il _Fou_ è un antico recipiente usato per contenere bevande alcoliche. Pancia globulare e coperchio bombato. Una coppia di anse sui due lati del corpo. Il coperchio è decorato con il motivo a nuvola, mentre sul corpo motivi di drago.

铜圆鉴

战国（公元前475～前221年）

通高32.4、口径67、耳距80厘米

2002年湖北省枣阳市九连墩M2出土

湖北省博物馆藏

Recipiente del tipo *jian* in bronzo

Periodo degli Stati Combattenti (475-221 a.C.)

altezza 32,4 cm, diametro 67 cm, distanza fra orecchi 80 cm

Tomba M2 di Jiuliandun, Zaoyang, Hubei, 2002

Museo Provinciale dello Hubei

通 体夔龙相互曲身缠绕，且与兽头巧妙地衔接为一体，一正一反相互间隔。龙身饰变形云雷纹，腹部间以两道绚纹，圈足饰绚纹一圈。鉴盛行于春秋战国，是古代盛水或冰的器皿，形体一般很大，大口，深腹，无足或有圈足，多有两耳或四耳。古代在没有普遍使用铜镜以前，常在鉴内盛水用来照影，因而后来把铜镜也称为"鉴"，又称"照子"。

Il *jian* è un antico recipiente usato per contenere acqua o ghiaccio, di grandi dimensioni e con la pancia profondo. Prima dell'uso dello specchio in bronzo, il *jian*, una volta riempito d'acqua, veniva usato specchiarsi. Diffuso nel periodo delle Primavere e Autunni e degli Stati Combattenti.

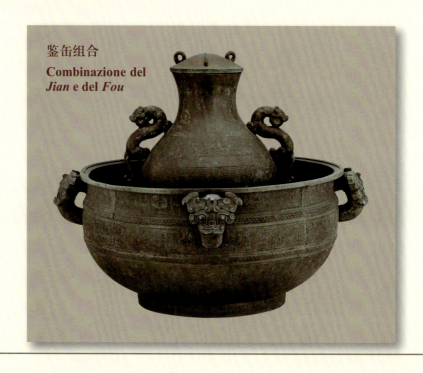

鉴缶组合

Combinazione del *Jian* e del *Fou*

铜簋（附匕）

战国中晚期（公元前4~前3世纪）
通高28.5、口径23.8，座高12.6、长
23.8，匕通长17、宽3，柄长5.8、宽
1.2厘米
2002年湖北省枣阳市九连墩M2出土
湖北省博物馆藏

Gui in bronzo con mestolo

Medio e ultimo periodo degli Stati
Combattenti (IV sec.-III sec.a.C.)
altezza totale 28,5 cm, diametro 23,8 cm,
altezza di base 12,6 cm, lunghezza 23,8
cm, lunghezza di *Bi* 17 cm, larghezza 3 cm,
lunghezza di manico 5,8 cm, larghezza 1,2 cm
Tomba M2 di Jiuliandun, Zaoyang, Hubei,
2002
Museo Provinciale dello Hubei

器表光洁，胎壁较厚重。敛
口，平唇，浅圆腹，折沿，
器耳脱落，留有铸痕。圈足下连铸
镂空方座，座的四边中部缺口形成
直角形四足。无盖。器壁饰蟠螭
纹，圈足边缘及方座上饰龙纹，周
边绘绚纹一圈，方座为镂空蟠螭
纹，三角雷纹。簋，原为盛食物的
器具，商周时发展为礼器，宴享和
祭祀时，以偶数与列鼎配合使用。
史书记载，天子用九鼎八簋，诸侯
用七鼎六簋，卿大夫用五鼎四簋，
士用三鼎二簋。

Il *gui* originariamente era un recipiente
usato per contenere cibi, e successivamente
fu utilizzato come oggetto rituale. Di
grande importanza sotto le dinastie Shang e
Zhou, veniva utilizzato durante i banchetti
sacrificali. Aspetto esterno traslucido. Pareti
laterali spesse. Pancia bassa e tonda con
evidenti segni lasciati dalla fusione del
corpo principale con altre parti componenti.
Senza coperchio e con decorazioni incise.

长柄铜豆

战国中晚期（公元前4～前3世纪）
高17.6～22、口径12.3～12.5厘米
2002年湖北省枣阳市九连墩M2出土
湖北省博物馆藏

Due coppe del tipo *dou* (coppe con stelo a base circolare) in bronzo
Medio e ultimo periodo degli Stati Combattenti (IV sec.-III sec.a.C.)
altezza 17,6-22 cm, diametro 12,3-12,5 cm
Tomba M2 di Jiuliandun, Zaoyang, Hubei, 2002
Museo Provinciale dello Hubei

豆 盘呈大半个球体，敛口，弧壁，深盘，圜底略平，细高柄，柄下接一喇叭形座。足较厚重，器表光洁无纹饰。豆是盛食器，新石器时代晚期开始出现，盛行于商周时，后来也作礼器。

Il Dou è un antico recipiente usato per contenere cibi. Comparve nel Tardo Neolitico, e si diffuse sotto le dinastie Shang e Zhou. In seguito divenne un oggetto rituale. Questi due *dou* in bronzo presentano una coppa profonda con stelo lungo e sottile e piede a base circolare. Aspetto esterno traslucido e privo di decorazioni.

铜镬鼎
战国中晚期（公元前4～前3世纪）
通高66、口径79、耳距104.4厘米
2002年湖北省枣阳市九连墩M2出土
湖北省博物馆藏

Recipienete del tipo *huoding* in bronzo
Medio e ultimo periodo degli Stati Combattenti (IV sec.-III sec.a.C.)
altezza 66 cm, diametro 79 cm, distanza fra orecchi 104,4 cm
Tomba M2 di Jiuliandun, Zaoyang, Hubei, 2002
Museo Provinciale dello Hubei

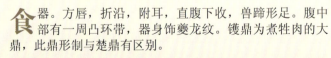

食 器。方唇，折沿，附耳，直腹下收，兽蹄形足。腹中部有一周凸环带，器身饰夔龙纹。镬鼎为煮牲肉的大鼎，此鼎形制与楚鼎有区别。

Il *huoding* è un antico recipiente usato per contenere cibi, con piedi a forma di zampa di animale. La sezione centrale della pancia è circondata da una striscia sporgente, decorata con motivi zoomorfi. Si tratta di un *ding* di grandi dimensioni utilizzato per cuocere la carne, diverso da *ding* prodotti nello Stato di Chu.

铜三足器
战国中晚期（公元前4～前3世纪）
高7、口径8厘米
2002年湖北省枣阳市九连墩墓地出土
湖北省博物馆藏

Utensile tripodale in bronzo
Medio e ultimo periodo degli Stati Combattenti
(IV sec.-III sec.a.C.)
altezza 7 cm, diametro 8 cm
Tombe di Jiuliandun, Zaoyang, Hubei, 2002
Museo Provinciale dello Hubei

浅盘，壁薄，小环耳，圜底，三
瘦长形足。素面。

Piatto piano e pareti sottili, con due piccole
anse ad anello e tre lunghi piedi.

铜耳杯
战国中晚期（公元前4～前3世纪）
高3、口长径11厘米
2002年湖北省枣阳市九连墩墓地出土
湖北省博物馆藏

**Bicchieri in bronzo a forma di
orecchio**
Medio e ultimo periodo degli Stati Combattenti
(IV sec.-III sec.a.C.)
altezza 3 cm, lunghezza 11 cm
Tombe di Jiuliandun, Zaoyang, Hubei, 2002
Museo Provinciale dello Hubei

古代饮酒器。此器胎较薄，敞
口，浅腹，耳外侧斜直，中
部微内凹，双耳上翘，杯身椭圆
形，平底。素面。

Antico recipiente usato per bere il vino.
Pareti sottili, pancia bassa. A forma ovale e
con base piatta.

铜樽

战国中晚期（公元前4～前3世纪）
高3.8、口径5厘米
2002年湖北省枣阳市九连墩墓地出土
湖北省博物馆藏

Recipiente del tipo *zun* in bronzo
Medio e ultimo periodo degli Stati Combattenti
(IV sec.-III sec.a.C.)
altezza 3,8 cm, diametro 5 cm
Tomba di Jiuliandun, Zaoyang, Hubei, 2002
Museo Provinciale dello Hubei

尊 是一种古代的容酒器，也写作樽。此器器身圆形有漆皮，口沿及底有铜箍，铜兽面矮蹄足。器表饰三角卷云纹，铜箍表面阴刻波折纹、卷云纹。

Lo *zun* è un antico recipiente usato per contenere bevande alcoliche. Corpo laccato a forma tonda, due striscie bronzee circondano la bocca e la base. Motivi decorativi incisi su tutto il corpo dell'oggetto.

银盘

战国中晚期（公元前4～前3世纪）
高3.2、口径10.1厘米
2002年湖北省枣阳市九连墩墓地出土
湖北省博物馆藏

Piatto in argento
Medio e ultimo periodo degli Stati Combattenti (IV sec.-III sec.a.C.)
altezza 3,2 cm, diametro 10,1 cm
Tomba di Jiuliandun, Zaoyang, Hubei, 2002
Museo Provinciale dello Hubei

大 口，宽沿外折，沿面微内斜，浅腹。直腹壁微内收，大圆底，素面。器身轻薄，灰褐色，盘体混铸。素面。盘多是圆形、浅腹，为商代至战国时期流行的一种水器，盥洗用匜浇水，以盘承接。

Utensile diffuso durante la dinastia Shang e durante il periodo degli Stati Combattenti. Era utilizzato per raccogliere l'acqua versata dallo *yi*. Quando il piatto aveva dimensioni ridotte, era usato per lavare mani e viso, mentre, quando era di grandi dimensioni, serviva per aspergere tutto il corpo. A forma tonda con pancia basso. Corpo di colore grigio scuro, privo di decorazioni.

铜匜

战国中晚期（公元前4～前3世纪）
连流长12.2、口径10.5厘米
2002年湖北省枣阳市九连墩墓地出土
湖北省博物馆藏

Yi in bronzo

Medio e ultimo periodo degli Stati
Combattenti (IV sec.-III sec.a.C.)
lunghezza 12,2 cm, larghezza 10,5 cm
Tombe di Jiuliandun, Zaoyang, Hubei, 2002
Museo Provinciale dello Hubei

匜作椭圆形，近直口，弧斜壁，深腹，胎薄，平底。槽形流口，器身有铺首衔环。器身混铸，素面。

Forma ovale con pancia profonda, pareti
sottili e base piatta, privo di decorazioni.

匜形铜鼎

战国中晚期（公元前4～前3世纪）
高10、口长径13、口短径11.5厘米
2002年湖北省枣阳市九连墩墓地出土
湖北省博物馆藏

Recipiente del tipo *ding* in bronzo a forma di *yi*

Medio e ultimo periodo degli Stati
Combattenti (IV sec.-III sec.a.C.)
altezza 10 cm, diametro orizzontale 13 cm,
larghezza 11.5 cm
Tomba di Jiuliandun, Zaoyang, Hubei, 2002
Museo Provinciale dello Hubei

青铜器组合
Un set di oggetti in bronzo

水器。附耳，平底，蹄足，
盖及身有流口。胎壁厚
实，素面。

Il *ding* è un antico recipiente usato
per contenere acqua. Questo *ding* è a
base piatta, ha piedi a forma di zampa
di animale e presenta due anse. Pareti
spesse.

九连墩——长江中游的楚国贵族大墓
Jiuliandun--Grandi tombe di nobili dello Stato di Chu lungo il medio corso del Fiume Azzurro

　　九连墩墓地位于湖北枣阳吴店镇东赵湖村与兴隆镇乌金村。相传楚国有一位有功的大将军，被楚王所误杀，楚王醒悟以后，为弥补过失，赐予大将军金头，并连夜修冢九个，将金头葬入九冢，迷惑后人以防止盗掘，考古人员发掘的楚墓——九连墩，即因此得名。

　　经专家考证，九连墩一、二号墓为大夫级别的墓葬，其下葬年代在战国中期的晚段，即公元前300年前后。一号墓的墓主为男性，年龄在35～40岁左右；二号墓的墓主为女性，年龄在26～30岁之间。两座墓为夫妻异穴合葬墓。九连墩古墓群是目前已发掘楚墓中保存最完好、湖北地区目前发现的最大的夫妻墓。

九连墩一、二号墓发掘现场
Le tombe I e II di Jiuliandun

Le Tombe Jiuliandun si estendono da Dongzhaohucun (Wudianzhen, Zaoyang) a Wujincun (Xinlong, Zaoyang) nella provincia dello Hubei. La leggenda narra che nello Stato di Chu viveva un grande generale, che venne accidentalmente ucciso dal re di Chu. Quando il re si accorse dell'errore, per espiare la propria colpa, ricompensò il generale con una testa d'oro e la notte stessa fece scavare nove tombe e mise la testa nelle nona tomba, per confondere quelli che in futuro avrebbero voluto rubarla. Questo è il motivo per cui gli archeologi che le hanno rinvenute hanno chiamato queste tombe dello Stato di Chu "Jiuliandun" [lett. "nono blocco militare"].

Gli esperti hanno accertato che le tombe I e II appartenevano a funzionari di alto rango, sepolti nell'ultimo periodo della fase media del periodo degli Stati Combattenti, ossia intorno al 300 a.C. Nella tomba I è stato rinvenuto il corpo di un uomo di circa 35-40 anni, mentre nella tomba II una donna di un'età compresa tra i 26 e 30 anni. Si tratta di una coppia di sposi seppelliti separatamente. Le tombe Jiuliandun sono le meglio conservate dello Stato di Chu, e le tombe I e II sono insieme le più grandi mai rinvenute nella provincia dello Hubei dedicate a una coppia di sposi.

九连墩二号车马坑
La fossa delle carrozze della tomba II di Jiuliangdun

九连墩二号墓东室
La sala oriente della tomba II di Jiuliandun

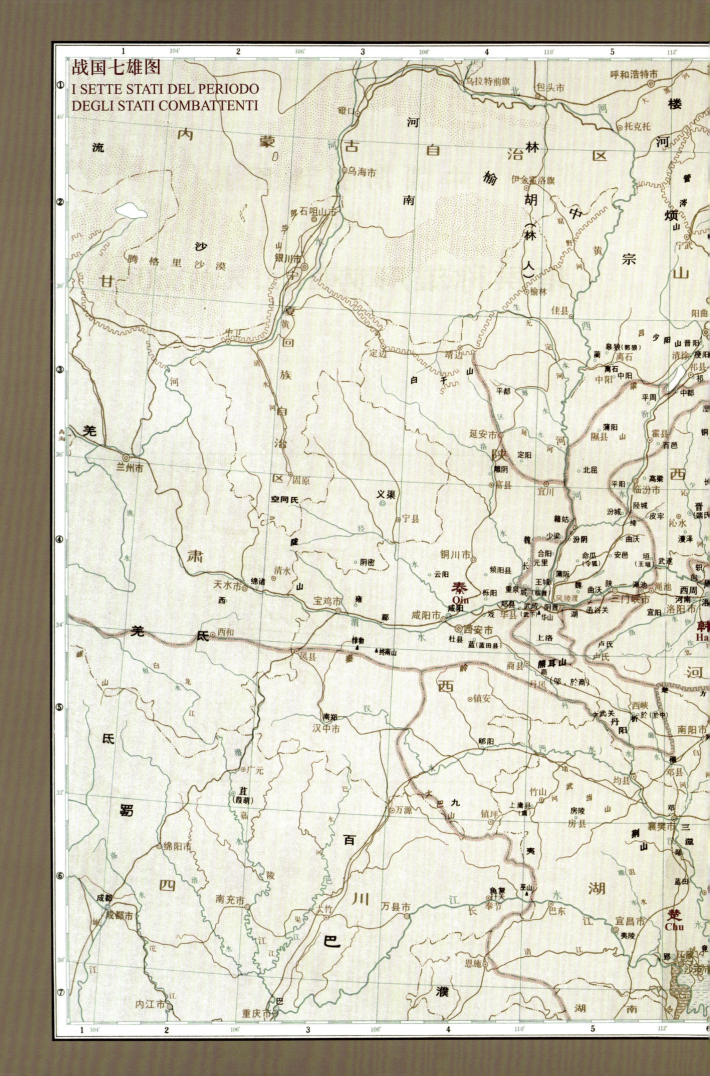

战国七雄图
I SETTE STATI DEL PERIODO
DEGLI STATI COMBATTENTI

C 结束语
ONCLUSIONE

经过长期的兼并战争，七个实力较为强大的诸侯国渐渐胜出——这就是史家所称的"战国七雄"。此时，在偏远的西陲，一个尚武而彪悍的国家，正在通过一系列的法制改革而逐步强大起来。中原的贵族们在觥筹交错之间，仿佛已经可以听到那些脚踏黄土、步步紧逼的千军万马之声。这个国家就是秦——这个被历史选择了的名字，至今仍然存活在"China"的读音之中。而在那场最终统一了中国的战争中凯旋的战士们，至今仍然静静地守护在始皇帝的身边，代表中国，接受着全世界人民的礼赞。

Il lungo processo di guerre fatte di continue annessioni vide il progressivo affermarsi di sette stati, molto potenti e di forza più o meno pari. Questi sette Stati sono chiamati dagli storici i "Sette potenti Stati del periodo degli Stati Combattenti". È a questo punto che, da zone remote poste ad occidente, uno stato bellicoso e audace, attraverso una serie di riforme del sistema legale e istituzionale iniziò progressivamente a espandersi e rafforzarsi. I nobili della Pianura Centrale, mentre banchettavano festosamente, già pareva che potessero percepire l'eco frastornante dell'avanzare pesante e cadenzato di un esercito di migliaia di soldati e di cavalli che minacciosamente si avvicinavano. Era l'avanzare dello stato di Qin -- questo è il nome scelto dalla storia per risuonare ancora oggi nella pronuncia della parola "Cina". E quest'esercito, che vittorioso portò all'unificazione della Cina, resta silenziosamente di guardia al fianco del Primo Imperatore e rappresenta la Cina intera, ricevendo l'ammirazione di tutti i popoli del mondo.

E后 记
PILOGO

  每一场展览都是集体辛劳的结晶，离不开各方同仁的经验与智慧。对于"早期中国"展览，中国国家文物局以及意大利文化遗产与活动部、威尼斯宫博物馆都给予了大力支持。中国社会科学院考古研究所、湖北省博物馆、随州博物馆、三星堆博物馆、金沙遗址博物馆的领导及相关部门的同仁，也配合展览筹备做了大量工作。这场时间跨度长达3000余年的文明大展，能够汇聚如此丰富多彩的展品，离不开他们的努力。中国文物交流中心作为此次展览的承办单位，从主题策划到展场的设计施工，亦无不倾注了大量的心血。

  中意两国已签署互办展览的备忘录，在五年的时间中，"中华文明系列展"将为意大利的观众讲述一个关于中国的故事。作为这个庞大叙事的开篇，"早期中国"通过若干考古发现的片段，试图再现中国的孕育与初成。在接下来的时光里，我们会继续展开这个故事，希望可以帮助意大利民众，更好地理解当代中国古今交融的文化面貌。

Ogni mostra è il risultato di un lavoro comune e di uno sforzo corale in cui professionalità diverse mettono a disposizione la loro esperienza e perizia per concorrere alla realizzazione di un progetto. La mostra "La Cina agli albori" ha ricevuto grande sostegno dall'Amministrazione Statale del Patrimonio Culturale della Repubblica Popolare Cinese, dal Ministero per i Beni e le Attività Culturali della Repubblica Italiana e dal Museo Nazionale di Palazzo Venezia. I direttori e i colleghi dell'Istituto di Archeologia dell'Accademia Cinese di Scienze Sociali, del Museo Provinciale dello Hubei, del Museo di Suizhou, del Museo di Sanxingdui e del il Museo di Jinsha hanno profuso grandi sforzi per coordinarsi nel lavoro di preparazione di questa mostra, e, infatti, senza il loro impegno non sarebbe stato possibile raccogliere reperti di così alto valore e di così ampia varietà da esporre in una grande esibizione che condensasse più di tremila anni della storia della civiltà cinese. Infine, l'Art Exhibition China, in veste di organizzatore dell'evento, si è dedicata instancabilmente e con ogni sforzo possibile al lavoro di 'costruzione' della mostra, dalla fase preliminare della sua progettazione e fino all'allestimento finale.

La Cina e l'Italia hanno firmato un memorandum per l'organizzazione di mostre che si svolgeranno nell'arco di cinque anni nel paese della controparte finalizzate alla promozione dei rispettivi patrimoni culturali. Il "Ciclo di mostre dedicato alla civiltà cinese" , figlio di questo accordo, ci presenterà l'intera storia della Cina. La mostra "La Cina ai suoi albori" si presenta come il primo capitolo di questa lunga narrazione, che attraverso frammenti episodici prelevati da importanti scoperte archeologiche, ci ricondurrà alla fase formativa e di prima costituzione della civiltà cinese. Di qui in avanti, continueremo a dispiegare questo racconto, con la speranza e l'augurio di far meglio percepire al pubblico italiano come la realtà culturale della Cina contemporanea sia il risultato di una continua integrazione tra l'antico e il moderno.

责任编辑　傅嘉宽
责任印制　陈　杰
装帧设计　傅嘉宽

图书在版编目（CIP）数据

中华文明系列展．1，早期中国／中国文物交流中心
编．—北京：文物出版社，2013.5
ISBN 978-7-5010-3712-4

I.①中…　II.①中…　III.①历史文物-中国-图集
IV.①K870.2

中国版本图书馆CIP数据核字（2013）第101058号

早期中国——中华文明系列展I

编　　者　中国文物交流中心
出版发行　文物出版社
地　　址　北京市东直门内北小街2号楼
邮　　编　100007
网　　址　http://www.wenwu.com
电子邮箱　E-mail:web@wenwu.com
制　　版　北京文博利奥印刷有限公司
印　　刷　文物出版社印刷厂
经　　销　新华书店
开　　本　889毫米×1194毫米　1/16
印　　张　14.25
版　　次　2013年5月第1版　第1次印刷
书　　号　ISBN 978-7-5010-3712-4
定　　价　220.00元